James Joyce · Dubliner

James Joyce

Dubliner

Übersetzung und Anmerkungen
von Harald Beck

Nachwort
von Willi Erzgräber

Philipp Reclam jun. Stuttgart

Englischer Originaltitel:
Dubliners

Diese Übersetzung ist Vincent Deane und Irene Kappel-Beck gewidmet

Satz und Druck: Reclam, Ditzingen
Buchbinderische Verarbeitung: Wilhelm Röck, Weinsberg
Printed in Germany 1994
RECLAM ist ein eingetragenes Warenzeichen der
Philipp Reclam jun. GmbH & Co., Stuttgart
ISBN 3-15-059303-4

Dubliner

Die Schwestern

Diesmal gab es keine Hoffnung für ihn: es war der dritte Schlaganfall. Nacht für Nacht war ich am Haus vorbeigegangen (es war Ferienzeit) und hatte das erleuchtete Viereck des Fensters studiert: und Nacht für Nacht hatte ich es auf dieselbe Art erleuchtet vorgefunden, schwach und gleichmäßig. Wenn er tot wäre, dachte ich mir, würde ich den Widerschein von Kerzen auf dem verdunkelten Rouleau sehen, denn ich wußte, daß man zwei Kerzen zu Häupten eines Leichnams aufstellen muß. Er hatte oft zu mir gesagt: *Ich bin nicht lang für diese Welt bestimmt*, und ich hatte seine Worte für unnützes Gerede gehalten. Jetzt wußte ich, daß sie wahr waren. Jeden Abend, wenn ich zu dem Fenster hinaufstarrte, sagte ich mir leise das Wort *Paralyse* vor. Es hatte immer seltsam in meinen Ohren geklungen, wie das Wort *Gnomon* im Euklid und das Wort *Simonie* im Katechismus. Aber jetzt klang es für mich wie der Name eines heimtückischen und sündigen Wesens. Es erfüllte mich mit Furcht, und trotzdem wollte ich unbedingt näher bei ihm sein und seinem todbringenden Werk zusehen.

Der alte Cotter saß am Feuer und rauchte, als ich zum Abendessen herunterkam. Während mir meine Tante meinen Haferbrei aufschöpfte, sagte er, als käme er auf eine frühere Bemerkung zurück:

– Nein, ich würde nicht sagen, daß er wirklich ... aber da war so was Komisches ... da war so was Unheimliches an ihm. Ich will Ihnen mal meine Meinung sagen. ...

Er paffte jetzt an seiner Pfeife, und bestimmt legte er sich in Gedanken seine Meinung zurecht. Der langweilige alte Trottel! Zunächst, als wir ihn kennenlernten, war er ganz interessant, wenn er von Vor- und Nachlauf und Schlangen erzählte; aber bald langweilte er mich mit seinen ewigen Geschichten über die Brennerei.

– Ich hab da meine eigne Theorie drüber, sagte er. Ich glaub, das war einer von diesen ... eigenartigen Fällen. ... Aber es ist schwer zu sagen. ... Er paffte wieder an seiner Pfeife, ohne uns seine Theorie zum besten zu geben. Mein Onkel sah, wie ich starrte, und sagte zu mir:

– Tja, dein alter Freund ist nicht mehr, das wird dir leid tun.

– Wer? sagte ich.

– Father Flynn.

– Ist er tot?

– Mr. Cotter hier hat es uns eben erzählt. Er ist am Haus vorbeigekommen.

Ich wußte, daß man mich beobachtete, also aß ich weiter, als ob mich die Neuigkeit nicht interessiert hätte. Mein Onkel erklärte es dem alten Cotter.

– Der Junge und er waren dicke Freunde. Der alte Knabe hat ihm eine Menge beigebracht, verstehn Sie; und man sagt, daß er den Jungen sehr schätzte.

– Gott sei seiner Seele gnädig, sagte meine Tante fromm.

Der alte Cotter sah mich eine Weile an. Ich spürte,

daß mich seine kleinen schwarzen Knopfaugen musterten, aber ich wollte ihm nicht den Gefallen tun, von meinem Teller aufzuschauen. Er besann sich wieder auf seine Pfeife und spuckte schließlich ordinär in den Kamin.

– Ich wollt ja nicht, sagte er, daß Kinder von mir zu viel mit so einem Mann zu reden hätten.

– Wie meinen Sie das, Mr. Cotter? fragte meine Tante.

– Ich meine, sagte der alte Cotter, daß es schlecht ist für Kinder. Ich denke mir, ein junger Kerl soll rumrennen und mit jungen Kerlen in seinem Alter spielen und nicht. … Hab ich recht, Jack?

– Das ist auch mein Grundsatz, sagte mein Onkel. Der soll lernen, sich durchzuboxen. Das sag ich diesem Rosenkreuzer da immer wieder: Mach dir Bewegung! Ha, als ich ein junger Hüpfer war, jeden Morgen hatt ich da ein kaltes Bad, Sommer wie Winter. Und das kommt mir jetzt zustatten. Bildung, das ist alles recht und schön. … Mr. Cotter könnte doch einen Bissen von der Hammelkeule nehmen, fügte er zu meiner Tante gewandt hinzu.

– Nein, nein, nicht für mich, sagte der alte Cotter.

Meine Tante holte die Platte aus dem Fliegenschrank und setzte sie auf den Tisch.

– Aber warum glauben Sie, daß es nicht gut ist für Kinder, Mr. Cotter? fragte sie.

– Es ist schlecht für Kinder, sagte der alte Cotter, weil sie so leicht zu beeindrucken sind. Wenn Kinder so was sehen, hat das seine Wirkung, verstehn Sie. …

Ich stopfte mir den Mund voll Haferbrei, aus Angst, zornig herauszuplatzen. Der langweilige, alte, rotnasige Schwachkopf!

Es war spät, als ich einschlief. Obwohl ich zornig auf den alten Cotter war, weil er so tat, als sei ich noch ein Kind, zerbrach ich mir den Kopf, um seinen unvollendeten Sätzen einen Sinn abzugewinnen. In der Dunkelheit meines Zimmers stellte ich mir vor, daß ich das massige, graue Gesicht des Paralytikers wieder sah. Ich zog mir die Decken über den Kopf und versuchte, an Weihnachten zu denken. Aber das graue Gesicht folgte mir noch immer. Es murmelte, und ich begriff, daß es etwas beichten wollte. Ich spürte, wie sich meine Seele in einen wohligen und sündhaften Bezirk zurückzog, und auch dort fand ich es wieder auf mich warten. Es fing an, mir in murmelndem Tonfall zu beichten, und ich fragte mich, warum es fortwährend lächelte und warum die Lippen so feucht von Speichel waren. Aber dann fiel mir ein, daß es an Paralyse gestorben war, und ich spürte, daß auch ich schwach lächelte, als wollte ich den Simonisten von seiner Sünde lossprechen.

Nach dem Frühstück am nächsten Morgen ging ich hin, um mir das kleine Haus in der Great Britain Street anzusehen. Es war ein unauffälliger Laden, eingetragen unter dem vagen Namen *Tuchwaren*. Die Tuchwaren bestanden hauptsächlich aus Kinderschühchen und Regenschirmen, und an normalen Tagen hing immer ein Schild im Fenster, auf dem *Neubespannung von Regenschirmen* stand. Jetzt war kein Schild zu sehen, da die Läden vorgelegt waren. Ein Trauerbukett aus Kreppapier war mit einem Band an der Türe befestigt. Zwei arme Frauen und ein Telegrammjunge lasen die Karte, die an das Kreppapier geheftet war. Ich trat auch hinzu und las:

1. Juli 1895
Hochw. James Flynn
(ehemals S. Catherine's Church, Meath Street)
im Alter von fünfundsechzig Jahren.
R. I. P.

Das Lesen der Karte überzeugte mich, daß er tot war, und es störte mich, daß mir Einhalt geboten war. Wäre er nicht tot gewesen, wäre ich in das düstere kleine Zimmer hinter dem Laden gegangen und hätte ihn dort in seinem Lehnstuhl am Feuer sitzend vorgefunden, beinahe erstickt in seinem Übermantel. Vielleicht hätte mir meine Tante ein Päckchen High Toast für ihn mitgegeben, und dieses Geschenk hätte ihn aus seinem dumpfen Dämmerschlaf geweckt. Ich leerte das Päckchen immer selbst in seine schwarze Schnupftabaksdose, denn seine Hände zitterten zu sehr, als daß er es hätte tun können, ohne die Hälfte des Schnupftabaks auf den Boden zu streuen. Sogar wenn er seine große, zitternde Hand an die Nase hob, rieselten kleine Wolken von Tabak zwischen seinen Fingern hindurch über das Oberteil seines Mantels. Vielleicht waren es diese dauernden Schauer von Schnupftabak, die seinen uralten Priestergewändern ihr grünes, verschossenes Aussehen gaben, denn das rote Taschentuch, immer schwarz gefärbt von den Schnupftabaksflecken einer Woche, mit dem er die danebengefallenen Krümel wegwischen wollte, war so gut wie wirkungslos.

Ich wollte hineingehen und ihn mir anschauen, aber ich hatte nicht den Mut zu klopfen. Ich entfernte mich langsam auf der sonnigen Seite der Straße und las im Gehen alle Theaterzettel in den Schaufenstern. Ich fand es seltsam, daß weder ich noch der Tag in Trauerstimmung zu sein schienen, und war sogar ärgerlich, als ich etwas wie ein Gefühl von Freiheit in mir entdeckte, als ob mich sein Tod von irgend etwas befreit hätte. Ich machte mir Gedanken darüber, denn, wie mein Onkel am Abend zuvor gesagt hatte, hatte er mir viel beigebracht. Er hatte am Irischen Kolleg in Rom studiert und mir beigebracht, wie man Latein richtig ausspricht. Er hatte mir Geschichten über die Katakomben und über Napoleon Bonaparte erzählt, und er hatte mir die Bedeutung der verschiedenen Meßzeremonien und der verschiedenen Gewänder, die der Priester trägt, erläutert. Manchmal hatte er sich den Spaß gemacht, mir schwierige Fragen zu stellen, dann wollte er von mir wissen, was man unter bestimmten Umständen tun sollte oder ob diese oder jene Sünde eine Todsünde oder eine läßliche oder nur eine Unvollkommenheit war. Seine Fragen zeigten mir, wie kompliziert und geheimnisvoll bestimmte Rituale der Kirche waren, die ich immer für die einfachsten Vorgänge gehalten hatte. Die Pflichten des Priesters gegenüber der Eucharistie und dem Beichtgeheimnis erschienen mir so schwer, daß ich mich fragte, wie jemals irgend jemand den Mut gefunden hatte, sie auf sich zu nehmen: Und ich war nicht überrascht, als er mir erzählte, daß die Kirchenväter Bücher, die all diese verwickelten Fragen erhellten, geschrieben hatten, so dick wie das Stadtadreßbuch und so eng bedruckt wie die gerichtlichen Bekanntmachungen in der Zeitung. Wenn ich daran dachte, konnte ich oft keine Erwiderung geben oder nur eine sehr dumme und holprige, worauf er lächelte und zwei-, dreimal mit dem Kopf nickte. Manchmal ging er die Antworten der

Messe mit mir durch, die er mich auswendig hatte lernen lassen; und während ich sie so herunterbetete, lächelte er nachdenklich, nickte mit dem Kopf und schob sich gelegentlich gewaltige Prisen Schnupftabak abwechselnd in jedes Nasenloch. Wenn er lächelte, entblößte er seine großen, verfärbten Zähne und ließ die Zunge auf der Unterlippe liegen – eine Angewohnheit, die mich am Anfang unserer Bekanntschaft, bevor ich ihn gut kannte, nervös gemacht hatte.

Während ich so in der Sonne dahin ging, fielen mir die Worte des alten Cotter ein, und ich versuchte mich zu erinnern, was danach im Traum passiert war. Ich erinnerte mich, daß mir lange Samtvorhänge und eine Pendellampe antiker Machart aufgefallen waren. Ich hatte das Gefühl, daß ich sehr weit weg gewesen war, in einem Land mit seltsamen Bräuchen, in Persien, kam mir vor. ... Aber ich konnte mich nicht an das Ende des Traumes erinnern.

Am Abend nahm mich meine Tante mit, um das Trauerhaus zu besuchen. Es war nach Sonnenuntergang, aber die Fensterscheiben der Häuser, die nach Westen blickten, spiegelten das Goldorange einer großen Wolkenbank wider. Nannie empfing uns im Flur, und da es unziemlich gewesen wäre, auf sie einzuschreien, schüttelte meine Tante ihr statt dessen für alle die Hand. Die alte Frau deutete fragend nach oben, und auf das Nicken meiner Tante schleppte sie sich die schmale Stiege vor uns hinauf, wobei ihr gebeugter Kopf kaum über die Höhe des Treppengeländers hinausschaute. Auf dem ersten Treppenabsatz blieb sie stehen und winkte uns aufmunternd zur offenen Tür des Totenzimmers. Meine Tante ging hinein, und die alte Frau, die sah, daß ich zögerte einzutreten, winkte mir wieder etlichemal mit der Hand.

Ich ging auf Zehenspitzen hinein. Das Zimmer war durch den Spitzensaum des Rouleaus in goldenes Dämmerlicht getaucht, in dem die Kerzen wie blasse, dünne Flammen wirkten. Er war eingesargt worden. Nannie machte den Anfang, und wir drei knieten am Fuß des Bettes nieder. Ich gab vor zu beten, aber ich konnte meine Gedanken nicht sammeln, da mich das Gemurmel der alten Frau ablenkte. Mir fiel auf, wie ungeschickt ihr Rock hinten zugehakt war und wie die Absätze ihrer Stoffschuhe alle nach einer Seite hin abgetreten waren. Mir kam es auf einmal so vor, als ob der alte Priester lächelte, wie er da im Sarg lag.

Doch nein. Als wir aufstanden und zum Kopf des Bettes gingen, sah ich, daß er nicht lächelte. Da lag er, ernst und füllig, wie für den Altar gekleidet, seine großen Hände hielten locker einen Kelch an seinem Platz. Sein Gesicht war ausgesprochen grimmig, grau und massig, mit schwarzen höhlenartigen Nasenlöchern, eingerahmt von einem spärlichen weißen Pelz. Ein schwerer Geruch war im Zimmer, die Blumen.

Wir bekreuzigten uns und gingen hinaus. In dem kleinen Zimmer unten fanden wir Eliza in seinem Lehnstuhl thronen. Ich trollte mich zu meinem gewohnten Stuhl in der Ecke, während Nannie zum Büfett ging und eine Karaffe mit Sherry und ein paar Weingläser hervorholte. Sie stellte sie auf den Tisch und forderte uns auf, ein Gläschen Wein zu trinken. Dann schenkte sie auf Geheiß ihrer Schwester den Sherry in die Gläser ein und reichte sie uns. Sie drängte mich, auch ein paar Kräcker zu nehmen, aber ich lehnte ab, weil ich dachte, es würde zuviel Geräusch machen, sie zu essen. Sie schien über meine Weigerung etwas enttäuscht zu sein und ging leise zum Sofa hinüber, wo sie sich hinter ihrer Schwester niederließ. Niemand sagte etwas: Wir starrten alle in den leeren Kamin.

Meine Tante wartete, bis Eliza seufzte, und sagte dann:

– Ach ja, er ist in eine beßre Welt gegangen.

Eliza seufzte noch einmal und nickte zustimmend mit dem Kopf. Meine Tante fingerte am Stiel ihres Weinglases, bevor sie ein wenig nippte.

– Ist er friedlich ...? fragte sie.

– Oh, ganz friedlich, Ma'am, sagte Eliza. Man konnte nicht sagen, wann er seinen letzten Atemzug getan hat. Er hatte einen schönen Tod, gottlob.

– Und alles ...?

– Father O'Rourke war hier bei ihm am Dienstag und hat ihn gesalbt und darauf vorbereitet und alles.

– Er wußte also?

– Er war ganz gefaßt.

– Er sieht ganz gefaßt aus, sagte meine Tante.

– Das hat die Frau, die wir da hatten, um ihn zu waschen, auch gesagt. Sie hat gesagt, er säh genauso aus, als würd er schlafen, so friedlich und gefaßt säh er aus. Keiner hätt geglaubt, daß er so 'ne schöne Leiche gäb.

– Ja, tatsächlich, sagte meine Tante.

Sie nippte noch einmal an ihrem Glas und sagte:

– Nun, Miss Flynn, es muß jedenfalls ein großer Trost für Sie sein zu wissen, daß Sie alles für ihn getan haben, was Sie tun konnten. Sie waren beide sehr gut zu ihm, muß ich sagen.

Eliza strich ihr Kleid über den Knien glatt.

– Ach, der arme James! sagte sie. Wir haben weiß Gott getan, was wir konnten, so arm wie wir sind. Wir haben's ihm an nichts fehlen lassen, solang er da war.

Nannie hatte den Kopf gegen das Sofakissen gelehnt und sah aus, als wollte sie einschlafen.

– Die arme Nannie, sagte Eliza und schaute sie an, ganz erledigt ist sie. Die ganze Arbeit, wo wir hatten, sie und ich, die Frau holen, um ihn zu waschen, und ihn dann zurechtlegen, und dann der Sarg, und dann für die Messe in der Kirche sorgen. Wenn Father O'Rourke nicht gewesen wär, ich weiß wirklich nicht, was wir getan hätten. Er hat all die Blumen da gebracht und die zwei Kerzenständer da aus der Kirche, und die Anzeige für den *Freeman's General* hat er geschrieben und sich um all die Papiere für den Friedhof gekümmert und die Versicherung von unserm armen James.

– War das nicht aufmerksam von ihm? sagte meine Tante.

Eliza schloß die Augen und schüttelte langsam den Kopf.

– Ach ja, es gibt keine beßren Freunde als die alten Freunde letzten Endes, sagte sie, keine Freunde, auf die einer sich verlassen kann.

– Das ist wirklich wahr, sagte meine Tante. Und ich bin sicher, daß er jetzt, da er seinen ewigen Lohn erhält, Sie und all Ihre Güte nicht vergessen wird.

– Ach, der arme James! sagte Eliza. Er war keine große Mühe für uns. Sie hätten nicht mehr von ihm gehört im Haus als jetzt. Aber ich weiß, er ist von uns gegangen und all das. …

– Wenn alles vorbei ist, dann werden Sie ihn erst richtig vermissen, sagte meine Tante.

– Das weiß ich, sagte Eliza. Ich werd ihm seine Tasse mit Fleischbrühe nicht mehr reinbringen oder Sie ihm seinen Schnupftabak schicken, Ma'am. Ach, der arme James!

Sie machte eine Pause, als hielte sie Zwiesprache mit der Vergangenheit, und sagte dann schlau:

– Wissen Sie, mir ist aufgefallen, daß er in letzter Zeit so was Komisches an sich hatte. Immer wenn ich ihm seine Suppe reingebracht habe, hab ich ihn im Stuhl zurückgelehnt vorgefunden mit offnem Mund, und das Brevier war auf den Boden gefallen.

Sie legte einen Finger an die Nase und runzelte die Stirn: dann fuhr sie fort:

– Aber trotz allem hat er immer wieder gesagt, daß er, bevor der Sommer zu Ende wäre, einen Ausflug machen würde an einem schönen Tag, nur um das alte Haus wiederzusehen, wo wir alle geboren sind, drunten in Irishtown, und daß er Nannie und mich mitnehmen würde. Wenn wir nur so einen von diesen neumodischen Wagen bekommen könnten, die keinen Krach machen, wo ihm Pater O'Rourke von erzählt hat – die mit den rheumatischen Rädern –, billig für einen Tag, sagte er, bei Johnny Rush da drüben, und wir drei fahren mitsammen aus an einem Sonntagabend. Das hatte er sich fest vorgenommen. ... Armer James!

– Der Herr sei seiner Seele gnädig! sagte meine Tante.

Eliza zog ihr Taschentuch heraus und wischte sich die Augen damit. Dann steckte sie es wieder in die Tasche und starrte eine Zeitlang in den leeren Kamin, ohne etwas zu sagen.

– Er war immer zu gewissenhaft, sagte sie. Die Pflichten des Priesteramtes warn zuviel für ihn. Und dann war sein Leben – durchkreuzt, könnte man sagen.

– Ja, sagte meine Tante. Er war ein enttäuschter Mann. Das konnte man sehen.

Schweigen ergriff Besitz von dem kleinen Zimmer, und in seinem Schutz näherte ich mich dem Tisch und probierte meinen Sherry und zog mich dann still wieder zu meinem Stuhl in der Ecke zurück. Eliza schien in tiefes Nachsinnen versunken. Wir warteten respektvoll darauf, daß sie das Schweigen brechen würde: Und nach einer großen Pause sagte sie langsam:

– Es war dieser Kelch, den er zerbrochen hat. ... Damit fing's an. Freilich sagt man, es war alles in Ordnung, daß nichts drin war, will ich damit sagen. Aber trotzdem. ... Man sagt, daß es der Fehler des Ministranten war. Aber der arme James war so nervös, Gott sei ihm gnädig!

– Das war's also? sagte meine Tante. Ich habe so etwas gehört. ...

Eliza nickte.

– Das hat seinen Verstand angegriffen, sagte sie. Danach fing er an, trübselig zu werden, mit niemand zu reden und allein rumzuwandern. Eines Nachts dann hat man ihn gebraucht, daß er einen Besuch macht, und nirgends konnten sie ihn finden. An allen Ecken haben sie ihn gesucht, und trotzdem konnten sie ihn nicht finden. Da hat dann der Kirchendiener vorgeschlagen, es in der Kirche zu versuchen. Da haben sie dann die Schlüssel geholt und die Kirche aufgesperrt, und der Kirchendiener und Father O'Rourke und ein anderer Priester, der da war, sind mit einer Lampe gekommen, um nach ihm zu suchen. ... Und was glauben Sie, da war er, ganz allein saß er im Dunkeln in seinem Beichtstuhl, hellwach und als ob er leise vor sich hin lachen würde?

Sie hielt plötzlich inne, wie um zu lauschen. Ich

lauschte auch, aber da war kein Laut im Haus: Und ich wußte, daß der alte Priester still in seinem Sarg lag, so wie wir ihn gesehen hatten, ernst und grimmig im Tod, einen unnützen Kelch auf der Brust.

Eliza fuhr fort:

– Hellwach und so, als ob er vor sich hin lachen würde. … Als sie das dann natürlich gesehen haben, sind sie auf die Idee gekommen, daß da was nicht mehr stimmte mit ihm. …

Eine Begegnung

Es war Joe Dillon, der uns mit dem Wilden Westen bekannt machte. Er hatte eine kleine Bibliothek, die aus alten Nummern von *The Union Jack*, *Pluck* und *The Halfpenny Marvel* bestand. Jeden Abend nach der Schule trafen wir uns hinten bei ihm im Garten und veranstalteten Indianerkämpfe. Er und sein dicker kleiner Bruder Leo, der Faulpelz, verteidigten den Heuboden des Stalles, während wir versuchten, ihn zu stürmen; oder wir kämpften in offener Feldschlacht auf der Wiese. Aber wie gut wir auch kämpften, nie gewannen wir eine Belagerung oder Schlacht, und alle unsre Gefechte endeten mit Joe Dillons Kriegstanz des Siegers. Seine Eltern gingen jeden Morgen in die Achtuhrmesse in der Gardiner Street, und Mrs. Dillons friedvoller Duft erfüllte den Flur des Hauses. Aber er spielte zu wild für uns, die wir jünger und ängstlicher waren. Er sah wirklich wie so ein Indianer aus, wenn er, einen alten Teewärmer auf dem Kopf, im Garten herumhüpfte, mit der Faust auf eine Blechbüchse hämmerte und heulte:

– Ya! Yaka, yaka, yaka!

Keiner wollte es glauben, als man hörte, daß er zum Priester berufen war. Aber es stimmte.

Ein Geist der Widerspenstigkeit machte sich unter uns

breit, und unter seinem Einfluß achteten wir nicht auf Unterschiede in Bildung und Temperament. Wir rotteten uns zusammen, manche dreist, manche zum Spaß und manche fast ängstlich: Und zu dieser letztgenannten Gruppe der zaghaften Indianer, die Angst davor hatten, streberhaft und schwächlich zu wirken, gehörte ich. Die Abenteuer, von denen die Literatur des Wilden Westens berichtete, waren mir fremd, aber immerhin eröffneten sie Fluchtmöglichkeiten. Einige amerikanische Detektivgeschichten, in denen hin und wieder ungekämmte, hitzige, schöne Mädchen aufkreuzten, waren mir lieber. Obwohl nichts Anstößiges in diesen Geschichten vorkam und obwohl ihre Absichten manchmal literarischer Art waren, kreisten sie nur im geheimen in der Schule. Eines Tages, als Father Butler die vier Seiten römische Geschichte abhörte, wurde Leo Dillon, der Tolpatsch, mit einem Heft von *The Halfpenny Marvel* ertappt.

– Diese Seite oder diese Seite? Diese Seite? Los, Dillon, auf! *Kaum hatte der Tag* ... Weiter! Welcher Tag? *Kaum hatte der Tag gedämmert* ... Hast du's gelernt? Was hast du da in der Hosentasche?

Jedem klopfte das Herz, als Leo Dillon das Heft hinaufreichte, und jeder machte ein unschuldiges Gesicht. Father Butler blätterte stirnrunzelnd darin.

– Was ist das für ein Schund? sagte er. *Der Häuptling der Apachen!* Liest du so etwas, statt deine römische Geschichte zu lernen? Ich möchte so ein erbärmliches Zeug nicht noch einmal in diesem Kolleg finden. Der Mann, der das geschrieben hat, war vermutlich irgendein erbärmlicher Schmierer, der solche Sachen für einen Drink schreibt. Ich bin überrascht, daß Jungen wie ihr, gebildete Jungen, solches Zeug lesen. Ich könnte es verstehen, wenn ihr Schüler der ... National School wärt. Also, Dillon, ich rate dir dringend, mach dich an deine Arbeit, oder ...

Dieser Tadel während der nüchternen Schulstunden ließ viel vom Glanz des Wilden Westens für mich verblassen, und das verwirrte, pausbackige Gesicht von Leo Dillon weckte ein Gewissen in mir. Aber wenn der zähmende Einfluß der Schule fern war, fing ich wieder an, nach den wilden Sensationen, nach der Fluchtmöglichkeit zu hungern, die mir allein diese Chroniken der Ungesetzlichkeit zu bieten schienen. Die abendlichen Scheingefechte wurden mir zuletzt so langweilig wie die morgendliche Schulroutine, weil ich echte Abenteuer erleben wollte. Aber echte Abenteuer begegnen Leuten, die in der Heimat bleiben, nicht: Man muß sie im Ausland suchen.

Die Sommerferien waren greifbar nahe, als ich mich entschloß, wenigstens für einen Tag der Trostlosigkeit des Schullebens zu entkommen. Mit Leo Dillon und einem Jungen namens Mahony plante ich, einen Tag zu schwänzen. Jeder von uns sparte sich einen Sixpence zusammen. Wir wollten uns um zehn Uhr morgens auf der Canal Bridge treffen. Mahonys große Schwester mußte ihm eine Entschuldigung schreiben, und Leo Dillon mußte seinem Bruder sagen, er solle melden, ihm sei übel. Wir vereinbarten, die Wharf Road entlangzugehen, bis wir zu den Schiffen kämen, dann auf der Fähre überzusetzen und weiter hinauszuwandern, um uns das Pigeon House anzusehen. Leo Dillon hatte Angst, wir könnten Father Butler oder jemand anderem aus dem Kolleg begegnen; aber Mahony fragte höchst vernünftig, was Father Butler denn draußen beim Pigeon House tun

sollte. Wir waren wieder beruhigt: Und ich brachte die erste Phase des Plans zum Abschluß, indem ich von den beiden anderen einen Sixpence einsammelte und ihnen gleichzeitig meinen eigenen Sixpence zeigte. Als wir am Abend vorher die letzten Vereinbarungen trafen, waren wir alle irgendwie aufgeregt. Wir schüttelten uns die Hände, lachten, und Mahony sagte:
– Bis morgen, Jungs!

Ich schlief schlecht diese Nacht. Am Morgen war ich der erste an der Brücke, weil ich am nächsten wohnte. Ich versteckte meine Bücher im hohen Gras bei der Aschengrube am Ende des Gartens, wo nie jemand hinkam, und lief eilends am Kanalufer entlang. Es war ein milder, sonniger Morgen in der ersten Juniwoche. Ich saß oben auf der Brüstung der Brücke, bewunderte meine dünnen Segeltuchschuhe, die ich am Vorabend fleißig mit Pfeifenton geweißt hatte, und beobachtete die braven Pferde, die einen Tramwagen voller Geschäftsleute den Hügel hinaufzogen. All die Zweige der hohen Bäume, die die Promenade säumten, strahlten mit den kleinen, hellgrünen Blättern Fröhlichkeit aus, und das Sonnenlicht fiel schräg durch sie auf das Wasser. Der Granit der Brücke wurde allmählich warm, und ich fing an, mit meinen Händen den Takt zu einer Melodie, die ich im Kopf hatte, darauf zu klopfen. Ich war sehr glücklich.

Als ich fünf oder zehn Minuten so gesessen hatte, sah ich Mahonys grauen Anzug näherkommen. Er kam grinsend den Hügel herauf und kletterte neben mir auf die Brücke. Während wir warteten, zog er die Schleuder heraus, die seine Brusttasche ausbeulte, und erklärte mir einige Verbesserungen, die er daran vorgenommen hatte. Ich fragte ihn, warum er sie mitgebracht habe, und er sagte, er habe sie mitgebracht, um ein bißchen Fez mit den Vögeln zu haben. Mahony gebrauchte ungeniert Umgangssprache und nannte Father Butler Bunsenbrenner. Wir warteten eine weitere Viertelstunde, aber noch immer war keine Spur von Leo Dillon zu sehen. Schließlich sprang Mahony runter und sagte:

– Komm! Ich hab's doch gewußt, daß der Dicke in die Hosen macht.

– Und sein Sixpence ...? sagte ich.

– Verpfändet, sagte Mahony. Um so besser für uns – 'n Bob und 'n Tanner, statt 'nem Bob.

Wir gingen die North Strand Road entlang, bis wir zur Vitriolfabrik kamen, und bogen dann nach rechts ab, die Wharf Road hinunter. Mahony fing sofort an, Indianer zu spielen, als wir außer Sicht der Leute waren. Er jagte eine Horde zerlumpter Mädchen und fuchtelte mit seiner ungeladenen Schleuder herum, und als zwei zerlumpte Jungen aus Ritterlichkeit mit Steinen nach uns warfen, schlug er vor, sie anzugreifen. Ich wandte ein, daß die Jungen zu klein seien, und so gingen wir weiter. Die Lumpenbande schrie *Ketzer! Ketzer!* hinter uns her, weil sie glaubten, wir seien Protestanten, denn Mahony, der einen dunklen Teint hatte, trug die silberne Brosche eines Kricketclubs an seiner Mütze. Als wir zum Smoothing Iron kamen, veranstalteten wir eine Belagerung; aber es war ein Reinfall, weil man mindestens drei dazu braucht. Wir rächten uns an Leo Dillon, indem wir sagten, was für ein Waschlappen er sei, und zu raten versuchten, wie viele ihm Mr. Ryan um drei Uhr verpassen würde.

Wir kamen dann in die Nähe des Flusses. Wir liefen

eine ganze Weile in den lärmenden Straßen herum, die von hohen Steinmauern flankiert waren, schauten dem Betrieb von Kränen und Maschinen zu und wurden oft von den Kutschern ächzender Lastkarren angebrüllt, weil wir ihnen im Weg waren. Es war Mittag, als wir die Kais erreichten, und da alle Arbeiter anscheinend ihr Mittagessen verzehrten, kauften wir uns zwei große Rosinenbrötchen und setzten uns zum Essen auf irgendwelche Metallrohre am Fluß. Wir ergötzten uns am Schauspiel von Dublins Handel – den Barkassen, die sich schon von weitem mit wolligen Rauchkringeln ankündigten, der braunen Fischereiflotte hinter Ringsend, dem großen weißen Segelschiff, das am Kai gegenüber entladen wurde. Mahony sagte, daß es ein echter Jux wäre, auf einem von diesen großen Schiffen aufs Meer durchzubrennen, und selbst ich sah oder stellte mir vor, während ich auf die hohen Masten schaute, wie die Geographie, die mir in der Schule dürftig verabreicht worden war, allmählich vor meinen Augen Gestalt annahm. Schule und Zuhause schienen zurückzuweichen, und ihr Einfluß auf uns schien zu schwinden.

Wir überquerten die Liffey mit der Fähre und bezahlten unser Fahrgeld, um in Gesellschaft zweier Arbeiter und eines kleinen Juden mit einer Tasche befördert zu werden. Wir waren ernst bis zur Feierlichkeit, aber einmal während der kurzen Fahrt trafen sich unsere Blicke, und wir lachten. Als wir ankamen, sahen wir beim Entladen des eleganten Dreimasters zu, den wir vom anderen Kai aus beobachtet hatten. Einer der Umstehenden sagte, es sei ein norwegisches Schiff. Ich ging zum Heck und versuchte die Inschrift darauf zu entziffern, aber da es mir nicht gelang, kam ich zurück und musterte die

fremden Matrosen, um zu sehen, ob welche von ihnen grüne Augen hätten, denn ich hatte so eine wirre Vorstellung ... Die Augen der Matrosen waren blau und grau, ja sogar schwarz. Der einzige Matrose, dessen Augen man als grün hätte bezeichnen können, war ein großer Mann, der die Menge am Kai dadurch erheiterte, daß er jedesmal, wenn die Planken fielen, fröhlich rief:
– Recht soo! Recht soo!

Als uns dieses Schauspiel langweilig wurde, wanderten wir langsam nach Ringsend hinein. Der Tag war drückend schwül geworden, und in den Fenstern der Lebensmittelgeschäfte lagen altbackene, vor sich hin bleichende Kekse. Wir kauften uns ein paar Kekse und Schokolade, die wir emsig schmausten, während wir durch die schmutzigen Straßen wanderten, wo die Familien der Fischer leben. Wir konnten kein Milchgeschäft finden, und so gingen wir in einen Krämerladen und kauften uns jeder eine Flasche Himbeerlimonade. Davon erfrischt, jagte Mahony eine Katze eine Gasse hinunter, aber die Katze entkam in ein offenes Feld. Wir fühlten uns beide ziemlich müde, und als wir das Feld erreichten, steuerten wir stracks auf eine Uferböschung zu, über deren Rand wir die Dodder sehen konnten.

Es war zu spät, und wir waren zu müde, um unseren Plan, das Pigeon House zu besuchen, auszuführen. Wir mußten vor vier Uhr zu Hause sein, wenn unser Abenteuer nicht aufkommen sollte. Mahony sah bedauernd auf seine Steinschleuder, und ich mußte erst vorschlagen, mit dem Zug heimzufahren, bevor er wieder ein bißchen fröhlich wurde. Die Sonne verschwand hinter ein paar Wolken und überließ uns unseren mißmutigen Gedanken und den Krümeln unseres Proviants.

Außer uns war niemand auf dem Feld. Als wir eine Weile am Ufer gelegen hatten, ohne etwas zu sagen, sah ich vom anderen Ende des Felds einen Mann näherkommen. Ich schaute ihm träge zu, während ich an einem von diesen grünen Stengeln kaute, an denen Mädchen die Zukunft ablesen. Er kam langsam am Ufer entlang. Eine Hand stützte er in die Hüfte, und in der anderen hielt er einen Stock, mit dem er beim Gehen leicht auf den Rasen tippte. Er war schäbig gekleidet in einen grünschwarzen Anzug und trug, was wir einen Jerry-Hut nannten, mit einer sehr hohen Krempe. Er schien ziemlich alt zu sein, denn sein Schnurrbart war aschgrau. Als er zu unseren Füßen vorbeikam, sah er mit einem kurzen Blick zu uns hinauf und setzte dann seinen Weg fort. Wir folgten ihm mit den Augen und sahen, daß er, als er vielleicht fünfzig Schritte weiter war, sich umdrehte und seinen Weg zurückverfolgte. Er kam sehr langsam auf uns zu, dabei tippte er immer mit dem Stock auf den Boden, so langsam, daß ich dachte, er würde im Gras nach etwas suchen.

Er blieb stehen, als er auf unserer Höhe war, und wünschte uns guten Tag. Wir antworteten ihm, und er ließ sich langsam und sehr vorsichtig neben uns auf der Böschung nieder. Er fing an, vom Wetter zu reden, sagte, daß es ein sehr heißer Sommer würde, und fügte hinzu, daß die Jahreszeiten sich sehr geändert hätten, seit er ein Junge war – vor langer Zeit. Er sagte, die glücklichste Zeit im Leben sei zweifellos die Schulzeit und daß er alles dafür gäbe, noch einmal jung zu sein. Während er diese Gefühle äußerte, die uns ein bißchen langweilten, blieben wir schweigsam. Dann fing er an, von der Schule und von Büchern zu reden. Er fragte uns, ob wir die Gedichte von Thomas Moore oder die Werke von Sir Walter Scott und Lord Lytton gelesen hätten. Ich tat so, als hätte ich jedes Buch, das er erwähnte, gelesen, so daß er zuletzt sagte:

– Ah, ich sehe, du bist ein Bücherwurm wie ich. Aber, fügte er hinzu, und deutete auf Mahony, der uns mit offenen Augen anstarrte, er ist anders. Er steht auf Spiele.

Er sagte, er habe alle Werke von Sir Walter Scott und alle Werke von Lord Lytton zu Hause und werde es nie müde, sie zu lesen. Natürlich, sagte er, gebe es einige Werke von Lord Lytton, die Jungen nicht lesen könnten. Mahony fragte, warum Jungen sie nicht lesen könnten – eine Frage, die mich aufbrachte und wurmte, da ich fürchtete, der Mann würde denken, ich sei so blöd wie Mahony. Der Mann aber lächelte nur. Ich sah, daß er große Lücken im Mund zwischen seinen gelben Zähnen hatte. Dann fragte er uns, wer von uns die meisten Schätzchen habe. Mahony erwähnte obenhin, daß er drei Puppen habe. Der Mann fragte mich, wie viele ich hätte. Ich antwortete, daß ich keine hätte. Er glaubte mir nicht und sagte, er sei sicher, ich müsse eine haben. Ich war still.

– Erzähln Sie uns mal, sagte Mahony vorlaut zu dem Mann, wie viele haben Sie selber denn?

Der Mann lächelte wie zuvor und sagte, in unserem Alter habe er viele Schätzchen gehabt. Jeder Junge, sagte er, hat ein kleines Schätzchen.

Seine Einstellung in dieser Sache kam mir seltsam großzügig vor für einen Mann seines Alters. In meinem Herzen dachte ich, daß das, was er über Jungen und Schätzchen sagte, vernünftig war. Aber in seinem Mund gefielen mir die Worte nicht, und ich fragte mich, warum er ein- oder zweimal zusammenschauerte, als ob er sich vor etwas fürchtete oder ein plötzliches Frösteln spürte. Als er weiterredete, merkte ich, daß er sich gewählt ausdrückte. Er fing an, über Mädchen mit uns zu sprechen, er sagte, was für schönes, weiches Haar sie hätten und wie weich ihre Hände seien und daß alle Mädchen nicht so brav seien, wie sie einem vorkämen, man müsse es nur wissen. Er sagte, es gebe nichts, was ihm lieber wäre, als ein hübsches junges Mädchen anzusehen, ihre hübschen weißen Hände und ihr schönes, weiches Haar. Er machte auf mich den Eindruck, als wiederholte er etwas, das er auswendig gelernt hatte, oder daß sich seine Gedanken langsam im Kreis drehten, wie magnetisiert von einigen Wörtern seiner eigenen Rede. Manchmal redete er, als ob er einfach auf eine Tatsache anspielte, die jeder kannte, und manchmal senkte er die Stimme und sprach geheimnisvoll, als ob er uns etwas Geheimes mitteilte, von dem er nicht wollte, daß es andere hörten. Er wiederholte seine Sätze immer und immer wieder, wobei er sie veränderte und mit seiner monotonen Stimme umkreiste. Ich schaute unverwandt zum Fuß der Böschung und hörte ihm zu.

Nach langer Zeit unterbrach er seinen Monolog. Er stand langsam auf und sagte, daß er uns für eine Minute oder so, für ein paar Minuten, verlassen müsse, und ohne meine Blickrichtung zu ändern, sah ich ihn langsam von uns weg zum anderen Ende des Feldes gehen. Wir schwiegen, als er fort war. Nach ein paar Minuten des Schweigens hörte ich, wie Mahony rief:

– Sag bloß! Schau, was er macht!

Da ich ihm weder antwortete, noch meine Augen hob, rief Mahony noch einmal:

– Sag bloß … Das is ’n komischer alter Heini!
– Falls er nach unseren Namen fragt, sagte ich, dann bist du Murphy und ich bin Smith.

Weiter redeten wir nichts miteinander. Ich überlegte mir noch immer, ob ich weggehen sollte oder nicht, als der Mann zurückkam und sich wieder neben uns setzte. Er hatte sich kaum gesetzt, als Mahony, der die Katze, die ihm entkommen war, plötzlich wieder sah, aufsprang und sie über das Feld verfolgte. Der Mann und ich beobachteten die Jagd. Die Katze entwischte ihm wieder, und Mahony fing an, Steine nach der Mauer zu werfen, die sie erklommen hatte. Dann ließ er ab davon und fing an, ziellos am anderen Ende des Feldes umherzustreifen.

Nach einer Weile sprach mich der Mann an. Er sagte, daß mein Begleiter ein ziemlich roher Junge sei und fragte, ob er oft in der Schule gepeitscht würde. Ich wollte gerade erbost sagen, daß wir nicht zur National School gingen, wo man *gepeitscht* wurde, wie er es nannte; aber ich schwieg. Er fing an, sich über die Züchtigung von Jungen auszulassen. Sein Denken schien sich wieder langsam im Kreis um das neue Zentrum zu bewegen, als ob es wieder von seiner eigenen Rede magnetisiert wäre. Er sagte, wenn Jungen von der Sorte wären, sollten sie gepeitscht werden, und zwar ordentlich. Wenn ein Junge roh und widerspenstig sei, würde ihm nichts so gut tun wie ein gutes, strammes Auspeitschen. Ein Schlag auf die Hand oder eine Ohrfeige würden nichts taugen: Was er bräuchte, sei ein tüchtiges, warmes Auspeitschen. Ich war überrascht von dieser Einstellung und sah ihm unwillkürlich ins Gesicht. Als ich das tat, sah ich den Blick eines flaschengrünen Augenpaares, das mich unter einer zuckenden Stirn heraus anstarrte. Ich wandte meinen Blick wieder ab.

Der Mann setzte seinen Monolog fort. Er schien seine Großzügigkeit von vorhin vergessen zu haben. Er sagte, wenn er jemals einen Jungen fände, der mit Mädchen spräche oder ein Mädchen zum Schatz hätte, dann würde er ihn auspeitschen und nochmals auspeitschen; und daß er ihn lehren wollte, nicht mit Mädchen zu sprechen. Und wenn ein Junge ein Mädchen zum Schatz hätte und ihn darin belügen würde, dann würde er ihn so auspeitschen, wie es noch kein Junge auf der Welt erlebt hätte. Er sagte, daß er nichts auf der Welt lieber tun würde. Er beschrieb mir, wie er so einen Jungen auspeitschen würde, als ob er ein umfassendes Geheimnis erläutern würde. Das würde er liebend gern tun, sagte er, lieber als irgend sonst etwas auf dieser Welt; und als er mich monoton durch das Geheimnis leitete, ließ seine Stimme fast Zuneigung spüren und schien mich um Verständnis anzuflehen.

Ich wartete, bis sein Monolog wieder abbrach. Dann stand ich unvermittelt auf. Um meine Aufregung nicht zu verraten, ließ ich noch einige Augenblicke verstreichen und gab vor, meinen Schuh zu richten, dann sagte ich, ich müsse gehen und wünschte ihm guten Tag. Ich stieg ruhig die Böschung hinauf, aber mein Herz klopfte schnell, aus Angst, er würde mich bei den Knöcheln packen. Als ich oben auf der Böschung anlangte, drehte ich mich um und rief laut, ohne ihn anzusehen, über das Feld:

– Murphy!

Meine Stimme klang nach gezwungener Schneidigkeit, und ich schämte mich meiner jämmerlichen List.

Ich mußte den Namen noch einmal rufen, bevor Mahony mich sah und mir mit Hallo antwortete. Wie mein Herz klopfte, als er über das Feld auf mich zulief! Er lief, als wollte er mir zu Hilfe kommen. Und ich war reumütig; denn in meinem Herzen hatte ich ihn immer ein bißchen verachtet.

Arabia

Die North Richmond Street war, da sie blind endete, eine stille Straße, abgesehen von der Stunde, zu der die Schule der Christian Brothers die Jungen freiließ. Ein unbewohntes zweistöckiges Haus stand am hinteren Ende, getrennt von seinen Nachbarn, auf einem quadratischen Grundstück. Die anderen Häuser der Straße starrten einander im Bewußtsein des rechtschaffenen Lebens in ihrem Inneren mit braunen unbewegten Gesichtern an.

Der vorherige Mieter unseres Hauses, ein Priester, war im hinteren Wohnzimmer gestorben. Eine vom langen Eingesperrtsein muffige Luft hing in allen Räumen, und die Rumpelkammer hinter der Küche war übersät mit altem, nutzlosem Papierkram. Darunter fand ich ein paar broschierte Bücher, deren Seiten feucht und gewellt waren: *Der Abt* von Walter Scott, *Der gottesfürchtige Kommunikant* und *Die Denkwürdigkeiten Vidocqs*. Das letzte gefiel mir am besten, weil seine Blätter gelb waren. Der verwilderte Garten hinter dem Haus enthielt in der Mitte einen Apfelbaum und ein paar verstreute Büsche; unter einem von ihnen fand ich die verrostete Fahrradpumpe des verstorbenen Mieters. Er war ein sehr wohltätiger Priester gewesen; in seinem Testament hatte er all sein Geld Einrichtungen vermacht und das Mobiliar seines Hauses seiner Schwester.

Als die kurzen Wintertage kamen, fiel die Dämmerung ein, bevor wir richtig zu Abend gegessen hatten. Wenn wir uns auf der Straße trafen, waren die Häuser düster geworden. Das Stück Himmel über uns war von einem ständig wechselnden Violett, und die Straßenlampen reckten ihm ihre schwachen Laternen entgegen. Die Luft war beißend kalt, und wir spielten, bis unsere Körper glühten. Unsere Rufe hallten in der stillen Straße. Im Lauf des Spiels kamen wir durch die finsteren, schlammigen Wege hinter den Häusern, wo wir bei den wilden Horden aus den Arbeiterhäuschen Spießruten liefen, zu den Hintertüren der dunklen, tropfnassen Gärten, wo Gerüche aus den Aschengruben aufstiegen, zu den dunklen, stinkenden Ställen, wo ein Kutscher das Pferd striegelte und kämmte oder Musik aus dem mit Schnallen versehenen Geschirr schüttelte. Wenn wir zur Straße zurückkehrten, waren die Souterrainvorhöfe ins Licht der Küchenfenster getaucht. Sahen wir meinen Onkel um die Ecke kommen, versteckten wir uns im Schatten, bis wir ihn zuverlässig im Hauseingang hatten verschwinden sehen. Oder wenn Mangans Schwester auf die Stufe vor dem Haus trat, um ihren Bruder zu seinem Abendbrot hereinzuholen, beobachteten wir sie aus unserem Schatten, wie sie die Straße auf und ab spähte. Wir warteten, um zu sehen, ob sie blieb oder hineinging, und wenn sie blieb, verließen wir unseren Schatten und gingen resigniert zu Mangans Treppe. Sie wartete auf uns, ihre Gestalt hob sich ab gegen das Licht aus der halboffenen Tür. Ihr Bruder neckte sie immer, bevor er gehorchte, und ich stand am Gitter und sah sie an. Ihr

Rock schwang mit, wenn sie ihren Körper bewegte, und der weiche Strang ihres Haares flog hin und her.

Jeden Morgen lag ich im vorderen Wohnzimmer auf dem Boden und beobachtete ihre Tür. Das Rouleau war bis auf einen Zoll auf den Fensterrahmen heruntergelassen, so daß man mich nicht sehen konnte. Wenn sie auf die Stufen heraustrat, hüpfte mir das Herz. Ich lief in den Flur, packte meine Bücher und folgte ihr. Ich behielt ihre braune Gestalt immer im Blick, und wenn wir uns der Stelle näherten, wo sich unsere Wege trennten, beschleunigte ich meinen Schritt und überholte sie. Das geschah Morgen für Morgen. Ich hatte nie mit ihr gesprochen, abgesehen von ein paar beiläufigen Worten, und trotzdem war ihr Name wie ein Befehl für mein törichtes Blut.

Ihr Bild begleitete mich selbst an Orten, die einer Romanze gänzlich feind waren. Samstag abends, wenn meine Tante einkaufen ging, mußte ich mitgehen, um das eine oder andere Päckchen zu tragen. Wir gingen durch die flimmernden Straßen, angerempelt von betrunkenen Männern und feilschenden Frauen, inmitten fluchender Arbeiter, der schrillen Litanei von Ladenjungen, die Wache schoben bei den Fässern mit Schweinebacken, dem näselnden Gesang der Straßensänger, die ein *Come-all-you* über O'Donovan Rossa oder eine Ballade über die Unruhen in unserem Heimatland sangen. Diese Geräusche verschmolzen zu einem einzigen Lebensgefühl für mich: Ich stellte mir vor, wie ich meinen Kelch sicher durch eine dichte Menge von Feinden trug. In seltsamen Gebeten und Lobpreisungen, die ich selbst nicht verstand, kam mir in manchem Augenblick ihr Name auf die Lippen. Meine Augen waren oft voller

Tränen (ich wüßte nicht zu sagen, warum), und manchmal schien sich eine Flut aus meinem Herzen in meine Brust zu ergießen. Ich dachte wenig an die Zukunft. Ich wußte nicht, ob ich jemals mit ihr sprechen würde oder nicht oder falls ich mit ihr spräche, wie ich ihr von meiner wirren Anbetung erzählen konnte. Aber mein Körper war wie eine Harfe, und ihre Worte und Gesten waren wie Finger, die über die Saiten liefen.

Eines Abends ging ich in das hintere Wohnzimmer, in dem der Priester gestorben war. Es war ein dunkler, regnerischer Abend, und kein Laut war im Haus zu hören. Durch eine der zerbrochenen Scheiben hörte ich den Regen auf die Erde prallen, die feinen, unaufhörlichen Nadeln des Wassers in den durchtränkten Beeten spielen. Irgendeine ferne Lampe oder ein erleuchtetes Fenster schimmerte unter mir. Ich war dankbar, daß ich so wenig sehen konnte. All meine Sinne schienen danach zu verlangen, sich zu verschleiern, und in dem Gefühl, ihnen gleich zu entrinnen, preßte ich die Handflächen aufeinander, bis sie zitterten, und murmelte *O Liebste! O Liebste!* ein ums andere Mal.

Schließlich sprach sie mich an. Als sie die ersten Worte an mich richtete, war ich so verwirrt, daß ich nicht wußte, was ich antworten sollte. Sie fragte mich, ob ich *Arabia* besuchen würde. Ich habe vergessen, ob ich mit Ja oder Nein antwortete. Es würde ein großartiger Basar; sie sagte, sie würde so gern hingehen.

– Und warum kannst du nicht? fragte ich.

Während sie sprach, drehte sie ständig ein silbernes Armband an ihrem Handgelenk. Sie könne nicht gehen, sagte sie, weil in ihrem Konvent diese Woche Exerzitien seien. Ihr Bruder und zwei andere Jungen balgten sich um ihre Mützen, und ich war allein am Gitter. Sie hielt eine der Eisenspitzen fest und neigte den Kopf mir zu. Das Licht der Lampe gegenüber unserer Tür erfaßte die weiße Beuge ihres Halses, leuchtete auf ihr Haar, das dort auflag, und leuchtete im Fallen auf die Hand am Geländer. Es fiel auf eine Seite des Kleides und erfaßte den weißen Saum eines Unterrocks, der gerade sichtbar war, als sie so zwanglos dastand.

– Du hast es gut, sagte sie.

– Wenn ich gehe, sagte ich, bring ich dir etwas mit.

Wie zahllos waren die Dummheiten, die nach diesem Abend im Wachen und Schlafen meine Gedanken verheerten! Ich wollte die öden Tage dazwischen auslöschen. Ich sträubte mich gegen die Schularbeit. Nachts in meinem Schlafzimmer und tagsüber im Klassenzimmer kam ihr Bild zwischen mich und die Seite, die ich mich zu lesen bemühte. Die Silben des Wortes *Arabia* wurden mir durch die Stille, in der meine Seele schwelgte, zugerufen und warfen morgenländischen Zauber über mich. Ich bat um Erlaubnis, am Samstagabend zum Basar gehen zu dürfen. Meine Tante war überrascht und hoffte, es sei nicht irgend so eine Freimaurergeschichte. Ich beantwortete kaum Fragen im Unterricht. Ich beobachtete, wie das Gesicht meines Lehrers von Liebenswürdigkeit zu Strenge wechselte; er hoffte, ich finge nicht an zu faulenzen. Ich konnte meine abschweifenden Gedanken nicht sammeln. Ich hatte kaum noch Geduld für das ernste Geschäft des Lebens, das mir jetzt, da es zwischen mir und meiner Sehnsucht stand, wie Kinderspiel vorkam, häßliches, eintöniges Kinderspiel.

Am Samstagmorgen erinnerte ich meinen Onkel, daß

ich am Abend zum Basar gehen wollte. Er hantierte an der Flurgarderobe herum auf der Suche nach der Hutbürste und antwortete kurzangebunden:
– Ja, Junge, ich weiß.

Da er im Flur war, konnte ich nicht ins vordere Wohnzimmer gehen und am Fenster liegen. Ich verließ mißmutig das Haus und ging langsam zur Schule. Die Luft war unbarmherzig rauh, und schon jetzt schwante meinem Herzen nichts Gutes.

Als ich zum Abendessen heimkam, war mein Onkel noch nicht zu Hause. Noch war es früh genug. Ich saß da, starrte eine Zeitlang auf die Uhr, und als mich ihr Ticken allmählich verdroß, verließ ich das Zimmer. Ich stieg die Treppe hinauf und kam in den oberen Teil des Hauses. Die hohen, kalten, leeren, düsteren Räume befreiten mich, und ich ging singend von Zimmer zu Zimmer. Vom Fenster an der Vorderseite sah ich meine Kameraden unten auf der Straße spielen. Ihre Rufe erreichten mich abgeschwächt und undeutlich, und die Stirn an die kalte Scheibe gelehnt, sah ich zu dem dunklen Haus hinüber, wo sie wohnte. Ich mochte eine Stunde so gestanden haben, ohne etwas anderes zu sehen als die braungekleidete Gestalt, die meine Einbildung heraufbeschwor, behutsam vom Lampenlicht an der Halsbeuge berührt, an der Hand auf dem Gitter und dem Saum unter dem Kleid.

Als ich wieder hinunterkam, fand ich Mrs. Mercer am Feuer sitzen. Sie war eine alte, geschwätzige Frau, die Witwe eines Pfandleihers, die alte Briefmarken für irgendeinen frommen Zweck sammelte. Ich mußte den Klatsch am Abendbrottisch ertragen. Die Mahlzeit zog sich über eine Stunde hin, und mein Onkel kam noch immer nicht. Mrs. Mercer stand auf, um zu gehen: Es tue ihr leid, daß sie nicht länger warten könne, aber es sei nach acht Uhr, und sie wolle nicht so spät unterwegs sein, weil ihr die Nachtluft schade. Als sie gegangen war, begann ich mit geballten Fäusten im Zimmer auf und ab zu laufen. Meine Tante sagte:

– Ich fürchte, du mußt deinen Basar abschreiben für diese Nacht unseres Herrn.

Um neun Uhr hörte ich den Hausschlüssel meines Onkels in der Haustüre. Ich hörte ihn mit sich selbst reden und hörte den Garderobenständer wackeln, als er das Gewicht seines Mantels empfangen hatte. Diese Zeichen konnte ich deuten. Als er mit dem Abendessen halb fertig war, bat ich ihn, mir das Geld für den Basar zu geben. Er hatte es vergessen.

– Die Leute sind im Bett und haben ihren ersten Schlaf hinter sich, sagte er.

Ich lächelte nicht. Meine Tante sagte energisch zu ihm:

– Kannst du ihm nicht das Geld geben und ihn gehen lassen? Du hast ihn ohnehin lang genug aufgehalten.

Mein Onkel sagte, es tue ihm sehr leid, daß er es vergessen habe. Er sagte, er glaube an den alten Spruch: *Immer Arbeit und kein Spiel, wird dem jungen Hans zuviel.* Er fragte mich, wo ich hinginge, und als ich es ihm zum zweiten Mal erzählt hatte, fragte er mich, ob ich *Des Arabers Abschied von seinem Roß* kennte. Als ich aus der Küche lief, war er gerade dabei, meiner Tante die ersten Zeilen des Gedichts vorzutragen.

Ich hielt einen Florin fest in der Hand, als ich die Buckingham Street zum Bahnhof entlangeilte. Der Anblick der Straßen, die gedrängt voll von Käufern waren und im Gaslicht glänzten, erinnerte mich an den Zweck meiner Fahrt. Ich nahm in einem Dritter-Klasse-Wagen eines leeren Zuges Platz. Nach einer unerträglichen Verzögerung bewegte sich der Zug langsam aus dem Bahnhof. Er kroch an verfallenen Häusern vorbei und über den schimmernden Fluß. Am Bahnhof Westland Row drängte sich eine Menschenmenge an die Wagentüren; aber die Schaffner schoben sie zurück und sagten, es sei ein Sonderzug für den Basar. Ich blieb allein in dem kahlen Wagen. Innerhalb weniger Minuten hielt der Zug an einem provisorischen Bahnsteig aus Holz. Ich trat hinaus auf die Straße und sah am erleuchteten Zifferblatt einer Uhr, daß es zehn Minuten vor zehn war. Vor mir stand ein großes Gebäude, das den magischen Namen trug.

Ich konnte keinen Sixpenny-Eingang finden, und da ich fürchtete, der Basar könnte geschlossen werden, ging ich schnell durch ein Drehkreuz hinein und gab einem müde aussehenden Mann einen Shilling. Ich befand mich in einer großen Halle, die auf halber Höhe von einer Galerie umgeben war. Fast alle Stände waren geschlossen, und der größere Teil der Halle lag im Dunkel. Ich bemerkte eine Stille, wie sie nach einer Messe eine Kirche erfüllt. Furchtsam ging ich in die Mitte des Basars. Ein paar Leute waren um die Stände geschart, die noch offen hatten. Vor einem Vorhang, über dem die Worte *Café Chantant* mit bunten Lampen geschrieben standen, zählten zwei Männer Geld auf einem Tablett. Ich lauschte dem Fallen der Münzen.

Mühsam erinnerte ich mich daran, warum ich gekommen war, und ging zu einem der Stände hinüber und begutachtete Porzellanvasen und geblümte Teeservice. An der Tür des Standes lachte und plauderte eine junge

Dame mit zwei jungen Herren. Ich bemerkte ihren englischen Akzent und hörte abwesend ihrem Gespräch zu.

– Oh, so was hab ich nie gesagt!

– O doch!

– O nein, hab ich nicht!

– Hat sie's nicht gesagt?

– Sie hat. Ich hab sie gehört.

– Oh, das ist aber … geschwindelt!

Als sie mich sah, kam die junge Dame herüber und fragte mich, ob ich etwas kaufen wollte. Der Ton ihrer Stimme war nicht ermutigend; sie schien mich aus Pflichtgefühl angesprochen zu haben. Ich blickte bescheiden auf die großen Glasbehälter, die wie morgenländische Wachen zu beiden Seiten am dunklen Eingang des Standes postiert waren, und murmelte:

– Nein, danke.

Die junge Dame verrückte eine der Vasen und ging zu den beiden Männern zurück. Sie redeten wieder über das gleiche Thema. Ein-, zweimal schaute sich die junge Dame über die Schulter nach mir um. Ich blieb vor ihrem Stand stehen, um mein Interesse an ihren Waren echter aussehen zu lassen, obwohl ich wußte, daß es sinnlos war zu bleiben. Dann wandte ich mich langsam ab und ging die Mitte des Basars hinunter. Ich ließ die zwei Pennies gegen den Sixpence in meiner Tasche fallen. Ich hörte, wie eine Stimme von einem Ende der Galerie rief, daß das Licht aus sei. Der obere Teil der Halle war jetzt völlig finster.

In die Finsternis hinaufstarrend, sah ich mich selbst als ein von Eitelkeit getriebenes und verhöhntes Geschöpf; und meine Augen brannten vor Schmerz und Zorn.

Eveline

Sie saß am Fenster und sah zu, wie der Abend in die Straße einfiel. Ihr Kopf lehnte an der Fenstergardine, in ihrer Nase war der Geruch von staubigem Kretonne. Sie war müde.

Wenig Leute kamen vorbei. Der Mann aus dem letzten Haus kam vorbei auf dem Heimweg; sie hörte seine Schritte auf dem Beton des Gehwegs klappern, dann auf dem Schlackenweg vor den neuen roten Häusern knirschen. Früher war da mal ein Feld gewesen, auf dem sie Abend für Abend mit den Kindern anderer Leute spielten. Dann kaufte ein Mann aus Belfast das Feld und baute Häuser darauf – nicht wie ihre kleinen braunen Häuser, sondern helle Ziegelhäuser mit schimmernden Dächern. Die Kinder aus der Straße spielten immer zusammen auf dem Feld – die Devines, die Waters, die Dunns, der kleine verkrüppelte Keogh, sie und ihre Geschwister. Ernest spielte allerdings nie mit: er war zu erwachsen. Ihr Vater jagte sie oft vom Feld herein mit seinem Schwarzdornstock; aber meistens stand der kleine Keogh Schmiere und rief, wenn er ihren Vater kommen sah. Trotzdem waren sie damals wohl ziemlich glücklich gewesen. Damals war ihr Vater noch nicht so schlimm; und außerdem war ihre Mutter noch am Leben. Das war schon lange her; sie und ihre Geschwister waren alle erwachsen; ihre Mutter war tot. Tizzie Dunn war auch tot, und die Waters waren zurück nach England gegangen. Alles verändert sich. Jetzt war sie im Begriff fortzugehen wie die anderen und wollte ihr Zuhause verlassen.

Zuhause! Sie sah sich im Zimmer um, musterte noch einmal all die vertrauten Gegenstände, die sie so viele Jahre lang einmal die Woche abgestaubt hatte, immer wieder verwundert, wo in aller Welt der viele Staub herkam. Vielleicht würde sie diese vertrauten Gegenstände nie mehr wiedersehen. Nie hätte sie sich träumen lassen, daß sie sich davon je trennen würde. Und doch hatte sie während all der Jahre nicht herausgefunden, wie der Priester hieß, dessen vergilbende Photographie an der Wand über dem kaputten Harmonium hing, neben dem kolorierten Druck mit den Verheißungen an die selige Margareta Maria Alacoque. Er war ein Schulfreund ihres Vaters gewesen. Immer wenn er einem Besucher die Photographie zeigte, ging er mit einem beiläufigen Satz darüber hinweg:

– Er ist jetzt in Melbourne.

Sie hatte sich bereit erklärt fortzugehen, ihr Zuhause zu verlassen. War das klug? Sie versuchte, beide Seiten der Frage abzuwägen. Immerhin hatte sie ein Dach über dem Kopf und Essen zu Hause, hatte die um sich, die sie zeit ihres Lebens gekannt hatte. Freilich mußte sie hart arbeiten, zu Hause und in der Firma. Was würden die über sie im Geschäft sagen, wenn sie herausfanden, daß sie mit einem Kerl davongelaufen war? Wohl daß sie verrückt war; und man würde ihre Stelle über eine Anzeige neu besetzen. Miss Gavan würde sich freuen. Sie hatte sie immer gepiesackt, besonders wenn Leute zuhörten.

– Miss Hill, sehn Sie denn nicht, daß diese Damen warten?

– Ein bißchen munterer, Miss Hill, wenn ich bitten darf.

Sie würde dem Geschäft kaum eine Träne nachweinen.

Aber in ihrem neuen Zuhause, in einem fernen unbekannten Land, wäre es anders. Dann wäre sie verheiratet – sie, Eveline. Die Leute würden sie dann mit Respekt behandeln. Sie würde nicht so behandelt werden wie ihre Mutter seinerzeit. Selbst jetzt, obwohl sie über neunzehn war, hatte sie manchmal Angst vor der Gewalttätigkeit ihres Vaters. Sie wußte, daß sie davon dieses Herzjagen bekommen hatte. Als sie noch im Heranwachsen waren, war er auf sie nie losgegangen wie auf Harry und Ernest, weil sie ein Mädchen war; aber in letzter Zeit fing er an, ihr zu drohen und zu sagen, was er ihr antun würde, wenn es nicht wegen ihrer toten Mutter wäre. Und jetzt hatte sie niemand, der sie beschützen konnte. Ernest war tot, und Harry, der als Kirchenausstatter arbeitete, war fast immer irgendwo auf dem Land unterwegs. Außerdem wurde das ewige Gezanke ums Geld am Samstagabend langsam unsäglich anstrengend für sie. Immer gab sie ihren ganzen Lohn her – sieben Shilling – und Harry schickte immer, soviel er konnte, aber das Problem war, von ihrem Vater Geld zu bekommen. Er sagte, sie verschleudere das Geld nur, sie sei nicht bei Verstand, er werde ihr nicht sein sauer verdientes Geld geben, damit sie es auf die Straße werfe, und anderes mehr, denn er war meistens recht schlimm am Samstagabend. Zuletzt gab er ihr gewöhnlich das Geld und fragte, ob sie eigentlich die Absicht hätte, das Essen für Sonntag einzukaufen. Dann mußte sie davonstürzen, so schnell sie konnte, und ihre Besorgungen auf dem Markt erledigen; ihren schwarzen Ledergeldbeutel hielt sie fest in der Hand, während sie sich mit den Ellbogen einen Weg durch die Menge bahnte, und spät erst kam sie unter der Last ihrer Einkäufe nach Hause. Es war harte Arbeit, das Haus zusammenzuhalten und sich darum zu kümmern, daß die beiden Kleinen, die man ihrer Obhut anvertraut hatte, regelmäßig zur Schule gingen und regelmäßig ihre Mahlzeiten bekamen. Es war harte Arbeit – ein hartes Leben -, aber nun, da sie vorhatte, es aufzugeben, fand sie dieses Leben nicht völlig ohne Reiz.

Sie war im Begriff, mit Frank ein anderes Leben zu entdecken. Frank war sehr lieb, männlich, großherzig. Sie sollte mit ihm auf dem Nachtschiff fortgehen, um seine Frau zu werden und mit ihm in Buenos Aires zu leben, wo er ein Zuhause hatte, das auf sie wartete. Wie gut sie sich daran erinnerte, als sie ihm zum ersten Mal begegnet war; er logierte in einem Haus an der Hauptstraße, wo sie öfter zu Besuch war. Es schien erst ein paar Wochen her. Er stand am Tor, die Schildmütze nach hinten geschoben, und die Haare fielen ihm nach vorn in das bronzefarbene Gesicht. Dann hatten sie sich näher kennengelernt. Er holte sie jeden Abend vor dem Geschäft ab und begleitete sie nach Hause. Er nahm sie mit in *Die Zigeunerin*, und es war ein erhebendes Gefühl, mit ihm in einem ungewohnten Teil des Theaters zu sitzen. Musik mochte er schrecklich gern, er sang auch ein bißchen. Die Leute wußten, daß sie miteinander gingen, und wenn er sang vom Mädel, das einen Seemann liebt, fühlte sie sich stets wohlig verlegen. Er nannte sie immer Puppchen zum Spaß. Zuerst war es aufregend gewesen, einen Freund zu haben, und dann fing sie an, ihn zu mögen. Er kannte Geschichten von fernen Ländern. Er hatte als Schiffsjunge begonnen für ein Pfund im Monat auf einem Schiff der Allan Line, das nach Kanada fuhr. Er nannte ihr die Namen der Schiffe, auf denen er gewesen war, und die Namen der verschiedenen Linien. Er war durch die Magellanstraße gefahren, und er erzählte ihr Geschichten über die schrecklichen Patagonier. Er war in Buenos Aires auf die Füße gefallen, wie er sagte, und nur auf Urlaub in die alte Heimat gekommen. Natürlich war ihr Vater dahintergekommen und hatte ihr jedes weitere Wort mit ihm verboten.

– Ich kenn das Matrosenvolk, sagte er.

Eines Tages hatte er einen Streit mit Frank, und von da an mußte sie ihren Geliebten heimlich treffen.

Der Abend sank tiefer in die Straße. Das Weiß von zwei Briefen, die in ihrem Schoß lagen, wurde undeutlich. Einer war an Harry, der andere an ihren Vater. Ernest war ihr der liebste gewesen, aber sie mochte Harry auch. Ihr Vater wurde in letzter Zeit alt, fiel ihr auf; er würde sie vermissen. Manchmal konnte er sehr lieb sein. Vor kurzem, als sie einen Tag das Bett hüten mußte, hatte er ihr eine Gespenstergeschichte vorgelesen und ihr am Feuer Toast gemacht. Bei einer anderen Gelegenheit, als ihre Mutter noch lebte, waren sie alle zum Picknick auf den Hill of Howth gegangen. Sie erinnerte sich, wie ihr Vater sich die Haube ihrer Mutter aufsetzte, um die Kinder zum Lachen zu bringen.

Ihre Zeit verrann, aber sie blieb am Fenster sitzen, den Kopf gegen die Fenstergardine gelehnt, und sog den Geruch von staubigem Kretonne ein. Unten, weit hinten in der Straße konnte sie eine Drehorgel spielen hören. Sie kannte das Lied. Seltsam, daß es gerade heute abend kommen sollte, um sie an das Versprechen für ihre Mutter zu erinnern, das Versprechen, ihr Zuhause zusammenzuhalten, solange sie konnte. Sie erinnerte sich an die letzte Nacht am Krankenlager ihrer Mutter; sie war wieder in dem stickigen dunklen Zimmer auf der anderen Seite des Flurs, und von draußen hörte sie ein trauriges italienisches Lied. Der Drehorgelmann war aufgefordert worden wegzugehen und hatte sechs Pence bekommen. Sie erinnerte sich, wie ihr Vater empört zurück ins Krankenzimmer marschierte und sagte:

– Verdammte Italiener! Hier rüber zu kommen!

Im Nachsinnen drang die kummervolle Vision vom Leben ihrer Mutter bis in ihr innerstes Mark – dieses Leben banaler Aufopferung, das zuletzt im Irrsinn endete. Sie zitterte, als sie die Stimme ihrer Mutter wieder vernahm, wie sie mit verrückter Hartnäckigkeit wiederholte:

– Derevaun Seraun! Derevaun Seraun!

In einer jähen Regung des Entsetzens stand sie auf. Fliehen! Sie mußte fliehen! Frank würde sie retten. Er würde ihr Leben schenken, vielleicht auch Liebe. Aber sie wollte leben. Warum sollte sie unglücklich sein? Sie hatte ein Recht auf Glück. Frank würde sie in den Arm nehmen, in seinen Armen bergen. Er würde sie retten.

* * *

Sie stand in der wogenden Menge im Bahnhof am North Wall. Er hielt ihre Hand, und sie wußte, daß er auf sie einredete, immer wieder etwas von der Überfahrt sagte. Der Bahnhof war voller Soldaten mit braunen Gepäckstücken. Durch die breiten Tore der Hallen erhaschte sie einen Blick auf die schwarze Masse des Schiffs, das mit erleuchteten Bullaugen an der Kaimauer lag. Sie gab keine Antwort. Ihre Wangen fühlten sich bleich und kalt an, und aus der Wirrnis der Verzweiflung betete sie zu Gott, er möge sie leiten, ihr zeigen, was ihre Pflicht sei. Das Schiff sandte einen langen, traurigen Pfiff in den Nebel. Wenn sie mitging, wäre sie morgen auf See mit Frank, auf dem Weg nach Buenos Aires. Ihre Überfahrt war gebucht. Konnte sie noch zurück, nach allem, was er für sie getan hatte? Ihre Verzweiflung löste Übelkeit in ihrem Körper aus, und sie bewegte fortwährend die Lippen in stillem, inbrünstigem Gebet.

Eine Glocke dröhnte ihr ans Herz. Sie spürte, wie er ihre Hand ergriff:

– Komm!

Alle Meere der Welt brachen über ihr Herz herein. Er zog sie hinein: er würde sie ertränken. Sie packte mit beiden Händen das Eisengitter.

– Komm!

Nein! Nein! Nein! Es war unmöglich. Ihre Hände klammerten sich im Wahn an das Eisen. Aus Meeresfluten sandte sie einen Schrei der Qual!

– Eveline! Evvy!

Er eilte hinter die Absperrung und rief ihr zu, ihm zu folgen. Er wurde angeschrien, er solle doch weitergehen, aber noch immer rief er nach ihr. Sie wandte ihm ihr weißes Gesicht zu, passiv, wie ein hilfloses Tier. Ihre Augen gaben ihm kein Zeichen von Liebe oder Abschied oder Erkennen.

Nach dem Rennen

Die Wagen kamen auf Dublin zugeeilt, rollten ebenmäßig wie Kugeln in der Rinne der Naas Road. Auf der Kuppe des Hügels in Inchicore hatten sich Haufen von Schaulustigen versammelt, um die Wagen heimwärts brausen zu sehen, und durch diesen Kanal von Armut und Untätigkeit ließ der Kontinent seinen Reichtum und seinen Erfinderfleiß rasen. Hier und da ließen die Menschenhaufen die Hochrufe der dankbar Unterdrückten erschallen. Ihre Sympathie aber gehörte den blauen Wagen – den Wagen ihrer Freunde, der Franzosen.

Die Franzosen waren außerdem die eigentlichen Sieger. Ihre Mannschaft hatte sich prächtig geschlagen; sie waren auf dem zweiten und dritten Platz, und der Fahrer des siegreichen deutschen Wagens war den Berichten nach Belgier. Jeder blaue Wagen erhielt deshalb eine doppelte Runde Beifall, wenn er die Hügelkuppe erreichte, und jeder Willkommensruf wurde von denen im Wagen mit Lächeln und Nicken belohnt. In einem dieser schnittig gebauten Wagen saß eine Gruppe von vier jungen Männern, deren Stimmung den Standard erfolgreichen Franzosentums augenblicklich weit zu übertreffen schien: wirklich, diese vier jungen Männer waren geradezu ausgelassen. Es waren Charles Ségouin, der Besitzer des Wagens; André Rivière, ein junger Elektriker kanadischer Herkunft; ein riesiger Ungar namens Villona und ein sorgfältig gepflegter junger Mann namens Doyle. Ségouin war guter Laune, weil er unerwartet einige Vorbestellungen erhalten hatte (er war im Begriff, eine Automobilfirma in Paris zu gründen), und Rivière war guter Laune, weil er zum Leiter der Firma ernannt werden sollte; diese beiden jungen Männer (sie waren Cousins) waren zudem guter Laune wegen des Erfolgs der französischen Wagen; Villona war guter Laune, weil er ein sehr ordentliches Mittagessen gehabt hatte; und außerdem war er von Natur aus Optimist. Der vierte der Gruppe aber war zu aufgeregt, um wirklich glücklich zu sein.

Er war ungefähr sechsundzwanzig Jahre alt, mit einem weichen hellbraunen Schnurrbart und recht unschuldig dreinblickenden grauen Augen. Sein Vater, der das Leben als fortschrittlicher Nationalist begonnen hatte, hatte sich in seinen Überzeugungen schnell angepaßt. Er war als Metzger in Kingstown zu Geld gekommen, und durch das Eröffnen von Läden in Dublin und in den Vororten hatte er sein Vermögen vervielfacht. Er hatte auch das Glück gehabt, sich einige Verträge mit der Polizei zu sichern, und schließlich war er so reich geworden, daß ihn die Dubliner Zeitungen als Handelsfürsten bezeichneten. Er hatte seinen Sohn nach England geschickt, damit er in einem großen katholischen College erzogen würde, und hatte ihn danach zum Jurastudium an die Dublin University geschickt. Jimmy studierte nicht sehr ernsthaft und nahm eine Weile einen schlechten Lebenswandel an. Er hatte Geld, und er war beliebt; er verteilte seine Zeit merkwürdigerweise auf

Musik- und Automobilkreise. Dann war er für ein Trimester nach Cambridge geschickt worden, damit er etwas vom Leben sähe. Sein Vater hatte ihm die Rechnungen bezahlt und ihn heimgeholt; er machte ihm zwar Vorwürfe, war aber insgeheim stolz auf die Auswüchse seines Sohnes. In Cambridge hatte er Ségouin kennengelernt. Sie waren kaum mehr als flüchtig bekannt, aber Jimmy hatte großes Gefallen an der Gesellschaft von jemandem, der so viel von der Welt gesehen hatte und angeblich einige der größten Hotels in Frankreich besaß. Es lohnte sich (sein Vater war der gleichen Meinung), so jemanden zu kennen, selbst wenn er nicht der charmante Gefährte gewesen wäre, der er war. Auch Villona war unterhaltsam – ein großartiger Pianist -, aber leider sehr arm.

Der Wagen lief fröhlich dahin mit seiner Fracht ausgelassener Jugend. Die beiden Cousins saßen auf dem Vordersitz; Jimmy und sein ungarischer Freund saßen hinten. Villona war entschieden blendender Laune; er summte über Meilen der Straße hin eine Melodie im tiefen Baß. Die Franzosen warfen ihr Lachen und ihre Scherzworte über die Schulter, und Jimmy mußte sich oft nach vorne recken, um eine schnelle Bemerkung zu erhaschen. Das war nicht besonders angenehm für ihn, weil er fast immer flink zu erraten hatte, was sie bedeutete, und eine passende Antwort gegen den scharfen Fahrtwind brüllen mußte. Villonas Gesumme mußte im übrigen jeden verwirren; und dazu kam noch der Lärm des Wagens.

Schnelle Bewegung im Raum erregt einen; ebenso Berühmtheit; ebenso der Besitz von Geld. Das waren drei gute Gründe für Jimmys Aufregung. Viele seiner

Freunde hatten ihn an diesem Tag in Gesellschaft dieser Leute vom Kontinent gesehen. An der Kontrollstelle hatte Ségouin ihn einem der französischen Konkurrenten vorgestellt, und als Antwort auf sein verwirrt gestammeltes Kompliment hatte das dunkle Gesicht des Fahrers eine Reihe strahlend weißer Zähne entblößt. Es tat gut, nach dieser Ehre in die profane Welt der Zuschauer zurückzukehren, die sich anstießen und bedeutsam anschauten. Und was Geld anging, so hatte er wirklich eine große Summe zur Verfügung. Ségouin hielt es vielleicht nicht für eine große Summe, aber Jimmy, der trotz gelegentlicher Irrtümer im Herzen der Erbe verläßlicher Instinkte war, wußte nur zu gut, mit welcher Mühe sie zusammengebracht worden war. Dieses Wissen hatte seine Rechnungen bislang innerhalb der Grenzen vertretbaren Leichtsinns gehalten, und wenn er sich der Arbeit, die im Geld verborgen war, bereits bewußt war, als es nur die Frage eines plötzlichen Einfalls höherer Intelligenz war, um wieviel mehr war es ihm nun bewußt, wo er den größeren Teil seines Vermögens aufs Spiel setzen wollte! Es war eine ernste Sache für ihn.

Natürlich war es eine gute Geldanlage, und es war Ségouin gelungen, den Anschein zu erwecken, es sei ein Zeichen der Freundschaft, daß das Scherflein irischen Geldes in das Kapital des Konzerns aufgenommen werden sollte. Jimmy hatte Respekt vor der Schläue seines Vaters in Geschäftsangelegenheiten, und in diesem Fall war es sein Vater gewesen, der die Anlage zuerst vorgeschlagen hatte; da ließ sich Geld machen im Automobilgeschäft, ein Haufen Geld. Außerdem besaß Ségouin die unverwechselbare Ausstrahlung von Reichtum. Jimmy machte sich daran, diesen herrschaftlichen Wagen, in dem sie saßen, in tägliche Arbeit umzurechnen. Wie sanft er dahinrollte. Wie stilvoll sie die Landstraßen dahingebraust waren! Die Fahrt legte einen magischen Finger auf den wahren Puls des Lebens, und wacker versuchte die Maschinerie der menschlichen Nerven auf den Elan des schnellen blauen Tieres zu reagieren.

Sie fuhren die Dame Street hinunter. Ungewohnter Verkehr belebte die Straße, die Hupen der Automobilisten und die Glocken ungeduldiger Straßenbahnfahrer lärmten. In der Nähe der Bank hielt Ségouin an, und Jimmy und sein Freund stiegen aus. Ein kleiner Pulk von Menschen sammelte sich auf dem Gehsteig, um der schnaubenden Maschine ihren Tribut zu zollen. Die Gesellschaft wollte an diesem Abend in Ségouins Hotel dinieren, und in der Zwischenzeit sollten Jimmy und sein Freund, der bei ihm wohnte, nach Hause gehen, um sich umzuziehen. Der Wagen lenkte langsam in Richtung Grafton Street, während die zwei jungen Männer sich den Weg durch die Traube der Schaulustigen bahnten. Sie gingen zu Fuß Richtung Norden, mit einem seltsamen Gefühl der Enttäuschung, während die Stadt ihre blassen Lichtkugeln über sie in den Dunst des Sommerabends hängte.

Bei Jimmy zu Hause hatte man dieses Dinner zu einer großen Sache erklärt. In die Ängstlichkeit der Eltern mischte sich ein gewisser Stolz, ein gewisser Eifer auch, etwas zu riskieren, denn die Namen der großen fremden Städte haben zumindest diese Tugend. Auch Jimmy sah sehr gut aus, als er sich angezogen hatte, und als er im Flur stand und ein letztes Mal die Schleifen seiner Fliege auf gleiche Länge brachte, mochte sein Vater sogar kaufmännische Genugtuung spüren, hatte er seinem Sohn doch Eigenschaften gesichert, die oft nicht zu kaufen waren. Sein Vater war deshalb ungewöhnlich freundlich zu Villona, und sein Verhalten drückte echten Respekt vor fremden Errungenschaften aus; aber diese Feinheit fiel dem Ungarn wahrscheinlich nicht auf, der allmählich ein heftiges Verlangen nach seinem Dinner verspürte.

Das Dinner war ausgezeichnet, exquisit. Ségouin, stellte Jimmy fest, hatte einen sehr erlesenen Geschmack. Die Gesellschaft war um einen jungen Engländer namens Routh vermehrt, den Jimmy bei Ségouin in Cambridge gesehen hatte. Die jungen Leute nahmen ihr Abendessen in einem gemütlichen Zimmer mit elektrischen Kerzenleuchten ein. Sie unterhielten sich eifrig und ziemlich ungeniert. Jimmy, dessen Einbildungskraft Feuer fing, sah die lebhafte Jugend der Franzosen elegant auf dem festen Spalier der Manieren des Engländers emporranken. Ein artiges Bild, das er da gefunden hatte, dachte er, und ein gerechtes. Er bewunderte die Gewandtheit, mit der ihr Gastgeber das Gespräch lenkte. Die fünf jungen Männer hatten einen unterschiedlichen Geschmack, und ihre Zungen waren gelokkert. Villona begann dem leicht erstaunten Engländer mit enormem Respekt die Schönheiten des englischen Madrigals zu entdecken, bedauerte den Verlust der alten Instrumente. Rivière unternahm es – nicht ganz aufrichtig –, Jimmy die Triumphe der französischen Mechaniker zu erklären. Die volltönende Stimme des Ungarn war im Begriff, sich durchzusetzen, voll Spott über die unechten Lauten der romantischen Maler, als Ségouin die Gesellschaft wie ein guter Hirte zur Politik führte. Das war ein Feld, das allen zusagte. Jimmy verspürte unter stimulierenden Einflüssen, wie der begrabene Eifer seines Vaters in ihm zum Leben erwachte: Schließlich stachelte er den schwerfälligen Routh auf. Das Zimmer wurde doppelt so heiß, und Ségouins Aufgabe wurde jeden Augenblick schwieriger: Es drohte sogar die Gefahr persönlicher Gehässigkeiten. Bei passender Gelegenheit erhob der wachsame Gastgeber sein Glas auf die Menschheit, und als darauf getrunken worden war, riß er vielsagend ein Fenster auf.

In dieser Nacht trug die Stadt die Maske einer Hauptstadt. Die fünf jungen Männer schlenderten in einer schwachen Wolke aromatischen Rauches an Stephen's Green entlang. Sie unterhielten sich laut und fröhlich, und ihre Mäntel baumelten ihnen von den Schultern. Die Leute machten ihnen Platz. An der Ecke der Grafton Street übergab ein kurzer, dicker Mann zwei hübsche Damen in einem Wagen der Obhut eines anderen dicken Mannes. Der Wagen fuhr ab, und der dicke kurze Mann entdeckte die Gesellschaft.

– André!

– Das ist ja Farley!

Dem folgte ein Redeschwall. Farley war ein Amerikaner. Niemand wußte ganz genau, worum sich das Gespräch drehte. Villona und Rivière waren die lautesten, aber alle waren sie begeistert. Sie bestiegen einen Wagen und drückten sich unter großem Gelächter eng zusammen. Zur Musik fröhlichen Geläuts fuhren sie an der Menge vorbei, die jetzt in weichen Farben verschwamm. In Westland Row nahmen sie den Zug, und nach wenigen Sekunden, wie es Jimmy schien, verließen sie den Bahnhof von Kingstown. Der Schaffner grüßte Jimmy; er war ein alter Mann:

– Schöner Abend, Sir!

Es war eine ruhige Sommernacht; der Hafen lag wie ein dunkler Spiegel zu ihren Füßen. Sie gingen mit eingehängten Armen darauf zu, sangen im Chor *Cadet Roussel* und stampften mit den Füßen bei jedem:
– *Ho! Ho! Hohé, vraiment!*

An der Anlegestelle stiegen sie in ein Ruderboot und fuhren zur Jacht des Amerikaners hinaus. Es sollte ein Souper, Musik und Kartenspiel geben. Villona sagte mit Überzeugung:
– Es ist herrlich!

In der Kabine stand ein Jachtklavier. Villona spielte einen Walzer für Farley und Rivière, Farley spielte den Kavalier und Rivière die Dame. Dann folgte eine improvisierte Quadrille, zu der die Männer originelle Figuren erfanden. Was für ein Spaß! Jimmy übernahm seine Rolle mit Begeisterung; jetzt sah er wenigstens etwas vom Leben. Dann geriet Farley außer Atem und rief *Halt!* Ein Mann brachte ein leichtes Souper, und die jungen Männer ließen sich der Form halber nieder. Aber sie tranken: Das war Boheme. Sie tranken auf Irland, England, Frankreich, Ungarn, die Vereinigten Staaten von Amerika. Jimmy hielt eine Rede, eine lange Rede, und Villona rief *Hört! Hört!*, wenn es eine Pause gab. Es wurde viel geklatscht, als er sich setzte. Es mußte eine gute Rede gewesen sein. Farley klopfte ihm auf die Schulter und lachte laut. Was für lustige Kerle! Was für eine nette Gesellschaft sie waren!

Karten! Karten! Der Tisch wurde freigemacht. Villona zog sich still an sein Klavier zurück und improvisierte Zwischenspiele für sie. Die anderen Männer spielten Spiel auf Spiel, stürzten sich kühn ins Abenteuer. Sie tranken auf das Wohl der Herzdame und der Karodame.

Jimmy spürte dunkel das Fehlen eines Publikums: Der Witz sprühte. Die Einsätze wurden sehr hoch, und Papier zirkulierte. Jimmy wußte nicht genau, wer am Gewinnen war, aber er wußte, daß er am Verlieren war. Aber es war sein eigener Fehler, denn er verwechselte häufig die Karten, und die anderen Männer mußten seine Schuldscheine für ihn berechnen. Sie waren tolle Kerle, aber er wünschte, sie würden aufhören: Es wurde spät. Jemand brachte den Trinkspruch auf die Jacht *The Belle of Newport* aus, und dann schlug jemand ein großes Spiel zum Abschluß vor.

Das Klavier hatte aufgehört; Villona mußte an Deck gegangen sein. Es war ein schreckliches Spiel. Kurz vor dem Ende unterbrachen sie, um auf ihr Glück zu trinken. Jimmy begriff, daß das Spiel zwischen Routh und Ségouin lief. War das aufregend! Jimmy war ebenfalls aufgeregt; er würde natürlich verlieren. Für wieviel hatte er unterschrieben? Die Männer standen auf, um die letzten Stiche auszuspielen, redeten und gestikulierten. Routh gewann. Die Kabine wackelte vom Hurragebrüll der jungen Männer, und die Karten wurden gebündelt. Dann sammelten sie ein, was sie gewonnen hatten. Farley und Jimmy waren die größten Verlierer.

Er wußte, daß er es am Morgen bereuen würde, aber im Augenblick war er froh über die Ruhe, froh um die trübe Benommenheit, die seine Dummheit zudecken würde. Er stützte die Ellbogen auf den Tisch, legte den Kopf auf die Hände und zählte den Pulsschlag in seinen Schläfen. Die Tür der Kabine ging auf, und er sah in einem Strahl fahlen Lichts den Ungarn stehen:
– Morgengrauen, meine Herren!

Zwei Kavaliere

Der graue, warme Augustabend hatte sich auf die Stadt herabgesenkt, und ein mildes, warmes Lüftchen, eine Erinnerung an den Sommer, wehte durch die Straßen. Eine farbenfrohe Menge schwärmte durch die in sonntäglicher Ruhe dichtgemachten Geschäftsstraßen. Wie erleuchtete Perlen schienen die Lampen von den Spitzen ihrer langen Masten auf das lebendige Gewebe unten, das, unablässig Farbe und Gestalt verändernd, ein unveränderliches, unablässiges Gemurmel in die warme, graue Abendluft entsandte.

Zwei junge Männer kamen die Anhöhe des Rutland Square herunter. Einer von ihnen brachte gerade einen langen Monolog zu Ende. Der andere, der am Rand des Gehsteigs lief und wegen der Rücksichtslosigkeit seines Gefährten gelegentlich auf die Straße treten mußte, trug ein amüsiert lauschendes Gesicht zur Schau. Er war untersetzt und rotgesichtig. Er hatte eine Schiffermütze weit aus der Stirn geschoben, und die Geschichte, der er lauschte, ließ fortwährend Wellen wechselnden Ausdrucks aus den Nasen-, Mund- und Augenwinkeln über sein Gesicht huschen. Kleine Eruptionen keuchenden Gelächters kamen in rascher Folge aus seinem zusammengekrümmten Körper. Seine Augen, die vor listiger Freude zwinkerten, schauten jeden Moment nach dem

Gesicht seines Gefährten. Ein- oder zweimal schob er den leichten Regenmantel zurecht, den er wie ein Torero über die Schulter geworfen hatte. Seine Hosen, seine weißen Gummischuhe und sein verwegen über die Schulter geworfener Regenmantel drückten Jugend aus. Aber seine Figur wurde rundlich in der Hüfte, sein Haar war schütter und grau, und sein Gesicht wirkte verlebt, wenn die Wellen des Mienenspiels darüber hinweggelaufen waren. Als er ganz sicher war, daß die Geschichte zu ihrem Ende gekommen war, lachte er eine volle halbe Minute lautlos vor sich hin. Dann sagte er:

– Also! … Das ist der Gipfel!

Seine Stimme schien ohne Saft und Kraft, und um seinen Worten Nachdruck zu geben, fügte er humorig hinzu:

– Das ist der absolute und einzigartige, und, wenn ich so sagen darf, *pyramidale* Gipfel!

Er wurde ernst und still, als er das gesagt hatte. Seine Zunge war müde, denn er hatte den ganzen Nachmittag in einer Kneipe in der Dorset Street geredet. Die meisten Leute hielten Lenehan für einen Schnorrer, aber trotz dieses Rufes hatten seine Umtriebigkeit und seine Beredsamkeit verhindert, daß seine Freunde jemals eine gemeinsame Initiative gegen ihn ergriffen hatten. Er hatte eine schneidige Art, auf eine Gruppe von ihnen in einer Bar zuzugehen und sich, immer auf dem Sprung, am Rand der Gesellschaft aufzuhalten, bis er in die Runde aufgenommen wurde. Er war ein sportinteressierter Herumtreiber, der über einen riesigen Schatz von Geschichten, Limericks und Rätseln verfügte. Er war immun gegen jede Art von Unhöflichkeit. Niemand wußte, wie er die ernste Aufgabe meisterte, sein Leben zu fristen, aber man brachte seinen Namen vage mit Wettlisten für Pferderennen in Verbindung.

– Und wo hast du sie aufgegabelt, Corley? fragte er.

Corley ließ schnell die Zunge über die Lippen gleiten.

– Mann, sagte er, eines Nachts bin ich die Dame Street entlang gegangen, und unter der Uhr von Waterhouse hab ich mir 'ne tolle Mieze ausgeguckt, und sag guten Abend, ja? Wir sind dann am Kanal spazierengegangen, und sie erzählt mir, daß sie Dienstmädchen in einem Haus in der Baggot Street ist. Ich leg ihr den Arm um die Schulter und knutsch sie 'n bißchen an dem Abend. Mann, am nächsten Sonntag dann hatt ich 'ne Verabredung mit ihr. Wir sind nach Donnybrook raus, und da hab ich sie in ein Feld bugsiert. Sie hat mir erzählt, daß sie früher mit einem Milchmann gegangen ist. ... Es war toll, Mann. Jeden Abend hat sie mir Zigaretten gebracht und die Tram bezahlt, hin und zurück. Und eines Abends bringt sie mir zwei verdammt tolle Zigarren – ah, vom Allerfeinsten, weißt du, was der alte Knabe selber immer raucht. ... Ich hatt nur Angst, Mann, daß sie was Kleines kriegt. Aber die ist mit allen Wassern gewaschen.

– Vielleicht glaubt sie, du willst sie heiraten, sagte Lenehan.

– Ich hab ihr erzählt, daß ich keine Arbeit hätte. Ich hab ihr erzählt, daß ich bei Pim war. Sie kennt meinen Namen nicht. Ich war zu gerissen, um ihn ihr zu sagen. Aber sie meint, daß ich was Besseres bin, weißt du.

Lenehan lachte wieder lautlos.

– Von allen guten Geschichten, die ich je gehört habe, sagte er, ist die schon ausgesprochen der Gipfel.

Corleys Schritt bestätigte das Kompliment. Der Schwung seines massigen Körpers zwang seinen Freund dazu, ein paar leicht hüpfende Schritte vom Gehsteig auf die Fahrbahn und wieder zurück zu machen. Corley war der Sohn eines Polizeiinspektors, und er hatte Figur und Gang seines Vaters geerbt. Beim Gehen hatte er die Hände an der Seite, hielt sich aufrecht, und drehte den Kopf nach allen Seiten. Sein Kopf war groß, kugelförmig und fettig; er schwitzte bei jedem Wetter; und sein großer runder Hut, den er schief aufgesetzt hatte, sah aus wie eine Blumenzwiebel, die aus einer anderen herausgewachsen war. Er starrte immer geradeaus vor sich hin, wie auf Parade, und wenn er auf der Straße jemand nachschauen wollte, mußte er seinen Körper aus der Hüfte bewegen. Augenblicklich lebte er in den Tag hinein. Sowie sich eine Stelle auftat, war immer ein Freund bereit, ihm den heißen Tip zu geben. Man konnte ihn oft in ernstem Gespräch mit Polizisten in Zivil gehen sehen. Er wußte die Interna in allen Angelegenheiten und gab gern abschließende Urteile ab. Er redete, ohne auf das, was seine Begleiter sagten, zu achten. Seine Unterhaltung drehte sich hauptsächlich um ihn selbst: Was er zu dem oder jenem gesagt hatte, und was der ihm gesagt hatte, und was er gesagt hatte, und was er gesagt hatte, um den Fall zu erledigen. Wenn er über diese Gespräche berichtete, aspirierte er den ersten Buchstaben seines Namens in der Art der Florentiner.

Lenehan bot seinem Freund eine Zigarette an. Während die beiden jungen Männer weiter durch die Menge gingen, wandte sich Corley gelegentlich um, um einigen der vorbeigehenden Mädchen zuzulächeln, aber Lenehans Blick war starr auf den großen schwachen Mond gerichtet, den ein doppelter Hof umgab. Er beobachtete ernst, wie das graue Gewebe des Zwielichts über sein Antlitz zog. Schließlich sagte er:

– Also, … sag mal, Corley, ich nehm an, du schaffst es, oder?

Als Antwort kniff Corley vielsagend ein Auge zu.

– Spielt sie da mit? fragte Lenehan zweifelnd. Man weiß nie bei Frauen.

– Sie ist in Ordnung, sagte Corley. Ich weiß, wie ich sie rumkriege, Mann. Sie steht 'n bißchen auf mich.

– Du bist schon, was ich 'nen frechen Casanova nenne, sagte Lenehan. Und die richtige Sorte Casanova obendrein!

Ein Hauch von Spott linderte das Unterwürfige seiner Art. Um sein Gesicht zu wahren, hatte er die Angewohnheit, seine Schmeicheleien so zu formulieren, daß man sie als Stichelei auslegen konnte. Aber Corley hatte kein Gespür für Feinheiten.

– Es geht nichts über ein gutes Dienstmädchen, bekräftigte er. Glaub mir den Tip!

– Von einem, der sie alle ausprobiert hat, sagte Lenehan.

– Zuerst bin ich immer mit Mädchen gegangen, verstehst du, offenbarte sich Corley; Mädchen von der South Circular. Ich hab sie ausgeführt, Mann, irgendwohin mit der Tram und hab die Tram bezahlt oder sie zu 'ner Musikkapelle mitgenommen oder zu 'nem Theaterstück oder ihnen Schokolade oder Bonbons oder so was gekauft. Ich hab ordentlich Geld für sie ausgegeben, fügte er in überzeugendem Ton hinzu, als sei ihm bewußt, daß man ihm nicht glaubte.

Aber Lenehan wollte es gerne glauben; er nickte ernst.

– Das Spiel kenn ich, und es ist ein Spiel für Blödiane.

– Und zum Teufel mit dem, was es mir eingebracht hat, sagte Corley.

– Dito, sagte Lenehan.

– Nur bei einer von ihnen, sagte Corley.

Er feuchtete seine Oberlippe an, indem er mit der Zunge darüberfuhr. Die Erinnerung ließ seine Augen leuchten. Auch er blickte auf die Scheibe des Mondes, die jetzt fast ganz verschleiert war, und schien nachzusinnen.

– Sie war ... schwer in Ordnung, sagte er bedauernd.

Er schwieg wieder. Dann fügte er hinzu:

– Sie ist auf dem Strich jetzt. Ich hab sie nachts mal in Begleitung von zwei Kerlen im Wagen die Earl Street runterfahren sehen.

– Da bist wohl du schuld dran, sagte Lenehan.

– Da warn andre vor mir, sagte Corley philosophisch.

Diesmal neigte Lenehan zu Skepsis. Er schüttelte den Kopf und lächelte.

– Weißt du, mich kannst du nicht verschaukeln, Corley, sagte er.

– So wahr mir Gott helfe! sagte Corley. Hat sie mir's nicht selber gesagt?

Lenehan machte eine tragische Geste.

– Gemeiner Verräter! sagte er.

Als sie am Gitter von Trinity College vorbeigingen, hüpfte Lenehan auf die Straße und schaute zur Uhr hinauf.

– Zwanzig nach, sagte er.

– Zeit genug, sagte Corley. Sie wird bestimmt kommen. Ich laß sie immer ein bißchen warten.

Lenehan lachte leise.

– Lieber Gott! Corley, du weißt, wie man sie nehmen muß, sagte er.

– Ich kenn mich aus mit ihren kleinen Tricks, gab Corley zu.

– Aber sag, fragte Lenehan wieder, bist du sicher, daß du das wirklich hinkriegst? Du weißt, es ist eine heikle Sache. Da sind sie ziemlich zugeknöpft. Oder? ... Was?

Seine hellen, kleinen Augen suchten Bestätigung im Gesicht des Gefährten. Corley warf den Kopf hin und her, als wollte er ein lästiges Insekt abschütteln, und zog die Brauen zusammen.

– Ich schaff das, sagte er. Überlaß das ruhig mir, ja?

Lenehan sagte nichts mehr. Er wollte seinem Freund nicht die Laune verderben und zum Teufel geschickt werden und gesagt bekommen, daß sein Rat unerwünscht sei. Etwas Takt war notwendig. Aber Corleys Brauen glätteten sich bald. Seine Gedanken liefen in eine andere Richtung.

– Sie is 'ne tolle, anständige Mieze, sagte er mit Genugtuung, ja.

Sie gingen die Nassau Street entlang und bogen dann in die Kildare Street. Nicht weit vom Portal des Clubs stand ein Harfner auf der Straße und spielte vor einem kleinen Kreis von Zuhörern. Er zupfte achtlos die Saiten, warf hin und wieder einen kurzen Blick nach dem Gesicht jedes Neuankömmlings und hin und wieder auch einen müden zum Himmel. Auch seine Harfe, die es nicht kümmerte, daß ihr Futteral auf Höhe ihrer Knie gefallen war, schien gleichermaßen der Augen der Fremden wie der Hände ihres Meisters überdrüssig zu sein. Eine Hand spielte im Baß die Melodie von *Silent, O*

Moyle, während die andere immer nach ein paar Noten im Diskant herumschwirrte. Die Töne des Liedes erklangen voll und tief.

Die zwei jungen Männer gingen die Straße entlang, ohne zu sprechen, die traurige Musik in ihrem Gefolge. Als sie Stephen's Green erreichten, überquerten sie die Straße. Hier befreiten sie der Lärm der Straßenbahnen, die Lichter und die Menschenmenge von ihrem Schweigen.

– Da ist sie! sagte Corley.

An der Ecke der Hume Street stand eine junge Frau. Sie trug ein blaues Kleid und einen weißen Matrosenhut. Sie stand am Randstein und schwang einen Sonnenschirm in einer Hand. Lenehan wurde lebendig.

– Komm, laß mich mal einen Blick auf sie werfen, Corley, sagte er.

Corley musterte seinen Freund von der Seite, und ein unangenehmes Grinsen kam in sein Gesicht.

– Versuchst du, mich auszubooten? fragte er.

– Verdammich! sagte Lenehan dreist, ich will nicht vorgestellt werden. Ich will nur einen Blick auf sie werfen. Ich freß sie nicht auf.

– Ah ... Einen Blick auf sie werfen? sagte Corley zugänglicher. Schön. ... Ich sag dir was. Ich werd rübergehen und mit ihr reden, und du kannst vorbeigehen.

– Gut! sagte Lenehan.

Corley hatte schon einen Fuß über die Ketten geschwungen, als Lenehan rief:

– Und danach? Wo treffen wir uns?

– Halb elf, antwortete Corley und zog den anderen Fuß nach.

– Wo?

– Ecke Merrion Street. Da werden wir zurückkommen.

– Mach's gut, sagte Lenehan zum Abschied.

Corley antwortete nicht. Er schlenderte über die Straße und drehte dabei den Kopf nach allen Seiten. Seine große Gestalt, sein lässiger Schritt und der feste Klang seiner Stiefel hatten etwas von einem Eroberer an sich. Er ging auf die junge Frau zu und fing sofort zu plaudern an, ohne sie zu begrüßen. Sie schwenkte ihren Sonnenschirm lebhafter und drehte sich halb auf den Absätzen. Ein- oder zweimal, als er aus nächster Nähe auf sie einredete, lachte sie und senkte den Kopf.

Lenehan beobachtete sie ein paar Minuten lang. Dann ging er schnell ein gewisses Stück an den Ketten entlang und überquerte schräg die Straße. Als er zur Ecke Hume Street kam, merkte er, daß die Luft stark nach Parfüm roch, und seine Augen musterten rasch und besorgt das Aussehen der jungen Frau. Sie hatte ihren Sonntagsstaat an. Ihr blauer Sergerock wurde in der Taille von einem schwarzen Ledergürtel gehalten. Die große silberne Schnalle des Gürtels schien die Körpermitte einzudrükken und hielt den leichten Stoff ihrer Bluse wie eine Klammer. Sie trug eine kurze schwarze Jacke mit Perlmuttknöpfen und eine ausgefranste schwarze Boa. Die Enden ihres Tüllspitzenkragens waren sorgfältig in Unordnung gebracht, und ein großes Bukett roter Blumen war mit den Stielen nach oben am Busen angesteckt. Lenehans Augen bemerkten beifällig ihren stämmigen, kurzen, muskulösen Körper. Freimütige robuste Gesundheit glühte auf ihrem Gesicht, auf ihren feisten roten Backen und in ihren furchtlosen blauen Augen. Ihre Gesichtszüge waren stumpf. Sie hatte weite Nasenlöcher, einen breiten Mund, der in einem selbstgefälligen vielsagenden Grinsen offenstand, und zwei vorstehende Schneidezähne. Als er vorbeiging, nahm Lenehan seine Mütze ab, und nach ungefähr zehn Sekunden erwiderte Corley der Luft seinen Gruß. Er tat dies, indem er unbestimmt die Hand hob und nachdenklich den Neigungswinkel seines Hutes veränderte.

Lenehan ging bis zum Shelbourne Hotel, wo er stehenblieb und wartete. Nachdem er etwas gewartet hatte, sah er sie auf sich zukommen, und als sie sich nach rechts wandten, folgte er ihnen mit leichtem Schritt in seinen weißen Schuhen die eine Seite des Merrion Square entlang. Während er langsam weiterging und seinen Schritt dem ihren anpaßte, beobachtete er Corleys Kopf, der sich alle Augenblicke dem Gesicht der jungen Frau zuwandte wie eine große Kugel, die sich auf einem Zapfen dreht. Er behielt das Paar im Auge, bis er gesehen hatte, wie sie die Treppen der Donnybrook-Tram hinaufstiegen; dann drehte er sich um und ging den Weg zurück, den er gekommen war.

Nun, da er allein war, sah sein Gesicht älter aus. Seine Fröhlichkeit schien ihn zu verlassen, und als er am Gitter von Dukes Lawn vorbei kam, ließ er seine Hand daran entlanggleiten. Die Melodie, die der Harfner gespielt hatte, begann seine Bewegungen zu bestimmen. Seine weich gepolsterten Füße spielten die Melodie, während seine Finger alle paar Noten müßig variierende Tonleitern an den Gittern entlangschwirren ließen.

Er ging lustlos um Stephen's Green herum und dann die Grafton Street hinunter. Obwohl seine Augen viele Einzelheiten in der Menge, durch die er lief, bemerkten, taten sie es doch verdrossen. Er fand alles, was ihn bezaubern sollte, banal und erwiderte keinen der Blicke, die ihn ermutigen wollten. Er wußte, daß er viel reden, erfinden und amüsieren müßte, und Kopf und Kehle waren für eine solche Aufgabe zu trocken. Das Problem, wie er die Stunden, bis er Corley wieder traf, herumbringen sollte, plagte ihn ein wenig. Es fiel ihm nichts anderes ein, sie herumzubringen, als weiterzulaufen. Als er zur Ecke des Rutland Square kam, bog er nach links ab und fühlte sich wohler in der dunklen, ruhigen Straße, deren düsteres Aussehen zu seiner Stimmung paßte. Schließlich hielt er vor dem Fenster eines armselig aussehenden Lokals, über dem in weißen Buchstaben die Worte *Refreshment Bar* standen. Auf der Fensterscheibe waren zwei Aufschriften in beweglichen Lettern: *Ginger Beer* und *Ginger Ale*. Ein aufgeschnittener Schinken war auf einer großen blauen Schüssel ausgestellt, während daneben auf einem Teller ein Stück von einem sehr hellen Plumpudding lag. Er beäugte diese Speisen eine Weile ernsthaft, und nach einem mißtrauischen Blick die Straße hinauf und hinunter betrat er schnell das Lokal.

Er war hungrig, denn er hatte seit dem Frühstück nichts gegessen außer ein paar Keksen, um die er zwei unwillige Kuraten gebeten hatte. Er setzte sich an einen ungedeckten hölzernen Tisch gegenüber von zwei jungen Arbeiterinnen und einem Handwerker. Ein schlampiges Mädchen bediente ihn.

– Was kostet 'n Teller Erbsen? fragte er.

– Drei Halfpence, Sir, sagte das Mädchen.

– Bringen Sie mir 'nen Teller Erbsen, sagte er, und 'ne Flasche Ginger Beer.

Er sprach ruppig, um den Eindruck von Vornehmheit,

den er machte, zu verwischen, denn bei seinem Eintreten hatte man das Gespräch unterbrochen. Um unbefangen zu wirken, schob er seine Mütze auf dem Kopf zurück und pflanzte die Ellbogen auf den Tisch. Der Handwerker und die beiden Arbeiterinnen musterten ihn Punkt für Punkt, bevor sie mit unterdrückter Stimme ihr Gespräch wieder aufnahmen. Das Mädchen brachte ihm einen Teller mit heißen, eingekochten Erbsen, mit Pfeffer und Essig gewürzt, eine Gabel und sein Ginger Beer. Er aß seine Mahlzeit gierig und fand sie so gut, daß er sich das Lokal merkte. Als er die Erbsen aufgegessen hatte, trank er sein Ginger Beer in kleinen Schlucken und saß eine Weile in Gedanken an Corleys Abenteuer. In seiner Vorstellung sah er das Liebespaar eine dunkle Straße entlanggehen; er hörte Corleys Stimme tiefe, energische Schmeicheleien von sich geben und sah wieder das vielsagende Grinsen um den Mund der jungen Frau. Dieses Bild ließ ihn heftig fühlen, wie schlecht er bei Kasse und Stimmung war. Er war es leid, sich herumzutreiben, abgebrannt zu sein, List und Tücke anzuwenden. Im November würde er einunddreißig. Würde er nie eine gute Stelle bekommen? Würde er nie ein eigenes Heim haben? Er dachte, wie angenehm es sein müßte, an einem warmen Feuer und vor einer guten Mahlzeit zu sitzen. Er war lang genug durch die Straßen gelaufen mit seinen Freunden und Mädchen. Er wußte, was diese Freunde wert waren: Er kannte auch die Mädchen. Erfahrung hatte ihn bitter gemacht gegen die Welt. Aber noch hatte er nicht alle Hoffnung aufgegeben. Er fühlte sich besser, nachdem er gegessen hatte, als er sich vorher gefühlt hatte, war des Lebens weniger überdrüssig, war weniger niedergeschlagen. Vielleicht konnte er doch noch in einem gemütlichen Eckchen zur Ruhe kommen und ein glückliches Leben führen, wenn er nur an ein gutes, einfaches Mädchen mit etwas Kleingeld herankäme.

Er zahlte dem schlampigen Mädchen zweieinhalb Pence und verließ den Laden, um seine Wanderung wieder aufzunehmen. Er ging in die Capel Street und auf die City Hall zu. Dann bog er in die Dame Street. An der Ecke George's Street traf er zwei seiner Freunde und blieb stehen, um mit ihnen zu plaudern. Er war froh, daß er sich von all dem Umherlaufen ausruhen konnte. Seine Freunde fragten ihn, ob er Corley gesehen habe und was die letzten Neuigkeiten seien. Er erwiderte, daß er den Tag mit Corley verbracht habe. Seine Freunde redeten sehr wenig. Sie schauten mit abwesenden Blicken ein paar Gestalten in der Menge nach und gaben gelegentlich einen kritischen Kommentar ab. Einer sagte, er habe Mac vor einer Stunde in der Westmoreland Street gesehen. Lenehan sagte darauf, er sei letzte Nacht mit Mac in Egan's gewesen. Der junge Mann, der Mac in der Westmoreland Street gesehen hatte, fragte, ob es wahr sei, daß Mac bei einem Billardspiel etwas gewonnen habe. Lenehan wußte es nicht: Er sagte, daß Holohan ihnen Drinks in Egan's spendiert habe.

Er verließ seine Freunde um Viertel vor zehn und ging die George's Street hinauf. Bei den City Markets wandte er sich nach links und ging weiter, die Grafton Street entlang. Die Menge der Mädchen und jungen Männer war lichter geworden, und auf seinem Weg die Straße entlang hörte er viele Gruppen und Paare einander gute Nacht wünschen. Er ging bis zur Uhr am College of Surgeons: Es war Schlag zehn Uhr. Er marschierte rasch an der Nordseite des Green entlang und beeilte sich, aus Sorge, daß Corley zu früh zurückkommen könne. Als er die Ecke Merrion Street erreichte, bezog er Posten im Schatten einer Laterne und holte eine der Zigaretten heraus, die er sich aufgehoben hatte, und zündete sie an. Er lehnte sich an den Laternenmast und hielt den Blick auf den Abschnitt gerichtet, von wo er Corley und die junge Frau zurückerwartete.

Seine Gedanken wurden wieder munter. Er fragte sich, ob Corley es erfolgreich bewerkstelligt hatte. Er fragte sich, ob er sie schon gebeten hatte oder ob er bis zuletzt warten würde. Er erlitt all die Angst und Spannung der Situation seines Freundes nebst seiner eigenen. Aber die Erinnerung an Corleys sich langsam drehenden Kopf beruhigte ihn etwas: Er war sicher, daß Corley es deichseln würde. Plötzlich kam ihm die Idee, daß Corley sie auf einem anderen Weg heimgebracht hätte und ihm entkommen sei. Seine Augen suchten die Straße ab: Keine Spur von ihnen. Aber es war bestimmt eine halbe Stunde her, seit er die Uhr am College of Surgeons gesehen hatte. Würde Corley so etwas tun? Er zündete sich seine letzte Zigarette an und fing nervös an zu rauchen. Bei jeder Straßenbahn, die an der anderen Ecke des Platzes hielt, strengte er seine Augen an. Sie mußten auf einem anderen Weg nach Hause gegangen sein. Das Papier seiner Zigarette riß ein, und er warf sie mit einem Fluch auf die Straße.

Plötzlich sah er sie auf sich zukommen. Er zuckte vor Freude, und eng an seinem Mast verharrend, versuchte er das Ergebnis an ihrem Gang abzulesen. Sie gingen schnell, die junge Frau mit kurzen, schnellen Schritten, während Corley mit seinem langen Schritt neben ihr blieb. Sie schienen nicht miteinander zu sprechen. Eine

Ahnung des Ausgangs stach ihn wie die Spitze eines scharfen Instruments. Er wußte, daß Corley scheitern würde; er wußte, daß da nichts zu machen war.

Sie bogen in die Baggot Street, und sofort folgte er ihnen auf dem anderen Gehsteig. Als sie anhielten, blieb auch er stehen. Sie unterhielten sich ein paar Augenblicke, und dann ging die junge Frau die Treppen zum Souterrain des Hauses hinunter. Corley blieb am Rand des Gehsteigs stehen, ein kleines Stück von der Eingangstreppe entfernt. Einige Minuten vergingen. Dann ging die Haustüre langsam und vorsichtig auf. Eine Frau kam die Eingangstreppe herunter und hustete. Corley drehte sich um und ging auf sie zu. Seine breite Gestalt verbarg die ihre für ein paar Augenblicke, und dann tauchte sie wieder auf, als sie die Treppe hinauflief. Die Tür schloß sich hinter ihr, und Corley ging schnell in Richtung Stephen's Green.

Lenehan lief in der gleichen Richtung. Einige leichte Regentropfen fielen. Er nahm sie als Warnung, und mit einem Blick zurück zu dem Haus, das die junge Frau betreten hatte, um sicherzugehen, daß er nicht beobachtet wurde, rannte er ungeduldig über die Straße. Die Sorge und das schnelle Laufen ließen ihn keuchen. Er rief:

– Hallo, Corley!

Corley drehte den Kopf, um zu sehen, wer ihn gerufen hatte, und ging dann weiter wie vorher. Lenehan lief ihm nach, wobei er den Regenmantel auf seiner Schulter mit einer Hand zurechtrückte.

– Hallo, Corley! rief er wieder.

Er kam auf gleiche Höhe mit seinem Freund und schaute ihm gespannt ins Gesicht. Er konnte nichts darin lesen.

– Und? sagte er. Hat's geklappt?

Sie hatten die Ecke Ely Place erreicht. Noch immer ohne zu antworten, wandte sich Corley nach links und ging die Seitenstraße hinauf. Seine Gesichtszüge hatten den Ausdruck strenger Gelassenheit angenommen. Lenehan hielt schwer atmend gleichen Schritt mit seinem Freund. Er war aus der Fassung gebracht, und ein drohender Unterton durchdrang seine Stimme.

– Kannst du's denn nicht sagen? fragte er. Hast du's versucht bei ihr?

Corley blieb an der ersten Laterne stehen und starrte finster vor sich hin. Dann streckte er mit einer feierlichen Geste eine Hand zum Licht, und lächelnd öffnete er sie langsam dem Blick seines Jüngers. Auf der Handfläche glänzte eine kleine Goldmünze.

Die Pension

Mrs. Mooney war die Tochter eines Metzgers. Sie war eine Frau, die durchaus imstande war, Dinge für sich zu behalten: eine entschlossene Frau. Sie hatte den ersten Gesellen ihres Vaters geheiratet und eine Metzgerei in der Nähe von Spring Gardens eröffnet. Aber kaum war sein Schwiegervater tot, ging Mr. Mooney auch schon vor die Hunde. Er trank, plünderte die Ladenkasse, stürzte sich kopfüber in Schulden. Es war zwecklos, ihn dem Alkohol abschwören zu lassen: Man konnte sich darauf verlassen, daß er ein paar Tage später wieder über die Stränge schlagen würde. Da er in Gegenwart von Kunden seine Frau schlug und da er schlechtes Fleisch einkaufte, ruinierte er das Geschäft. Eines Nachts ging er mit einem Hackmesser auf seine Frau los, und sie mußte im Haus eines Nachbarn schlafen.

Danach lebten sie getrennt. Sie ging zum Pfarrer und erwirkte eine Trennung von ihm mit Sorgerecht für die Kinder. Sie gab ihm weder Geld noch Essen, noch Unterkunft; und so war er gezwungen, sich als Sheriffsgehilfe zu melden. Er war ein schäbiger, buckliger kleiner Säufer mit weißem Gesicht, einem weißen Schnurrbart und weißen Augenbrauen, wie gestrichelt über den rotgeäderten und entzündeten kleinen Augen; und den ganzen Tag saß er im Büro des Gerichtsvollziehers und wartete darauf, einen Auftrag zu bekommen. Mrs. Mooney, die alles, was von ihrem Geld aus dem Metzgereibetrieb übriggeblieben war, genommen und eine Pension in der Hardwicke Street aufgemacht hatte, war eine große, imposante Frau. Ihr Haus hatte wechselnde Kundschaft, bestehend aus Touristen aus Liverpool und von der Isle of Man und gelegentlich Varietékünstlern von den Music Halls. Die Stammkundschaft bestand aus Büroangestellten aus der Stadt. Sie regierte das Haus mit Schläue und starker Hand, wußte, wann sie Kredit geben durfte, wann sie streng sein mußte und wann sie etwas durchgehen lassen konnte. Die jungen Dauermieter nannten sie alle *Die Madame*.

Mrs. Mooneys junge Männer zahlten fünfzehn Shilling die Woche für Unterkunft und Verpflegung (Bier oder Stout zum Abendessen nicht inbegriffen). Sie hatten den gleichen Geschmack und Beruf und steckten deshalb viel zusammen. Sie diskutierten miteinander über die Chancen von Favoriten und Außenseitern. Jack Mooney, der Sohn der Madame, der bei einem Kommissionär in der Fleet Street angestellt war, galt als Fall für sich. Er gebrauchte mit Vorliebe die obszönen Ausdrücke der Soldaten: Normalerweise kam er in den frühen Morgenstunden nach Hause. Wenn er seine Freunde traf, wußte er immer einen guten Witz, und er hatte bestimmt jedesmal etwas Aussichtsreiches an der Hand – also entweder ein vielversprechendes Pferd oder eine vielversprechende Künstlerin. Er verstand sich auch aufs Boxen und sang spaßige Lieder. An den Sonntagabenden gab es häufig ein geselliges Beisammensein in Mrs. Mooneys Salon. Die Künstler von den Music Halls gaben etwas zum besten; und Sheridan spielte Walzer und Polkas und begleitete aus dem Stegreif. Auch Polly Mooney, die Tochter der Madame, sang. Sie sang:

Ich bin … 'n freches Gör.
Ach, tut nicht so:
Ich bin's – oho!

Polly war ein schlankes Mädchen von neunzehn Jahren; sie hatte helles, weiches Haar und einen kleinen vollen Mund. Ihre Augen, die grau mit einem Stich ins Grüne waren, hatten die Angewohnheit, nach oben zu schielen, wenn sie mit jemand sprach, was ihr das Aussehen einer perversen kleinen Madonna gab. Mrs. Mooney hatte ihre Tochter zuerst ins Büro zu einem Getreidehändler geschickt, damit sie Typistin würde, aber nachdem ein Sheriffsgehilfe von üblem Ruf jeden zweiten Tag zu ihr ins Büro kam mit der Bitte, kurz mit seiner Tochter sprechen zu dürfen, hatte sie ihre Tochter wieder zu sich nach Hause genommen und sie für die Hausarbeit eingesetzt. Da Polly sehr lebhaft war, war es ihre Absicht, ihr Umgang mit den jungen Männern zu ermöglichen. Außerdem mögen junge Männer das Gefühl, daß eine junge Frau in ihrer Nähe ist. Natürlich flirtete Polly mit den jungen Männern, aber Mrs. Mooney, die einen scharfen Blick besaß, wußte, daß sich die jungen Männer nur die Zeit vertrieben: Keiner von ihnen meinte es ernst. So ging das lange Zeit, und Mrs. Mooney überlegte sich schon, ob sie Polly nicht wieder an die Schreibmaschine schicken sollte, als sie bemerkte, daß sich zwischen Polly und einem der jungen Herren etwas anbahnte. Sie beobachtete das Paar und ließ sich nichts anmerken.

Polly wußte, daß sie beobachtet wurde, aber das anhaltende Schweigen ihrer Mutter war unmißverständlich. Es hatte keine offene Komplizenschaft zwischen Mutter und Tochter gegeben, kein offenes Einvernehmen, aber obwohl die Leute im Haus anfingen, von der Affäre zu sprechen, mischte sich Mrs. Mooney noch immer nicht ein. Polly wurde etwas seltsam in ihrem Benehmen, und der junge Mann war offensichtlich beunruhigt. Als sie schließlich den richtigen Augenblick für gekommen hielt, mischte sich Mrs. Mooney ein. Sie behandelte moralische Probleme wie ein Hackmesser das Fleisch: Und in diesem Fall hatte sie einen Entschluß gefaßt.

Es war ein strahlender, Hitze versprechender Sonntagmorgen im Frühsommer, aber es blies eine frische Brise. Alle Fenster der Pension waren offen, und die Spitzengardinen bauschten sich unter den hochgeschobenen Fensterrahmen sanft zur Straße hin. Vom Glokkenturm der George's Church kam ununterbrochenes Geläute, und die Kirchgänger überquerten einzeln oder in Gruppen den kleinen runden Platz vor der Kirche. Sie ließen ihr Vorhaben sowohl durch ihr reserviertes Gebaren wie durch die Büchlein in ihren behandschuhten Händen erkennen. In der Pension war das Frühstück vorüber, und der Tisch des Frühstückszimmers stand voller Teller mit gelben Spuren von Ei und mit Stückchen von Schinkenfett oder Speckschwarte darauf. Mrs. Mooney saß im Korbsessel und überwachte, wie Mary, das Hausmädchen, die Frühstückssachen abräumte. Sie ließ Mary die Krusten und Brotstückchen sammeln, die für den Brotpudding am Freitag verwendet werden sollten. Als die Tafel abgeräumt war, die

Brotstückchen eingesammelt, der Zucker und die Butter hinter Schloß und Riegel, begann sie das Gespräch, das sie letzte Nacht mit Polly geführt hatte, zu rekonstruieren. Es stand so, wie sie vermutet hatte: Sie hatte offen gefragt, und Polly hatte ebenso offen geantwortet. Natürlich waren sie beide etwas verlegen gewesen. Sie war verlegen geworden, weil sie die Neuigkeit nicht zu beiläufig hinnehmen oder den Eindruck erwecken wollte, sie hätte es stillschweigend geduldet, und Polly war nicht nur verlegen geworden, weil sie Anspielungen dieser Art immer verlegen machten, sondern auch weil sie nicht wollte, daß jemand auf den Gedanken käme, sie hätte in ihrer weisen Unschuld die Absicht hinter der Duldsamkeit ihrer Mutter erraten.

Mrs. Mooney warf instinktiv einen Blick auf die kleine vergoldete Uhr am Kaminsims, sobald sie in ihrem Sinnieren gewahr wurde, daß die Glocken von George's Church aufgehört hatten zu läuten. Es war siebzehn Minuten nach elf: Es würde ihr reichlich Zeit bleiben, um die Sache mit Mr. Doran zu erledigen und danach die kurze Zwölfuhrmesse in der Marlborough Street zu erwischen. Sie war sicher, daß sie gewinnen würde. Zunächst einmal hatte sie das ganze Gewicht der öffentlichen Meinung auf ihrer Seite: Sie war eine in ihrer Ehre verletzte Mutter. Sie hatte ihm erlaubt, unter ihrem Dach zu wohnen, in der Annahme, er sei ein Ehrenmann, und er hatte schlichtweg ihre Gastfreundschaft mißbraucht. Er war vierunddreißig oder fünfunddreißig Jahre alt, so daß Jugend für ihn nicht als Entschuldigung gelten konnte; ebensowenig konnte ihn Unwissenheit entschuldigen, denn er war ein Mann, der etwas von der Welt gesehen hatte. Er hatte einfach

Pollys Jugend und Unerfahrenheit ausgenutzt: Das war offensichtlich. Die Frage war: Welche Entschädigung würde er bieten?

Es muß Entschädigung geleistet werden in solchen Fällen. Alles recht und schön für den Mann: Er kann seiner Wege gehen, als wäre nichts passiert, wenn er seinen Spaß gehabt hat, aber das Mädchen muß es ausbaden. Manche Mütter wären damit einverstanden, für einen Geldbetrag so eine Affäre auszubügeln; sie kannte solche Fälle. Aber sie würde das nicht tun. Für sie gab es nur eine Entschädigung für die verlorene Ehre ihrer Tochter: Heirat.

Sie zählte noch einmal alle ihre Trümpfe, bevor sie Mary zu Mr. Dorans Zimmer hinaufschickte, um ihm zu sagen, daß sie mit ihm sprechen wollte. Sie war sich sicher, daß sie gewinnen würde. Er war ein seriöser junger Mann, nicht großmäulig und liederlich wie die anderen. Wenn es Mr. Sheridan oder Mr. Meade oder Bantam Lyons gewesen wäre, hätte sie eine viel schwierigere Aufgabe vor sich gehabt. Sie konnte sich nicht vorstellen, daß er einen öffentlichen Skandal riskieren würde. Alle Mieter im Haus wußten etwas von der Affäre; einige hatten Einzelheiten erfunden. Außerdem war er seit dreizehn Jahren im Büro eines großen katholischen Weinkaufmanns beschäftigt, und ein öffentlicher Skandal würde ihn womöglich die Stelle kosten. Wenn er aber einwilligte, könnte vielleicht alles gut werden. Sie wußte, daß er zum einen ordentlich was kriegte, und sie vermutete, daß er einen Batzen auf der hohen Kante hatte.

Beinah halb! Sie stand auf und musterte sich im Pfeilerspiegel. Der entschlossene Ausdruck ihres vollen, rosigen Gesichts gefiel ihr, und sie dachte an einige Mütter, die sie kannte, die ihre Töchter nicht an den Mann bringen konnten.

Mr. Doran war wirklich sehr nervös an diesem Sonntagmorgen. Er hatte zweimal versucht, sich zu rasieren, aber seine Hand war so zittrig, daß er gezwungen war, davon abzusehen. Ein rötlicher Dreitagebart umrahmte die Kinnpartie, und alle zwei, drei Minuten beschlugen sich seine Brillengläser, so daß er sie abnehmen und mit dem Taschentuch putzen mußte. Die Erinnerung an seine Beichte am Abend vorher verursachte ihm heftige Pein; der Priester hatte ihm jede lächerliche Einzelheit der Angelegenheit entlockt und seine Sünde schließlich so vergrößert, daß er fast dankbar war, als man ihm einen Ausweg bot, Entschädigung zu leisten. Der Schaden war angerichtet. Was konnte er schon tun, als sie zu heiraten oder davonzulaufen? Er konnte sich nicht dreist darüber hinwegsetzen. Sicher würde man über die Affäre reden, und sein Arbeitgeber würde gewiß davon hören. Dublin ist so eine kleine Stadt: Jeder weiß über den andern Bescheid. Er spürte sein Herz warm im Hals klopfen, als er in seiner erregten Phantasie den alten Leonard mit seiner rauhen Stimme rufen hörte: *Schicken Sie Mr. Doran bitte her!*

Die vielen Jahre im Dienst umsonst! All sein Fleiß und Einsatz vertan! Natürlich hatte er sich als junger Mann die Hörner abgestoßen, hatte mit seinem Freidenkertum angegeben und vor seinen Kumpanen in der Kneipe die Existenz Gottes geleugnet. Aber das war alles vorbei und erledigt … fast. Er kaufte sich noch immer jede Woche *Reynolds's Newspaper*, aber er kam seinen religiösen Pflichten nach und führte neun Zehntel des Jahres ein ordentliches Leben. Er hatte genügend Geld, um einen Hausstand zu gründen; das war es nicht. Aber die Familie würde auf sie herabschauen. Da war zunächst der schlechte Leumund ihres Vaters, und dann bekam die Pension ihrer Mutter allmählich einen gewissen Ruf. Er hatte so den Eindruck, daß man ihn hereinlegen wollte. Er konnte sich vorstellen, wie seine Freunde über die Affäre redeten und lachten. Sie war ja ein bißchen ordinär; manchmal sagte sie *I seen* und *If I had've known*. Aber was spielte Grammatik schon für eine Rolle, wenn er sie wirklich liebte? Er konnte sich nicht entscheiden, ob er sie für das, was sie getan hatte, mochte oder verachtete. Natürlich hatte er's auch getan. Sein Instinkt drängte ihn, frei zu bleiben, nicht zu heiraten. Wenn du erst verheiratet bist, bist du erledigt, hieß es.

Während er hilflos in Hemd und Hose auf der Bettkante saß, pochte sie leise an die Tür und trat ein. Sie erzählte ihm alles: daß sie ihrer Mutter alles gebeichtet hatte und daß ihre Mutter noch heute morgen mit ihm sprechen würde. Sie weinte, schlang die Arme um seinen Hals und sagte:

– O Bob! Bob! Was soll ich nur tun? Was soll ich denn nur tun?

Sie würde ihrem Leben ein Ende machen, sagte sie.

Er tröstete sie halbherzig, sagte, sie solle nicht weinen, es würde schon alles gut werden, keine Angst. An seinem Hemd spürte er die Aufregung in ihrem Busen.

Es war nicht allein sein Fehler, daß es passiert war. Mit dem seltsam beharrlichen Gedächtnis des Junggesellen erinnerte er sich an die ersten zufälligen Liebkosungen, die ihr Kleid, ihr Atem, ihre Finger ihm gegeben hatten. Dann spät eines Abends, als er sich auszog, um ins Bett zu gehen, hatte sie schüchtern an seine Tür gepocht. Sie wollte ihre Kerze an seiner wieder anzünden, denn ihre war von einem Luftzug ausgeblasen worden. Es war ihr Badeabend. Sie trug ein loses, offenes Frisierhemd aus bedrucktem Flanell. Ihr weißer Fußrücken schimmerte in der Öffnung ihrer Pelzslipper, und das Blut glühte warm unter ihrer parfümierten Haut. Auch von ihren Händen und Gelenken kam ein zarter Duft nach Parfüm, als sie ihre Kerze anzündete und gerade richtete.

An Abenden, an denen er sehr spät zurückkam, war sie es, die ihm sein Abendessen aufwärmte. Er wußte kaum, was er da aß, wenn er sie alleine neben sich spürte, nachts, im schlafenden Haus. Und ihre Fürsorglichkeit! War die Nacht irgendwie kalt oder naß oder windig, stand bestimmt ein kleiner Becher Punsch für ihn bereit. Vielleicht konnten sie glücklich miteinander sein ...

Sie gingen immer zusammen auf Zehenspitzen die Treppe hinauf, jeder mit einer Kerze, und auf dem dritten Absatz sagten sie sich widerstrebend gute Nacht. Sie küßten sich. Er erinnerte sich gut an ihre Augen, ihren Händedruck und sein Delirium ...

Aber das Delirium geht vorbei. Er wiederholte sich ihren Satz, wandte ihn auf sich selbst an: *Was soll ich nur tun?* Der Instinkt des Junggesellen riet ihm warnend, sich zurückzuhalten. Aber die Sünde war da; schon sein Ehrgefühl sagte ihm, daß für eine derartige Sünde Entschädigung geleistet werden mußte.

Während er mit ihr auf der Bettkante saß, kam Mary

an die Tür und sagte, daß ihn die gnädige Frau im Wohnzimmer zu sehen wünsche. Er stand auf, um Weste und Jackett anzuziehen, hilfloser denn je. Als er angezogen war, ging er zu ihr hinüber, um sie zu trösten. Es würde schon gut werden, keine Angst. Er ließ sie weinend auf dem Bett zurück, sie stöhnte leise: *O mein Gott!*

Als er die Treppe hinunterging, liefen seine Gläser so stark an, daß er sie abnehmen und putzen mußte. Er wünschte sehnlichst, durch das Dach gen Himmel fahren und wegfliegen zu können, in ein anderes Land, wo er nie wieder etwas von seinen Sorgen hören würde, und trotzdem schob ihn eine Macht Stufe für Stufe die Treppe hinunter. Die unversöhnlichen Gesichter seines Arbeitgebers und der Madame starrten ihn an in seiner Niederlage. Auf der letzten Treppe begegnete er Jack Mooney, der von der Speisekammer heraufkam und zwei Flaschen *Bass* an sich drückte. Sie grüßten sich kühl; und ein, zwei Sekunden ruhten die Augen des Liebenden auf dem feisten Bulldoggengesicht und einem Paar kurzer, kräftiger Arme. Als er am Fuß der Treppe ankam, schaute er nach oben und sah, wie ihn Jack von der Tür der Kammer im Anbau aus anstarrte.

Plötzlich erinnerte er sich an die Nacht, als einer der Varietékünstler, ein kleiner, blonder Londoner, eine ziemlich freimütige Anspielung auf Polly gemacht hatte. Der Musikabend wäre fast geplatzt wegen Jacks Gewalttätigkeit. Alle versuchten, ihn zu beruhigen. Der Varietékünstler, ein bißchen blasser als sonst, lächelte immerzu und sagte, daß es nicht bös gemeint war; aber Jack brüllte in einem fort auf ihn ein, daß wenn einer die

Tour mit seiner Schwester versuchte, er ihm verdammt noch mal die Fresse einschlagen würde, darauf könne er sich verlassen.

* * *

Polly saß noch eine Weile auf der Bettkante und weinte. Dann trocknete sie sich die Augen und ging zum Spiegel hinüber. Sie tauchte den Zipfel des Handtuchs in die Wasserkanne und erfrischte sich die Augen mit dem kühlen Wasser. Sie schaute sich im Profil an und brachte eine Haarnadel über dem Ohr in Ordnung. Dann ging sie wieder zum Bett zurück und setzte sich auf das Fußende. Sie betrachtete lange die Kissen, und ihr Anblick weckte heimliche, liebenswerte Erinnerungen in ihr. Sie lehnte den Nacken an das kühle eiserne Bettgestell und träumte vor sich hin. Es war keinerlei Unruhe mehr auf ihrem Gesicht zu sehen.

Sie wartete geduldig weiter, fast fröhlich, ohne Aufregung, und ihre Erinnerungen machten allmählich Hoffnungen und Zukunftsvisionen Platz. Ihre Hoffnungen und Visionen waren so vielfältig, daß sie nicht länger mehr die weißen Kissen sah, auf die ihr Blick geheftet war, oder sich erinnerte, daß sie auf irgend etwas wartete.

Schließlich hörte sie ihre Mutter rufen. Sie sprang auf die Füße und lief ans Treppengeländer.

– Polly! Polly!

– Ja, Mama?

– Komm runter, Liebes. Mr. Doran möchte dir etwas sagen.

Da fiel ihr ein, worauf sie gewartet hatte.

Eine kleine Wolke

Acht Jahre zuvor hatte er sich am North Wall von seinem Freund verabschiedet und ihm glückliche Reise gewünscht. Gallaher hatte es zu etwas gebracht. Das konnte man sofort an seinem weltmännischen Gebaren erkennen, am guten Schnitt seines Tweedanzuges und an seinem ungenierten Tonfall. Es gab wenige, die so viel Talent hatten, und noch weniger wurden durch so einen Erfolg nicht verdorben. Gallaher hatte das Herz am richtigen Fleck, und er hatte es verdient zu gewinnen. Es war schon etwas, so einen Freund zu haben.

Der kleine Chandler hatte seit der Mittagszeit dauernd an seine Begegnung mit Gallaher gedacht, an Gallahers Einladung und die große Stadt London, in der Gallaher lebte. Er wurde der kleine Chandler genannt, weil er, obwohl nur wenig unter Durchschnittsgröße, den Eindruck eines kleinen Mannes machte. Seine Hände waren weiß und fein, seine Gestalt war zierlich, seine Stimme leise und sein Benehmen kultiviert. Er pflegte sein blondes, seidiges Haar und den Schnurrbart mit größter Sorgfalt und parfümierte sein Taschentuch dezent. Die Halbmonde seiner Nägel waren makellos, und wenn er lächelte, konnte man einen Blick auf eine Reihe kindlicher, weißer Zähne werfen.

Während er an seinem Schreibtisch in den King's Inns

saß, dachte er über die Veränderungen nach, die diese acht Jahre mit sich gebracht hatten. Der Freund, den er in schäbiger und dürftiger Aufmachung gekannt hatte, war zu einer herausragenden Persönlichkeit der Londoner Presse geworden. Oft wandte er den Blick von seinen ermüdenden Schriftstücken ab, um aus dem Bürofenster zu schauen. Das Glühen eines spätherbstlichen Sonnenuntergangs lag über den Rasengevierten und Wegen. Es warf einen Sprühregen heiteren Goldstaubs über die schlampigen Kindermädchen und klapprigen alten Männer, die auf den Bänken dösten; es glimmte auf allem, was sich bewegte – auf den Kindern, die kreischend die Kieswege entlangliefen, und auf jedem, der durch die Anlage ging. Er beobachtete die Szene und dachte über das Leben nach; und ihm wurde (wie immer, wenn er über das Leben nachdachte) traurig zumute. Eine sanfte Melancholie ergriff Besitz von ihm. Er spürte, wie sinnlos es war, gegen das Schicksal anzukämpfen; das war die schwere Last der Einsicht, die ihm die Jahrhunderte vermacht hatten.

Die Gedichtbände auf seinen Regalen zu Hause fielen ihm ein. Er hatte sie in seinen Junggesellentagen gekauft, und an manch einem Abend, wenn er in dem kleinen Zimmer beim Flur saß, war er versucht gewesen, eines aus dem Bücherregal zu nehmen und seiner Frau etwas vorzulesen. Aber Schüchternheit hatte ihn immer davon abgehalten; und so waren die Bücher auf ihren Regalen geblieben. Gelegentlich sagte er sich einzelne Verse vor, und das tröstete ihn.

Als seine Stunde geschlagen hatte, stand er auf und nahm formgerecht Abschied von seinem Schreibtisch und seinen Kollegen. Er tauchte unter dem feudalen Bogen der King's Inns auf, eine gepflegte, bescheidene Erscheinung, und schritt zügig die Henrietta Street hinunter. Der goldene Sonnenuntergang war am Verblassen, und die Luft war schneidend geworden. Eine Horde schmutziger Kinder bevölkerte die Straße. Sie standen oder rannten auf der Fahrbahn herum oder krabbelten die Stufen vor den klaffenden Türen hinauf oder kauerten wie Mäuse auf den Schwellen. Der kleine Chandler verschwendete keinen Gedanken an sie. Er bahnte sich geschickt seinen Weg durch all das winzige, ungezieferähnliche Leben im Schatten der verlassenen, geisterhaften Behausungen, in denen der alte Adel Dublins gelärmt hatte. Keine Erinnerung an die Vergangenheit berührte ihn, denn er war in Gedanken ganz bei einer gegenwärtigen Freude.

Er war noch nie in Corless's gewesen, aber er wußte, was der Name galt. Er wußte, daß die Leute nach dem Theater dort hingingen, um Austern zu essen und Liköre zu trinken; und er hatte gehört, daß die Kellner dort Französisch und Deutsch sprachen. Wenn er nachts schnell daran vorbeigegangen war, hatte er gesehen, wie Kutschen am Eingang vorgefahren waren und kostbar gekleidete Damen in Begleitung von Kavalieren ausstiegen und hineineilten. Sie trugen auffallende Kleider und viele Umhänge. Ihre Gesichter waren gepudert, und wie verschreckte Atalanten rafften sie ihre Röcke hoch, wenn sie den Boden berührten. Er war immer vorbeigegangen, ohne einen Blick darauf zu werfen. Es war seine Gewohnheit, auf der Straße selbst untertags rasch zu gehen, und wenn er sich spät nachts in der Stadt befand, verfolgte er seinen Weg bang und nervös. Gelegentlich aber forderte er die Ursachen seiner Angst heraus. Er wählte die dunkelsten und engsten Straßen, und während er beherzt vorwärtsging, beunruhigte ihn die Stille, die sich um seine Schritte ausbreitete, die schweigenden, schlendernden Gestalten, und manchmal ließ ihn das Geräusch eines leisen, flüchtigen Lachens erzittern wie ein Blatt.

Er wandte sich nach rechts in Richtung Capel Street. Ignatius Gallaher von der Londoner Presse! Wer hätte das vor acht Jahren für möglich gehalten? Und doch konnte sich der kleine Chandler, wenn er jetzt über die Vergangenheit nachdachte, an viele Anzeichen zukünftiger Größe bei seinem Freund erinnern. Die Leute sagten immer, Ignatius Gallaher sei ein wilder Kerl. Gewiß, er verkehrte damals tatsächlich mit einer liederlichen Bande, trank reichlich und lieh sich Geld von allen Seiten. Zuletzt wurde er in eine zwielichtige Angelegenheit verwickelt, irgendein Geldgeschäft: zumindest war das eine Version seiner Flucht. Aber keiner stellte sein Talent in Abrede. Er hatte immer so ein gewisses ... Etwas an sich, dieser Ignatius Gallaher, das einen wider besseres Wissen beeindruckte. Selbst wenn er abgerissen und finanziell mit seiner Weisheit am Ende war, blieb er kaltschnäuzig. Der kleine Chandler erinnerte sich (und die Erinnerung ließ seine Wangen vor Stolz leicht erröten) an einen von Ignatius Gallahers Sprüchen, wenn er in der Klemme steckte:

– Halbzeit jetzt, Jungs, sagte er dann leichtfertig. Wo ist mein Grübelbarett?

Das war Ignatius Gallaher, wie er leibte und lebte, und verdammt noch mal, man mußte ihn einfach dafür bewundern.

Der kleine Chandler beschleunigte seine Schritte.

Zum ersten Mal in seinem Leben fühlte er sich den Leuten, an denen er vorbeiging, überlegen. Zum ersten Mal revoltierte seine Seele gegen den faden Mangel an Eleganz der Capel Street. Kein Zweifel: wenn man Erfolg haben wollte, mußte man weggehen. In Dublin konnte man nichts erreichen. Als er die Grattan Bridge überquerte, schaute er den Fluß hinunter zu den unteren Kais und empfand Mitleid mit den ärmlichen, verkümmerten Häusern. Sie kamen ihm wie eine Schar von Landstreichern vor, die zusammengedrängt am Flußufer kauerten, die alten Mäntel bedeckt mit Staub und Ruß, und die betäubt vom Schauspiel des Sonnenuntergangs waren und auf die erste Kühle der Nacht warteten, die ihnen bedeutete, sich zu erheben, sich zu schütteln und zu verschwinden. Er überlegte, ob er ein Gedicht schreiben könnte, um seine Eingebung auszudrücken. Vielleicht könnte Gallaher es bei einem Londoner Blatt für ihn unterbringen. War er fähig, etwas Originelles zu schreiben? Er war sich nicht sicher, welche Eingebung er ausdrücken wollte, aber die Vorstellung, daß ihn ein poetischer Augenblick berührt hatte, erwachte in ihm zum Leben wie eine kindliche Hoffnung. Er schritt tapfer voran.

Jeder Schritt brachte ihn näher nach London und weiter fort von seinem nüchternen, unkünstlerischen Leben. Ein Licht begann am Horizont seiner Seele zu flimmern. Er war nicht so alt – zweiunddreißig. Man konnte sagen, daß sein Temperament gerade am Punkt seiner Reife angelangt war. So viele verschiedene Stimmungen und Eindrücke wollte er in Versen ausdrücken. Er spürte sie in sich. Er versuchte seine Seele zu wägen, um herauszufinden, ob es die Seele eines Dichters war. Melancholie war das vorherrschende Kennzeichen seines Temperaments, dachte er, aber es war eine Melancholie, die durch Anflüge von Glauben, Ergebung und schlichter Freude gemildert wurde. Wenn er sie in einem Band von Gedichten zum Ausdruck bringen könnte, würden die Menschen ihm vielleicht zuhören. Populär würde er nie sein: das sah er. Die Masse konnte er nicht bewegen, aber vielleicht konnte er bei einem kleinen Kreis verwandter Geister Anklang finden. Die englischen Kritiker würden in ihm vielleicht ein Mitglied der keltischen Schule erkennen wegen des melancholischen Tones seiner Gedichte; außerdem würde er Anspielungen einfügen. Er begann, Sätze und Wendungen aus den Besprechungen zu erfinden, die sein Buch erhalten würde. *Mr. Chandler besitzt die Gabe, mühelose und elegante Verse zu schreiben. … Wehmütige Trauer durchzieht diese Gedichte. … Der keltische Ton*. Es war schade, daß sein Name nicht irischer aussah. Vielleicht wäre es besser, den Namen seiner Mutter vor dem Zunamen einzufügen: Thomas Malone Chandler, oder noch besser T. Malone Chandler. Er würde mit Gallaher darüber sprechen.

Er verfolgte diesen Traum so leidenschaftlich, daß er an seiner Straße vorbeilief und umkehren mußte. Als er sich Corless's näherte, übermannte ihn die alte Aufregung wieder, und er blieb unentschlossen vor der Türe stehen. Zu guter Letzt öffnete er die Tür und trat ein.

Das Licht und der Lärm der Bar hielten ihn für einen Augenblick am Eingang fest. Er sah sich um, aber sein Auge wurde durch das Glitzern vieler roter und grüner Weingläser verwirrt. Die Bar schien ihm voller Leute zu sein, und er spürte, daß ihn die Leute neugierig musterten. Er schaute kurz nach rechts und links (mit leisem Stirnrunzeln, um seinem Vorhaben einen bedeutsamen Anstrich zu geben), aber als er etwas mehr sehen konnte, bemerkte er, daß sich niemand nach ihm umgedreht hatte. Und da – kein Zweifel – stand Ignatius Gallaher mit dem Rücken gegen die Theke gelehnt, die Beine weit gespreizt.

– Hallo, Tommy, alter Held, da bist du ja! Was soll's denn sein? Was möchtest du? Ich nehm Whiskey: beßres Zeug, als das, was wir überm Teich kriegen. Soda? Lithia? Kein Mineralwasser? Wie ich. Verdirbt den Geschmack. ... Hier, *garçon*, sind Sie so gut und bringen Sie uns zwei halbe Malzwhiskeys. ... Ja, und was hast du so getrieben, seit wir uns das letzte Mal gesehen haben? Lieber Gott, wie alt wir werden! Siehst du irgendwelche Anzeichen des Alters an mir – na? 'n bißchen grau und dünn da oben – was?

Ignatius Gallaher nahm seinen Hut ab und stellte einen großen Kopf mit kurzgeschnittenen Haaren zur Schau. Sein Gesicht war massig, blaß und glattrasiert. Seine Augen, die schieferblau waren, belebten seine ungesunde Blässe und leuchteten deutlich über der lebhaften orangenen Krawatte, die er trug. Zwischen diesen rivalisierenden Merkmalen wirkten die Lippen sehr lang, form- und farblos. Er neigte den Kopf und betastete mit zwei mitleidigen Fingern das dünne Haar am Scheitel. Der kleine Chandler schüttelte verneinend den Kopf. Ignatius Gallaher setzte seinen Hut wieder auf.

– Macht einen fertig, sagte er, das Leben bei der Presse. Ewig auf Trab, auf der Suche nach 'ner Geschichte, und manchmal findest du keine: Und dann, immer mußt du was Neues in deinem Zeug haben. Zum Teufel mit Fahnen und Druckern für 'n paar Tage, sag ich. Bin verdammt froh, sag ich dir, wieder in der alten Heimat zu sein. Tut einem gut, so 'n paar Tage Urlaub. Fühl mich schon viel besser, seit ich wieder hier gelandet bin im trauten, dreckigen Dublin ... Da bitte, Tommy. Wasser? Sag wann.

Der kleine Chandler ließ seinen Whiskey sehr stark verdünnen.

– Du weißt nicht, was dir gut tut, mein Junge, sagte Ignatius Gallaher. Ich trink meinen pur.

– Ich trinke sehr wenig in der Regel, sagte der kleine Chandler bescheiden. Gelegentlich einen halben oder so, wenn ich einen von der alten Bande treffe: Das ist alles.

– Na schön, sagte Ignatius Gallaher aufgeräumt, auf uns und die alten Zeiten und alte Freundschaft.

Sie stießen an und prosteten sich zu.

– Ich hab heute ein paar von der alten Bande getroffen, sagte Ignatius Gallaher. O'Hara scheint's schlecht zu gehen. Was macht er denn so?

– Nichts, sagte der kleine Chandler. Er ist vor die Hunde gegangen.

– Aber Hogan hat doch 'ne gute Stelle, oder?

– Ja; er ist bei der Land Commission.

– Ich hab ihn mal eines Abends in London getroffen, und er schien mir gut bei Kasse zu sein. ... Der arme O'Hara! Die Sauferei, nehm ich an?

– Und anderes mehr, sagte der kleine Chandler knapp.

Ignatius Gallaher lachte.

– Tommy, sagte er, du hast dich keinen Deut verändert. Du bist noch haargenau der gleiche, ernsthafte Mensch, der mir Sonntag morgens Vorträge gehalten hat, wenn ich einen schweren Kopf und eine pelzige Zunge hatte.

Du solltest dich mal ein bißchen in der Welt rumtreiben. Warst du denn noch nie irgendwo, wenigstens auf einem Ausflug?

– Ich war auf der Isle of Man, sagte der kleine Chandler.

Ignatius Gallaher lachte.

– Auf der Isle of Man, sagte er. Geh nach London oder Paris. Paris am besten. Das wird dir gut tun.

– Hast du Paris gesehen?

– Das möcht ich meinen! Ich hab mich da 'n bißchen rumgetrieben.

– Und ist es wirklich so schön, wie man sagt? fragte der kleine Chandler.

Er nippte ein wenig an seinem Drink, während Ignatius Gallaher seinen beherzt leerte.

– Schön? sagte Ignatius Gallaher und verweilte bei dem Wort und dem Geschmack seines Drinks. So schön ist es nicht, weißt du. Natürlich ist es schön. ... Aber es ist das Pariser Leben, das ist es. Ah. Keine Stadt ist wie Paris, wenn's um Frohsinn, Tempo und Aufregung geht. ...

Der kleine Chandler trank seinen Whiskey aus, und nach einigen Schwierigkeiten gelang es ihm, die Aufmerksamkeit des Barkeepers auf sich zu lenken. Er bestellte noch einmal das gleiche.

– Ich war im Moulin Rouge, fuhr Ignatius Gallaher fort, als der Barkeeper ihre Gläser genommen hatte, und ich war in all den Cafés der Boheme. Heiße Sache! Nichts für einen frommen Burschen wie dich, Tommy.

Der kleine Chandler sagte nichts, bis der Barkeeper mit den zwei Gläsern zurückkam: Dann berührte er leicht das Glas seines Freundes und erwiderte den Toast von vorhin. Er begann sich etwas desillusioniert zu fühlen. Gallahers Akzent und Ausdrucksweise gefielen ihm nicht. Da war etwas Vulgäres an seinem Freund, das ihm vorher nie aufgefallen war. Aber vielleicht war das nur die Folge davon, daß er in London lebte inmitten der Hektik und des Konkurrenzkampfes bei der Presse. Der alte persönliche Charme war noch immer da hinter diesem neuen protzigen Gehabe. Und immerhin hatte Gallaher gelebt, die Welt gesehen. Der kleine Chandler schaute neidisch auf seinen Freund.

– Alles in Paris ist voller Lebensfreude, sagte Ignatius Gallaher. Sie glauben daran, daß man das Leben genießen muß, und findest du nicht, daß sie recht haben? Wenn du ordentlich Spaß haben willst, mußt du nach Paris gehen. Und ich sag dir, sie haben viel übrig dort für die Iren. Als sie hörten, daß ich aus Irland bin, Mann, da hätten sie mich am liebsten aufgefressen.

Der kleine Chandler nippte vier- oder fünfmal an seinem Glas.

– Erzähl mir, meinte er, ist es wahr, daß Paris so ... unmoralisch ist, wie man sagt?

Ignatius Gallaher machte eine weit ausholende Geste mit dem rechten Arm.

– Jeder Ort ist unmoralisch, sagte er. Natürlich kannst du pikante Sachen in Paris finden. Geh zu einem der Studentenbälle zum Beispiel. Da rührt sich schon was, wenn du willst, wenn die Kokotten in Fahrt kommen. Du weißt doch, wer das ist?

– Ich habe von ihnen gehört, sagte der kleine Chandler.

Ignatius Gallaher leerte seinen Whiskey und schüttelte den Kopf.

– Ah, meinte er, sag, was du willst. Was Schick und

Schwung angeht, kommt keine Frau an die Pariserin ran.

– Dann ist es also eine unmoralische Stadt, sagte der kleine Chandler mit schüchternem Nachdruck – ich meine, verglichen mit London oder Dublin?

– London! sagte Ignatius Gallaher. Da dreh ich die Hand nicht um. Frag Hogan, mein Junge. Ich hab ihm ein bißchen was von London gezeigt, als er drüben war. Er wird dir den Star schon stechen. ... Hör mal, Tommy, mach keinen Punsch aus dem Whiskey: Laß dich vollaufen!

– Nein, ehrlich. ...

– Ach was, einer mehr bringt dich nicht um. Was soll's sein? Noch mal das gleiche, oder?

– Schön ... also gut.

– *François*, das gleiche noch mal. ... Möchtest du rauchen, Tommy?

Ignatius Gallaher holte sein Zigarrenetui heraus. Die beiden Freunde zündeten sich ihre Zigarren an und pafften schweigend, bis ihre Drinks serviert wurden.

– Ich will dir meine Meinung sagen, bemerkte Ignatius Gallaher, der nach einer Weile aus den Rauchwolken zum Vorschein kam, in denen er Zuflucht gesucht hatte, die Welt ist komisch. Was heißt schon Unmoral! Ich hab von Fällen gehört – was sag ich? – ich kenne sie: Fälle von ... Unmoral ...

Ignatius Gallaher paffte gedankenverloren an seiner Zigarre und fuhr im gelassenen Ton eines Historikers fort, seinem Freund Bilder der Verdorbenheit zu skizzieren, die im Ausland vorherrschte. Er gab einen gedrängten Abriß der Laster vieler Hauptstädte und schien geneigt, die Krone Berlin zuzugestehen. Für einiges konnte er sich nicht verbürgen (seine Freunde hatten es ihm erzählt), aber anderes kannte er aus eigener Erfahrung. Er schonte weder Rang noch Ansehen. Er enthüllte viele der Geheimnisse religiöser Häuser auf dem Kontinent und beschrieb einige der Praktiken, die bei den oberen Zehntausend Mode waren, und erzählte abschließend, mit Einzelheiten, eine Geschichte über eine englische Herzogin – eine Geschichte, von der er wußte, daß sie wahr war. Der kleine Chandler staunte.

– Ach ja, sagte Ignatius Gallaher, da sind wir nun im bummligen alten Dublin, wo man von solchen Dingen noch nie was gehört hat.

– Wie langweilig es dir vorkommen muß, sagte der kleine Chandler, nach all den anderen Orten, die du gesehen hast!

– Na, sagte Ignatius Gallaher, es ist entspannend, hier rüber zu kommen, weißt du. Und schließlich ist es die alte Heimat, wie man sagt, nicht wahr? Man hängt einfach dran. Das ist die menschliche Natur.... Aber erzähl mir doch was von dir. Hogan hat mir erzählt, du hättest die... Freuden des Eheglücks gekostet. Vor zwei Jahren, nicht wahr?

Der kleine Chandler errötete und lächelte.

– Ja, sagte er. Ich habe im Mai vor einem Jahr geheiratet.

– Ich hoffe, es ist noch nicht zu spät am Tag, dir meine besten Wünsche auszusprechen, sagte Ignatius Gallaher. Ich wußte deine Adresse nicht, sonst hätte ich es schon damals getan.

Er streckte die Hand aus, die der kleine Chandler ergriff.

– Ja, Tommy, sagte er, ich wünsche dir und den Deinen alles erdenklich Gute, alter Junge, und einen Haufen

Geld, und mögst du nicht sterben, bevor ich dich erschieße. Und das ist der Wunsch eines aufrichtigen Freundes, eines alten Freundes. Weißt du das?

– Das weiß ich, sagte der kleine Chandler.

– Nachwuchs? sagte Ignatius Gallaher.

Der kleine Chandler wurde wieder rot.

– Wir haben ein Kind, sagte er.

– Sohn oder Tochter?

– Einen kleinen Jungen.

Ignatius Gallaher schlug seinem Freund dröhnend auf die Schulter.

– Bravo, sagte er, ich hätte nie an dir gezweifelt, Tommy.

Der kleine Chandler lächelte, schaute verlegen auf sein Glas und biß sich mit drei kindlich weißen Schneidezähnen auf die Unterlippe.

– Ich hoffe, du verbringst einen Abend bei uns, sagte er, bevor du zurückfährst. Meine Frau wird sich freuen, dich kennenzulernen. Wir können ein bißchen Musik machen und …

– Danke vielmals, alter Junge, sagte Ignatius Gallaher, tut mir leid, daß wir uns nicht früher getroffen haben. Aber ich muß morgen abend abreisen.

– Heute abend, vielleicht. …

– Tut mir schrecklich leid, alter Junge. Weißt du, ich bin mit einem anderen Burschen hier drüben, gescheiter junger Bursche übrigens, und wir haben vereinbart, zu einer kleinen Kartenrunde zu gehen. Wenn das nicht wär …

– Oh, in dem Fall. …

– Aber, wer weiß? sagte Ignatius Gallaher rücksichtsvoll. Nächstes Jahr mache ich vielleicht einen kleinen

Hopser hier rüber, jetzt, wo das Eis gebrochen ist. Das Vergnügen ist nur aufgeschoben.
– Also schön, sagte der kleine Chandler, wenn du das nächste Mal kommst, müssen wir einen gemeinsamen Abend verbringen. Das ist jetzt abgemacht, nicht wahr?
– Ja, das ist abgemacht, sagte Ignatius Gallaher. Nächstes Jahr, wenn ich komme, *parole d'honneur*.
– Und um den Handel festzumachen, sagte der kleine Chandler, trinken wir jetzt noch einen.

Ignatius Gallaher zog eine große goldene Uhr heraus und schaute darauf.
– Der letzte aber? sagte er. Weil ich einen Termin habe, weißt du.
– O ja, gewiß, sagte der kleine Chandler.
– Sehr schön, sagte Ignatius Gallaher, dann trinken wir noch einen als *deoc an doruis* – das heißt auf gut einheimisch einen kleinen Whiskey, glaub ich.

Der kleine Chandler bestellte die Getränke. Die Röte, die ihm kurz vorher ins Gesicht gestiegen war, war im Begriff, sich dort festzusetzen. Er errötete immer wegen jeder Kleinigkeit: Und jetzt fühlte er sich warm und erregt. Drei kleine Whiskeys waren ihm in den Kopf gestiegen, und Gallahers starke Zigarre hatte ihm den Kopf benebelt, denn er war eine empfindliche und enthaltsame Person. Das Abenteuer, Gallaher nach acht Jahren wiederzusehen, mit Gallaher in Corless's zu sein, umgeben von Licht und Lärm, Gallahers Geschichten zu lauschen und für kurze Zeit Gallahers unstetes und triumphierendes Leben zu teilen, brachte seine empfindsame Natur aus dem Gleichgewicht. Er fühlte stechend den Kontrast zwischen seinem Leben und dem seines Freundes, und es kam ihm ungerecht vor. Gallaher war ihm nach Herkunft und Erziehung unterlegen. Er war sich sicher, daß er Besseres leisten konnte, als es sein Freund je getan hatte oder tun könnte, etwas Besseres als bloß geschmacklosen Journalismus, wenn er nur eine Chance bekam. Was stand ihm denn im Weg? Seine unglückselige Furchtsamkeit! Er wollte irgendwie seinen Anspruch deutlich machen, seine Mannhaftigkeit bestätigen. Er durchschaute Gallahers Ablehnung seiner Einladung. Gallaher behandelte ihn nur gönnerhaft mit seiner Freundlichkeit, genauso wie er Irland mit seinem Besuch gönnerhaft behandelte.

Der Barkeeper brachte ihre Getränke. Der kleine Chandler schob seinem Freund ein Glas hin und erhob beherzt das andere.

– Wer weiß, sagte er, als sie ihre Gläser hoben. Wenn du das nächste Mal kommst, habe ich vielleicht das Vergnügen, Mr. und Mrs. Gallaher Glück und ein langes Leben zu wünschen.

Ignatius Gallaher kniff im Trinken vielsagend ein Auge über dem Rand seines Glases zu. Als er getrunken hatte, schmatzte er entschlossen mit den Lippen, setzte sein Glas ab und sagte:

– Nur keine Bange, mein Junge. Erst gönn ich mir was und schau mir was vom Leben und der Welt an, bevor ich den Kopf in den Sack stecke – wenn überhaupt.

– Eines Tages wirst du's tun, sagte der kleine Chandler ruhig.

Ignatius Gallaher wandte seine orangene Krawatte und seine schieferblauen Augen voll seinem Freund zu.

– Meinst du? sagte er.

– Du wirst den Kopf in den Sack stecken wie jeder andere, wenn du die Richtige finden kannst, wiederholte der kleine Chandler mannhaft.

Er hatte seiner Stimme etwas Nachdruck gegeben, und er spürte, daß er sich verraten hatte; aber obwohl sich die Farbe auf seinen Wangen vertieft hatte, wich er dem Blick seines Freundes nicht aus. Ignatius Gallaher musterte ihn einen Augenblick und sagte dann:

– Wenn es je vorkommt, dann kannst du deinen letzten Dollar wetten, daß es kein Schmachten und Schmusen geben wird. Ich hab vor, Geld zu heiraten. Sie muß ein dickes, fettes Konto auf der Bank haben, oder sie kommt für mich nicht in Frage.

Der kleine Chandler schüttelte den Kopf.

– Was, Menschenskind, sagte Ignatius Gallaher wild, soll ich dir was sagen? Ich brauch nur den Mund aufzumachen, und morgen hab ich die Frau und die Kohle. Das glaubst du nicht? Ja, aber ich weiß es. Es gibt Hunderte – was sag ich? – Tausende von reichen Deutschen und Juden, die vor Geld stinken, die nur allzu froh wären. ... Wart's ab, mein Junge. Schau, ob ich meine Karten nicht richtig ausspiele. Wenn ich mir was vornehme, dann mein ich's ernst, das sag ich dir. Wart's ab!

Er hob das Glas mit einem Schwung an den Mund, trank aus und lachte laut. Dann schaute er nachdenklich vor sich hin und sagte mit leiserer Stimme:

– Aber ich hab's nicht eilig. Die können warten. Ich mag mich nicht an eine einzige Frau binden, weißt du.

Er ahmte mit dem Mund die Geste des Schmeckens nach und verzog das Gesicht.

– Muß 'n bißchen schal werden, mein ich, sagte er.

* * *

Der kleine Chandler saß in dem Zimmer neben dem Flur und hielt ein Kind im Arm. Um Geld zu sparen, hatten sie kein Dienstmädchen, aber Annies junge Schwester Monica kam so etwa eine Stunde am Morgen und so etwa eine Stunde am Abend, um zu helfen. Aber Monica war schon lange nach Hause gegangen. Es war Viertel vor neun. Der kleine Chandler war zu spät für das Abendbrot nach Hause gekommen, und außerdem hatte er vergessen, Annie das Päckchen Kaffee von Bewley's mitzubringen. Natürlich war sie schlechter Laune und gab ihm knappe Antworten. Sie sagte, sie käme auch ohne Abendbrot aus, aber als es auf die Zeit zuging, um die der Laden an der Ecke zumachte, beschloß sie, selbst zu gehen, um ein viertel Pfund Tee und zwei Pfund Zucker zu holen. Sie legte ihm das schlafende Kind behutsam in die Arme und sagte:

– Hier. Weck ihn nicht auf.

Eine kleine Lampe mit einem weißen Schirm aus Porzellan stand auf dem Tisch, und ihr Licht fiel auf eine Photographie, die in einem Rahmen aus geringeltem Horn steckte. Es war Annies Photographie. Der kleine Chandler sah sie an, verweilte bei den dünnen, geschlossenen Lippen. Sie trug die blaßblaue Sommerbluse, die er ihr eines Samstags als Geschenk nach Hause gebracht hatte. Zehn Shilling und elf Pence hatte sie ihn gekostet; aber welche Todesängste sie ihn gekostet hatte! Was er an diesem Tag ausgestanden hatte, wie er an der Ladentüre gewartet hatte, bis der Laden leer war, wie er am Ladentisch stand und versuchte, gelassen zu wirken, während das Mädchen Damenblusen vor ihm auftürmte, wie er an der Kasse zahlte und vergaß, den restlichen Penny Wechselgeld zu nehmen, und von der Kassiererin zurückgerufen wurde, und wie er schließlich versuchte, seine Schamröte zu verbergen, indem er das Paket untersuchte, um zu sehen, ob alles sicher verschnürt war. Als er die Bluse nach Hause brachte, küßte ihn Annie und sagte, sie sei sehr, sehr hübsch und modisch; aber als sie den Preis hörte, warf sie die Bluse auf den Tisch und sagte, es sei der reinste Schwindel, zehn Shilling und elf Pence dafür zu verlangen. Zunächst wollte sie sie zurückbringen, aber als sie sie anprobierte, war sie begeistert davon, besonders vom Schnitt der Ärmel, und sie küßte ihn und sagte, es sei sehr lieb von ihm, daß er an sie gedacht habe.

Hm! …

Er blickte kalt in die Augen der Photographie, und sie blickten kalt zurück. Gewiß, sie waren hübsch, und das Gesicht selbst war hübsch. Aber er entdeckte einen gewöhnlichen Zug darin. Warum war es so seelenlos und damenhaft? Die Gelassenheit der Augen irritierte ihn. Sie stießen ihn zurück und verachteten ihn: Es lag keinerlei Leidenschaft darin, keine Verzückung. Er dachte an das, was Gallaher über reiche Jüdinnen gesagt hatte. Diese dunklen orientalischen Augen, dachte er, wie voller Leidenschaft sie sind, voll sinnlichem Begehren! … Warum hatte er die Augen auf der Photographie geheiratet?

Er ertappte sich bei dieser Frage und sah sich nervös im Zimmer um. Er entdeckte etwas Gewöhnliches an dem hübschen Mobiliar, das er auf Raten für sein Haus gekauft hatte. Annie hatte es selbst ausgewählt, und es erinnerte ihn an sie. Es war auch steif und hübsch. Ein dumpfer Widerwille gegen sein Leben wurde in ihm wach. Könnte er seinem kleinen Haus nicht entkommen? War es zu spät für ihn zu versuchen, so mutig zu leben wie Gallaher? Könnte er nach London gehen? Da war noch das Mobiliar, das bezahlt werden mußte. Wenn er nur ein Buch schreiben und veröffentlichen könnte, das würde ihm vielleicht den Weg öffnen.

Ein Band mit Byrons Gedichten lag vor ihm auf dem Tisch. Er öffnete ihn vorsichtig mit der linken Hand, damit er das Kind nicht aufweckte, und fing an, das erste Gedicht im Buch zu lesen:

Verglüht das Abendgold und still die Luft,
Kein Zephyr wandelt durch den stummen Hain,
Kehr ich zurück zu schauen Margaretes Gruft,
Der teuren Asche Blumen auszustreun.

Er hielt inne. Er spürte den Rhythmus der Verse um sich her im Zimmer. Wie melancholisch er war! Könnte auch er so schreiben, die Melancholie seiner Seele in Versen ausdrücken? Es gab so vieles, was er beschreiben wollte: Sein Gefühl auf der Grattan Bridge vor ein paar Stunden zum Beispiel. Wenn er sich wieder in diese Stimmung zurückversetzen könnte. …

Das Kind wachte auf und fing an zu weinen. Er wandte den Blick von der Seite ab und versuchte, es zu beruhigen: Aber es wollte sich nicht beruhigen lassen. Er begann es in den Armen hin und her zu wiegen, aber das klägliche Weinen wurde stärker. Er wiegte es schneller, während seine Augen begannen, die zweite Strophe zu lesen:

In dieser engen Zelle ruht ihr Staub,
Der Staub, wo einst …

Es war zwecklos. Er konnte nicht lesen. Er konnte überhaupt nichts tun. Das Jammern des Kindes durchbohrte sein Trommelfell. Es war zwecklos, zwecklos! Er war ein Gefangener, lebenslang. Seine Arme zitterten vor Ärger, und plötzlich beugte er sich zum Gesicht des Kindes hinunter und schrie:

– Hör auf!

Das Kind hörte einen Augenblick auf, verkrampfte sich ängstlich und fing an zu schreien. Er sprang vom Stuhl auf und lief hastig mit dem Kind im Arm im Zimmer auf und ab. Es fing an, jämmerlich zu schluchzen, kam vier oder fünf Sekunden lang außer Atem und schrie von neuem auf. Die dünnen Wände des Zimmers warfen den Schall zurück. Er versuchte es zu beschwichtigen, aber es schluchzte immer krampfhafter. Er sah in das verzerrte, bebende Gesicht des Kindes und fing an, besorgt zu werden. Er zählte sieben Schluchzer ohne Pause dazwischen und drückte das Kind ängstlich an seine Brust. Wenn es sterben würde! ...

Die Tür flog auf, und eine junge Frau lief keuchend herein.

– Was ist los? Was ist los? rief sie.

Das Kind brach in krampfhaftes Schluchzen aus, als es die Stimme seiner Mutter hörte.

– Nichts ist los, Annie ... nichts. ... Er fing an zu weinen. ...

Sie warf ihre Päckchen auf den Boden und riß ihm das Kind weg.

– Was hast du ihm getan? rief sie und funkelte ihn zornig an.

Der kleine Chandler hielt ihrem Blick einen Augenblick stand, und sein Herz krampfte sich zusammen, als er den Haß darin sah. Er fing an zu stottern:

– Nichts ist los. ... Er ... er fing an zu weinen. ... Ich konnte nicht ... ich hab nichts getan. ... Was?

Ohne ihn zu beachten begann sie im Zimmer auf und ab zu laufen, das Kind eng an sich gedrückt; dabei murmelte sie:

– Mein kleiner Mann! Mein kleines Männlein! Hassu Angst gehabt, Liebes? ... Na, komm, Liebes! Na, komm! ... Lämmlein! Mamas kleines Lamm der Welt! ... Na, komm!

Der kleine Chandler spürte, daß seine Wangen mit Schamröte übergossen waren, und er trat aus dem Licht der Lampe zurück. Er lauschte, während das krampfhafte Schluchzen des Kindes allmählich nachließ: und Tränen der Reue traten ihm in die Augen.

Duplikate

Die Glocke schrillte wütend, und als Miss Parker ans Sprechrohr ging, rief eine wütende Stimme mit durchdringendem nordirischen Tonfall:
– Schicken Sie Farrington her!

Miss Parker ging an ihre Maschine zurück und sagte zu einem Mann, der an einem Pult schrieb:
– Mr. Alleyne will, daß Sie raufkommen.

Der Mann murmelte *Zum Teufel mit ihm!* vor sich hin und schob seinen Stuhl zurück, um aufzustehen. Als er aufstand, war er groß und massig. Sein Gesicht hing nach unten, war tief weinrot mit blonden Augenbrauen und Schnurrbart: Seine Augen standen leicht vor, und das Weiße darin war schmutzig. Er klappte das Schalterbrett hoch und ging mit schweren Schritten an den Klienten vorbei aus dem Büro.

Schwerfällig stieg er die Treppe hinauf, bis er zum zweiten Absatz kam, wo eine Tür ein Messingschild mit der Aufschrift *Mr Alleyne* trug. Hier blieb er stehen, keuchend vor Anstrengung und Verdruß, und klopfte. Die schrille Stimme rief:
– Herein!

Der Mann betrat Mr. Alleynes Zimmer. Gleichzeitig schoß der Kopf von Mr. Alleyne, einem Männchen, das auf dem glattrasierten Gesicht eine Brille mit Goldrand trug, hinter einem Aktenstapel hoch. Der Kopf für sich war so rosa und haarlos, daß er wie ein Ei aussah, das auf den Papieren thronte. Mr. Alleyne verlor keinen Augenblick:

– Farrington? Was soll das bedeuten? Warum muß ich mich immer über Sie beschweren? Darf ich Sie fragen, warum Sie keine Abschrift von diesem Vertrag zwischen Bodley und Kirwan gemacht haben? Ich sagte Ihnen doch, daß sie bis vier Uhr fertig sein muß.

– Aber Mr. Shelley sagte, Sir, …

– *Mr. Shelley sagte, Sir.* … Kümmern Sie sich gefälligst um das, was ich sage, und nicht um das, was *Mr. Shelley sagt, Sir.* Immer haben Sie irgendeine Ausrede, um sich vor der Arbeit zu drücken. Lassen Sie sich eines sagen, wenn der Vertrag nicht vor heute abend kopiert ist, werde ich Mr. Crosbie von der Angelegenheit in Kenntnis setzen … Haben Sie mich jetzt verstanden?

– Ja, Sir.

– Haben Sie mich jetzt verstanden? … Ah und noch eine Kleinigkeit! Ich könnte genausogut gegen die Wand reden, statt mit Ihnen. Merken Sie sich ein für allemal, daß Ihnen eine halbe Stunde zum Mittagessen zur Verfügung steht und nicht eineinhalb Stunden. Ich möchte wissen, wie viele Gänge Sie eigentlich wollen? … Haben Sie mich jetzt begriffen?

– Jawohl, Sir.

Mr. Alleyne beugte seinen Kopf wieder über einen Aktenstapel. Der Mann starrte gebannt auf den polierten Schädel, der die Geschicke von Crosbie und Alleyne lenkte, und taxierte seine Zerbrechlichkeit. Für einen Augenblick packte ihn die Wut an der Kehle, dann ließ sie wieder nach; zurück blieb ein brennendes Durstge-

fühl. Der Mann kannte das Gefühl und spürte, daß er ordentlich was zu trinken brauchte heute abend. Die Mitte des Monats war überschritten, und wenn er die Abschrift rechtzeitig zuwege brachte, gab ihm Mr. Alleyne vielleicht eine Anweisung für den Kassierer. Er stand bewegungslos und starrte gebannt auf den Schädel über dem Aktenstapel. Plötzlich warf Mr. Alleyne die Akten alle durcheinander und suchte nach etwas. Dann, als hätte er die Anwesenheit des Mannes bis zu diesem Augenblick nicht bemerkt, schoß sein Kopf wieder hoch, und er sagte:
– Wie? Wollen Sie den ganzen Tag hier stehenbleiben? Auf mein Wort, Farrington, Sie nehmen's leicht!
– Ich wollte abwarten …
– Sehr schön, Sie brauchen nicht abzuwarten. Gehn Sie hinunter und tun Sie Ihre Arbeit!

Der Mann ging schwerfällig zur Tür, und als er das Zimmer verließ, hörte er Mr. Alleyne hinterherrufen, daß Mr. Crosbie von der Angelegenheit hören würde, falls er den Vertrag bis zum Abend nicht kopiert hätte.

Er ging zurück an sein Pult im unteren Büro und zählte die Blätter, die er noch kopieren mußte. Er nahm den Federhalter und tauchte ihn in die Tinte, starrte aber weiter nur stumpfsinnig auf die letzten Worte, die er geschrieben hatte: *Unter keinen Umständen soll besagter Bernard Bodley …* Der Abend dämmerte, und in ein paar Minuten würden sie das Gas anzünden: Dann konnte er schreiben. Er spürte, daß er den Durst in seiner Kehle löschen mußte. Er stand von seinem Pult auf, klappte wie vorher das Schalterbrett hoch und verließ das Büro. Der Bürovorsteher warf ihm einen fragenden Blick zu, als er hinausging.

– Schon gut, Mr. Shelley, sagte der Mann, und deutete mit dem Finger das Ziel seines Ausflugs an.

Der Bürovorsteher warf einen Blick nach dem Hutständer, machte aber keine Bemerkung, als er sah, daß die Reihe vollständig war. Sobald er auf dem Flur war, zog der Mann eine karierte Mütze aus der Tasche, setzte sie auf und lief eilig die ausgetretene Treppe hinunter. Vom Straßeneingang lief er verstohlen auf der Innenseite des Gehwegs bis zur Ecke und tauchte blitzschnell in einen Hauseingang. Jetzt war er sicher im dunklen Hinterzimmer von O'Neills Kneipe. Sein gerötetes Gesicht, das die Farbe von dunklem Wein oder dunklem Fleisch hatte, füllte das Fensterchen zur Bar, als er rief:

– Komm, Pat, sei 'n guter Junge und bring uns einen!

Der Kurat brachte ihm ein Glas Porter. Der Mann trank es auf einen Zug aus und bat um Kümmel. Er legte seinen Penny auf die Theke – der Kurat mußte im Halbdunkel danach tasten – und stahl sich aus dem Hinterzimmer, so heimlich, wie er gekommen war.

Dunkelheit, begleitet von dichtem Nebel, gewann die Oberhand über die Februardämmerung, und die Lampen in der Eustache Street waren angezündet worden. Der Mann ging an den Häusern entlang, bis er den Eingang zum Büro erreichte, und überlegte sich, ob er die Abschrift rechtzeitig fertigbekommen würde. Im Treppenhaus hieß ihn ein feuchter, stechender Parfümgeruch willkommen: Offensichtlich war Miss Delacour gekommen, während er bei O'Neill's war. Er stopfte seine Mütze zurück in die Tasche und nahm einen abwesenden Gesichtsausdruck an, als er das Büro wieder betrat.

– Mr. Alleyne hat nach Ihnen gerufen, sagte der Bürovorsteher streng. Wo warn Sie?

Der Mann blickte auf die beiden Klienten, die am Schalter standen, als wolle er andeuten, daß ihn ihre Anwesenheit daran hinderte zu antworten. Da es zwei Männer waren, gestattete sich der Bürovorsteher ein Lachen:

– Ich kenn das Spielchen, sagte er. Fünfmal am Tag ist ein bißchen ... Na, Sie beeilen sich besser und holen eine Abschrift unserer Korrespondenz im Fall Delacour für Mr. Alleyne.

Diese öffentliche Zurechtweisung, das Hinauflaufen der Treppe und der Porter, den er so hastig hinuntergestürzt hatte, verwirrten den Mann, und als er sich an sein Pult setzte, um das Gewünschte zu holen, wurde ihm klar, wie hoffnungslos die Aufgabe war, die Abschrift des Vertrags vor halb sechs Uhr fertigzustellen. Die dunkle, feuchte Nacht kam, und er sehnte sich danach, sie in den Bars zu verbringen, mit seinen Freunden beim Gleißen der Gasbeleuchtung und Klirren der Gläser zu trinken. Er zog die Delacour-Korrespondenz heraus und ging aus dem Büro. Er hoffte, Mr. Alleyne würde nicht entdecken, daß die letzten beiden Briefe fehlten.

Das feuchte, stechende Parfüm hing bis zu Mr. Alleynes Zimmer in der Luft. Miss Delacour war eine Frau mittleren Alters mit jüdischen Zügen. Mr. Alleyne war angeblich hinter ihr oder ihrem Geld her. Sie kam häufig in die Kanzlei und blieb lange, wenn sie kam. Sie saß jetzt neben seinem Schreibtisch in einer Aura von Parfümdüften, massierte sanft ihren Schirmgriff und ließ die große schwarze Feder an ihrem Hut wippen. Mr. Alleyne hatte seinen Stuhl so gedreht, daß er sie anblickte, den rechten Fuß lässig über das linke Knie geschlagen.

Der Mann legte die Korrespondenz auf den Schreibtisch und verbeugte sich respektvoll, aber weder Mr. Alleyne, noch Miss Delacour nahmen die geringste Notiz von seiner Verbeugung. Mr. Alleyne klopfte mit dem Finger auf die Korrespondenz und schnippte ihn dann in seine Richtung, wie um zu sagen: *Schon recht: Sie können gehn.*

Der Mann kehrte ins untere Büro zurück und setzte sich wieder an sein Pult. Er starrte aufmerksam auf die unvollständige Wendung: *Keinesfalls soll besagter Bernard Bodley* …, und dachte, wie eigenartig es war, daß die letzten drei Wörter mit dem gleichen Buchstaben begannen. Der Bürovorsteher trieb jetzt Miss Parker zur Eile an und sagte, sie würde die Briefe nie rechtzeitig für die Post getippt haben. Der Mann hörte ein paar Minuten auf das Klappern der Maschine und machte sich dann daran, seine Abschrift fertigzustellen. Aber er hatte keinen klaren Kopf, und seine Gedanken wanderten fort zum gleißenden Licht und dem Geklirr der Kneipe. Es war eine Nacht für heißen Punsch. Er kämpfte weiter mit seiner Abschrift, aber als die Uhr fünf Uhr schlug, hatte er noch immer vierzehn Seiten zu schreiben. Zum Teufel auch! Er würde es nicht rechtzeitig schaffen. Zu gerne nur hätte er einen lauten Fluch ausgestoßen, seine Faust wütend auf etwas heruntersausen lassen. Er war so zornerfüllt, daß er *Bernard Bernard* statt *Bernard Bodley* schrieb und auf einem sauberen Bogen neu anfangen mußte.

Er fühlte sich Manns genug, die ganze Kanzlei eigenhändig auszuräumen. Sein Körper lechzte danach, etwas zu tun, hinauszustürmen und sich auszutoben. Das erniedrigende Leben, das er führte, erfüllte ihn mit Zorn.

... Konnte er den Kassierer privat um einen Vorschuß bitten? Nein, der Kassierer hatte keinen Sinn, verdammt noch mal: Er würde ihm keinen Vorschuß geben. ... Er wußte, wo er die Jungs treffen würde: Leonard und O'Halloran und Nosey Flynn. Sein Gefühlsbarometer zeigte ein Orkantief an.

Er war in Gedanken so weit abgeschweift, daß sein Name zweimal gerufen wurde, bevor er antwortete. Mr. Alleyne und Miss Delacour standen vor dem Schalter, und alle Schreibkräfte hatten sich erwartungsvoll umgewandt. Der Mann stand von seinem Pult auf. Mr. Alleyne begann eine kränkende Tirade, die besagte, daß zwei Briefe fehlten. Der Mann antwortete, daß er nichts davon wisse, daß er eine gewissenhafte Abschrift angefertigt habe. Die Tirade wurde fortgesetzt: Sie war so bitter und wild, daß der Mann sich kaum bezähmen konnte, die Faust auf den Kopf des Männekens vor sich niedersausen zu lassen.

– Ich weiß nichts von zwei weiteren Briefen, sagte er stur.

– *Sie – wissen – nichts*. Natürlich wissen Sie nichts, sagte Mr. Alleyne. Sagen Sie, fügte er hinzu, nachdem er erst noch Zustimmung heischend nach der Dame neben sich blickte, halten Sie mich für einen Trottel? Halten Sie mich für einen Volltrottel?

Der Mann schaute vom Gesicht der Dame zu dem kleinen eiförmigen Kopf und wieder zurück, und fast bevor er es noch registrierte, hatte seine Zunge eine glückliche Eingebung:

– Ich glaube nicht, Sir, sagte er, daß Sie mir da eine faire Frage stellen.

Für einen Augenblick stockte den Schreibkräften fast

der Atem. Jedermann war verblüfft (der Urheber der schlagfertigen Bemerkung nicht minder als seine Nachbarn), und Miss Delacour, die eine rundliche, gutmütige Person war, lächelte breit. Mr. Alleyne lief zur Farbe einer wilden Rose an, sein Mund zuckte mit gnomenhafter Leidenschaft. Er schüttelte seine Faust vor dem Gesicht des Mannes, bis sie wie der Griff einer elektrischen Maschine zu vibrieren schien:

– Sie unverschämter Rüpel! Sie unverschämter Rüpel! Ich werde kurzen Prozeß mit Ihnen machen! Warten Sie nur! Sie werden sich bei mir entschuldigen für Ihre Unverschämtheit, oder Sie quittieren unverzüglich Ihren Dienst! Sie quittieren hier, sag ich Ihnen, oder Sie entschuldigen sich bei mir!

* * *

Er stand in einem Hauseingang gegenüber dem Büro, um zu sehen, ob der Kassierer allein herauskommen würde. Alle Angestellten gingen heraus, und zuletzt kam der Kassierer mit dem Bürovorsteher heraus. Es hatte keinen Zweck, ihn anzusprechen, wenn der Bürovorsteher bei ihm war. Der Mann spürte, daß seine Lage ziemlich übel war. Er war gezwungen gewesen, Mr. Alleyne eine unterwürfige Entschuldigung für seine Unverschämtheit zu leisten, aber er wußte, was für ein Wespennest das Büro für ihn sein würde. Er konnte sich daran erinnern, wie Mr. Alleyne den kleinen Peake aus dem Büro vertrieben hatte, um seinem eigenen Neffen einen Platz zu verschaffen. Er fühlte sich wild und durstig und rachsüchtig, war wütend auf sich selbst und jedermann sonst. Mr. Alleyne würde ihm keine ruhige Stunde mehr gönnen; das Leben würde die Hölle für ihn sein. Er hatte sich diesmal wie ein ausgemachter Trottel benommen. Konnte er seine Zunge nicht im Zaum halten? Aber sie waren von Anfang an nicht miteinander zurechtgekommen, er und Mr. Alleyne, seit dem Tag, an dem Mr. Alleyne zufällig hörte, wie er seinen nordirischen Tonfall nachäffte, um Higgins und Miss Parker zu unterhalten: Das war der Anfang. Er hätte versuchen können, Higgins anzupumpen, aber klar, Higgins hatte ja auch für sich selbst nie etwas. Ein Mann, der für zwei Wohnungen aufkommen mußte, der konnte gar nicht.

Er spürte, wie sein massiger Körper nach dem Trost der Kneipe lechzte. Der Nebel ließ ihn allmählich frösteln, und er überlegte, ob er Pat in O'Neill's anpumpen könnte. Er konnte ihn nicht um mehr als einen Shilling anpumpen – und ein Shilling brachte nichts. Aber irgendwoher mußte er Geld bekommen: Er hatte seinen letzten Penny für den Porter ausgegeben, und bald würde es zu spät sein, um irgendwo Geld aufzutreiben. Plötzlich, als er an seiner Uhrkette fingerte, fiel ihm Terry Kellys Pfandhaus in der Fleet Street ein. Das war's! Warum hatte er nicht früher daran gedacht?

Er ging eilig durch die schmale Gasse von Temple Bar, brummte vor sich hin, daß sie alle zum Teufel gehen könnten, denn er würde sich eine schöne Nacht machen. Der Angestellte in Terry Kelly's sagte *Eine Crown!*, aber der Deponent bestand auf sechs Shilling; und schließlich bekam er buchstäblich sechs Shilling zugestanden. Er kam bester Laune aus dem Pfandhaus und formte mit den Münzen zwischen Fingern und Daumen einen kleinen Zylinder. In der Westmoreland Street drängten sich auf dem Gehsteig junge Männer und Frauen, die aus dem Geschäft kamen, und zerlumpte

Bengel rannten herum und riefen die Namen der Abendblätter aus. Der Mann schritt durch die Menge, betrachtete das Schauspiel insgesamt mit stolzer Zufriedenheit und fixierte die Büromädchen mit herrischen Blicken. Sein Kopf war voll vom Lärm der Tramglocken und zischenden Stromabnehmer, und seine Nase roch schon den sich kräuselnden Dampf des Punsches. Im Weitergehen legte er sich zurecht, wie er den Jungs den Zwischenfall erzählen würde:
– Also, ich hab ihn nur angeschaut – in aller Ruhe, versteht ihr, und hab sie angeschaut. Dann schau ich ihn wieder an – und ich hab mir Zeit gelassen, versteht ihr. *Ich glaub nicht, daß Sie mir da 'ne faire Frage stellen*, sag ich.

Nosey Flynn saß hinten in seiner gewohnten Ecke in Davy Byrne's, und als er die Geschichte hörte, spendierte er Farrington einen kleinen Whiskey und sagte, daß er so was Raffiniertes noch nicht gehört hätte. Darauf spendierte ihm Farrington einen. Nach einer Weile kamen O'Halloran und Paddy Leonard herein, und sie kriegten die Geschichte ebenfalls zu hören. O'Halloran gab eine Runde heiße Whiskeys aus und erzählte die Geschichte von der Antwort, die er dem Bürovorsteher verpaßt hatte, als er bei Callan's in der Fownes's Street gearbeitet hatte; aber nachdem die Antwort im Stil der freimütigen Schäfer in den Eklogen war, mußte er zugeben, daß sie nicht so pfiffig war wie Farringtons Antwort. Daraufhin forderte Farrington die Jungs auf, den wegzuputzen und sich noch einen zu genehmigen.

Sie bestellten sich gerade ihr Gift, als ausgerechnet Higgins hereinkam! Natürlich mußte er sich zu den anderen setzen. Die Männer baten ihn, seine Version zu erzählen, und er machte das ausgesprochen lebhaft, denn der Anblick von fünf kleinen heißen Whiskeys war sehr anregend. Alle brüllten vor Lachen, als er vorführte, wie Mr. Alleyne die Faust vor Farringtons Gesicht schüttelte. Dann machte er Farrington nach und sagte, *Und da war Euer Gnaden, und hatte die Ruhe weg*, während Farrington die Gesellschaft aus seinen schweren, schmutzigen Augen musterte, grinste und gelegentlich ein paar verirrte Tropfen Branntwein mit der Unterlippe aus dem Schnurrbart sog.

Als diese Runde vorbei war, gab es eine Pause. O'Halloran hatte Geld, aber von den beiden anderen hatte anscheinend keiner etwas; also verließ die ganze Gesellschaft mit leisem Bedauern die Kneipe. An der Ecke Duke Street schoben Higgins und Nosey Flynn nach links ab, während die anderen drei kehrtmachten in Richtung Innenstadt. Ein Sprühregen ging auf die kalten Straßen nieder, und als sie das Ballast Office erreicht hatten, schlug Farrington das Scotch House vor. Die Bar war voller Männer und laut vom Lärm der Stimmen und Gläser. Die drei Männer drängten sich an den winselnden Streichholzverkäufern am Eingang vorbei und bildeten ein Grüppchen an der Ecke der Theke. Leonard stellte ihnen einen jungen Burschen namens Weathers vor, der am Tivoli als Akrobat und Mädchen für alles auftrat. Farrington gab eine Runde für alle aus. Weathers sagte, er würde einen kleinen Whiskey mit Apollinaris nehmen. Farrington, der ganz bestimmte Vorstellungen davon hatte, was sich gehörte, fragte die Jungs, ob sie auch einen Apollinaris wollten; aber die Jungs sagten, sie wollten ihre heiß. Das Gespräch kam auf Theaterangelegenheiten. O'Halloran gab eine Runde aus, und dann gab Farrington noch eine aus, worauf Weathers protestierte, daß ihm die Gastfreundschaft zu irisch sei. Er versprach, sie hinter die Kulissen zu schleusen und ein paar netten Mädchen vorzustellen. O'Halloran sagte, daß er und Leonard mitgehen würden, aber Farrington würde nicht mitkommen, weil er ein verheirateter Mann sei; und Farringtons schwere, schmutzige Augen warfen der Runde einen vielsagenden Blick zu, um zu zeigen, daß er schon wußte, wenn man ihn foppte. Weathers forderte sie alle auf, einen kleinen Schluck auf seine Kosten zu nehmen, und versprach, sie später in Mulligan's an der Poolbeg Street zu treffen.

Als das Scotch House zumachte, gingen sie um die Ecke zu Mulligan's hinüber. Sie gingen nach hinten in das Gesellschaftszimmer, und O'Halloran bestellte kleine heiße Specials für alle. So allmählich fühlten sie sich angeheitert. Farrington gab gerade eine weitere Runde aus, als Weathers zurückkam. Zu Farringtons großer Erleichterung trank er diesmal ein Glas Bitter. Das Bargeld ging zwar zur Neige, aber sie hatten genug, um weiterzumachen. Im nächsten Moment kamen zwei junge Frauen mit großen Hüten und ein junger Mann in einem karierten Anzug herein und setzten sich an einen Tisch in ihrer Nähe. Weathers begrüßte sie und erzählte der Gesellschaft, daß sie vom Tivoli waren. Farringtons Augen wanderten alle Augenblicke zu einer der beiden Frauen. Sie hatte etwas Faszinierendes an sich. Ein grandioses Halstuch aus pfauenblauem Musselin war um ihren Hut geschlungen und mit einer großen Schleife unter dem Kinn zusammengebunden; und sie trug leuchtend gelbe Handschuhe, die bis an die Ellbogen reichten.

Farrington betrachtete mit Bewunderung den fülligen Arm, den sie häufig und graziös bewegte; und als sie nach einer Weile seinen Blick erwiderte, bewunderte er noch mehr ihre großen dunkelbraunen Augen. Ihr schräger, starrer Blick faszinierte ihn. Sie sah ein-, zweimal zu ihm herüber, und als die Gesellschaft das Zimmer verließ, streifte sie an seinem Stuhl und sagte *O Pardon!* mit einem Londoner Akzent. Er beobachtete, wie sie den Raum verließ, und hoffte, sie würde sich nach ihm umsehen, aber er wurde enttäuscht. Er verfluchte seine Geldnot und verfluchte all die Runden, die er ausgegeben hatte, besonders all die Whiskeys mit Apollinaris für Weathers. Wenn er etwas haßte, dann war es ein Nassauer. Er war so wütend, daß er den Anschluß an das Gespräch seiner Freunde verlor.

Als Paddy Leonard ihn rief, stellte er fest, daß sie sich über Kraftproben unterhielten. Weathers zeigte der Gesellschaft seine Bizepsmuskeln und gab so an, daß die beiden anderen Farrington gerufen hatten, um die Ehre der Nation aufrechtzuerhalten. Farrington rollte also die Ärmel hoch und zeigte der Gesellschaft seine Bizepsmuskeln. Die beiden Arme wurden geprüft und verglichen, und zuletzt wurde vereinbart, eine Kraftprobe zu veranstalten. Der Tisch wurde freigeräumt, und die beiden Männer stützten ihre Ellbogen darauf und packten sich bei den Händen. Wenn Paddy Leonard *Los!* sagte, sollte jeder versuchen, die Hand des anderen auf den Tisch hinunterzudrücken. Farrington sah sehr ernst und entschlossen aus.

Die Probe begann. Nach ungefähr dreißig Sekunden drückte Weathers die Hand seines Gegners langsam auf den Tisch hinunter. Farringtons dunkel weinrotes Gesicht lief noch dunkler an vor Zorn und Scham, daß er von so einem Milchbart besiegt worden war.

– Sie dürfen nicht das Körpergewicht einsetzen. Ehrliches Spiel, sagte er.

– Wer ist hier nicht ehrlich? sagte der andere.

– Los, noch mal. Die zwei besten aus drei.

Die Probe begann von neuem. Die Adern auf Farringtons Stirn traten hervor, und Weathers blasser Teint nahm die Farbe einer Pfingstrose an. Beider Hände und Arme zitterten vor Anstrengung. Nach einem langen Kampf drückte Weathers die Hand seines Gegners langsam wieder auf den Tisch. Von den Zuschauern kam beifälliges Gemurmel. Der Kurat, der am Tisch stand, nickte mit seinem roten Kopf dem Sieger zu und sagte mit plumper Vertraulichkeit:

– Tja! So macht man das!

– Was zum Teufel verstehen Sie davon? sagte Farrington wild und drehte sich zu dem Mann um. Was geben Sie Ihren Senf dazu?

– Sch, sch! sagte O'Halloran, der den gewalttätigen Ausdruck in Farringtons Gesicht sah. Trinkt aus, Jungs! 'nen kleinen Schluck noch und dann ab die Post!

Ein sehr verdrossen dreinblickender Mann stand an der Ecke O'Connell Bridge und wartete auf die kleine Tram nach Sandymount, die ihn nach Hause bringen sollte. Er steckte voll schwelendem Zorn und Rachsucht. Er fühlte sich gedemütigt und unzufrieden; er hatte nicht einmal das Gefühl, betrunken zu sein; und er hatte nur noch zwei Pence in der Tasche. Er verfluchte alles. Er war erledigt in der Kanzlei, hatte die Uhr verpfändet, das ganze Geld ausgegeben; und er war noch nicht einmal betrunken. Er bekam wieder Durst und sehnte sich danach, in der heißen, verräucherten Kneipe zu sein. Er hatte seinen Ruf als starker Mann verloren, weil er zweimal von einem bloßen Milchbart bezwungen worden war. Sein Herz schwoll vor Zorn, und als er an die Frau mit dem großen Hut dachte, die ihn gestreift und *Pardon!* gesagt hatte, wäre er an seinem Zorn fast erstickt.

Die Tram setzte ihn an der Shelbourne Road ab, und er manövrierte seinen massigen Körper im Schatten der Kasernenmauer entlang. Es grauste ihm davor, nach Hause zu kommen. Als er durch den Nebeneingang eintrat, fand er die Küche leer vor, das Küchenfeuer war fast ausgegangen. Er brüllte nach oben:

– Ada! Ada!

Seine Gattin war eine kleine Frau mit scharfen Gesichtszügen, die ihren Mann tyrannisierte, wenn er nüchtern war, und die von ihrem Mann tyrannisiert wurde, wenn er betrunken war. Sie hatten fünf Kinder. Ein kleiner Junge kam die Treppe heruntergelaufen.

– Wer ist es? sagte der Mann und starrte in die Finsternis.

– Ich, Papa.

– Wer bist du? Charlie?

– Nein, Papa. Tom.

– Wo ist deine Mutter?

– Sie ist in der Kirche.

– Ah, richtig ... Hat sie daran gedacht, mir was zu essen aufzuheben?

– Ja, Papa. Ich ...

– Mach die Lampe an! Was soll das, das ganze Haus im Finstern? Sind die andern Kinder im Bett?

Der Mann ließ sich schwer auf einen der Stühle fallen, während der Junge die Lampe anzündete. Er äffte den ordinären Tonfall seines Sohnes nach, indem er halb zu sich selber sagte: *In der Kirche. In der Kirche, bitte schön!* Als die Lampe angezündet war, schlug er mit der Faust auf den Tisch und schrie:

– Was krieg ich zum Abendessen?

– Ich werd's ... machen, Papa, sagte der kleine Junge.

Der Mann sprang wütend auf und deutete auf das Feuer:

– Auf *dem* Feuer! Du hast das Feuer ausgehen lassen! Bei Gott, ich werd dich lehren, das noch mal zu tun!

Er machte einen Schritt zur Tür und packte den Spazierstock, der dahinter stand.

– Ich werd dich lehren, das Feuer ausgehen zu lassen! sagte er und rollte den Ärmel hoch, um richtig ausholen zu können.

Der kleine Junge heulte *O Papa!* und rannte wimmernd um den Tisch, aber der Mann folgte ihm und erwischte ihn bei der Jacke. Der kleine Junge blickte entsetzt um sich, aber da er keine Möglichkeit zur Flucht sah, fiel er auf die Knie.

– So, du wirst mir das Feuer das nächste Mal ausgehen lassen! sagte der Mann und schlug heftig mit dem Stock nach ihm. Da, du mickriger Balg!

Der Junge stieß einen Schmerzensschrei aus, als ihm der Stock in den Schenkel schnitt. Er rang die Hände in der Luft, und seine Stimme zitterte vor Angst.

– O Papa! rief er. Hau mich nicht, Papa! Und ich sag ... ich sag ein *Ave-Maria* für dich. ... Ich sag ein *Ave-Maria* für dich, Papa, wenn du mich nicht haust. ... Ich sag ein *Ave-Maria*. ...

Erde

Die Aufseherin hatte ihr erlaubt auszugehen, sobald die Frauen mit dem Abendbrot fertig waren, und Maria freute sich auf ihren freien Abend. Die Küche war blitzblank: Die Köchin sagte, man könne sich in den großen Kupferkesseln spiegeln. Das Feuer war schön hell, und auf einem der Seitentische standen vier sehr große Barmbracks. Es sah so aus, als seien diese Barmbracks noch nicht geschnitten; aber wenn man näher heranging, konnte man sehen, daß sie in lange, dicke, gleich große Scheiben geschnitten waren und bereit standen, um zum Abendbrot herumgereicht zu werden. Maria hatte sie selbst geschnitten.

Maria war wirklich eine sehr, sehr kleine Person, aber sie hatte eine sehr lange Nase und ein sehr langes Kinn. Sie sprach ein wenig durch die Nase, immer beschwichtigend: *Ja, meine Liebe*, und *Nein, meine Liebe*. Man holte sie immer, wenn sich die Frauen über ihren Bottichen zankten, und es gelang ihr immer, Frieden zu stiften. Eines Tages hatte die Aufseherin zu ihr gesagt:

– Maria, Sie sind eine wahre Friedensstifterin!

Und die Unteraufseherin und zwei der Damen vom Komitee hatten das Kompliment gehört. Und Ginger Mooney sagte immer, was sie nicht alles dem Stummchen antäte, das sich um die Bügeleisen zu kümmern hatte, wenn Maria nicht wäre. Alle mochten Maria so gerne.

Die Frauen würden um sechs Uhr zu Abend essen, und sie würde vor sieben Uhr weggehen können. Von Ballsbridge zur Säule zwanzig Minuten; von der Säule nach Drumcondra zwanzig Minuten, und zwanzig Minuten, um die Sachen einzukaufen. Sie würde vor acht Uhr dort sein. Sie nahm ihr Portemonnaie mit den Silberschnappern und las wieder die Worte *Ein Geschenk aus Belfast*. Sie hatte dieses Portemonnaie sehr gern, weil Joe es ihr vor fünf Jahren mitgebracht hatte, als er und Alphy einen Pfingstmontagsausflug nach Belfast gemacht hatten. Im Portemonnaie waren zwei Half-Crown-Stücke und etwas Kupfer. Es würden ihr fünf Shilling bleiben, nachdem sie die Straßenbahnkarte bezahlt hatte. Was für einen netten Abend sie haben würden, wenn die Kinder alle sangen! Sie hoffte nur, daß Joe nicht betrunken heimkommen würde. Er war so anders, wenn er etwas trank.

Oft hatte er gewollt, daß sie kündigte und bei ihnen lebte; aber sie hätte sich im Weg gefühlt (obwohl Joes Frau so nett zu ihr war), und sie hatte sich an das Leben in der Wäscherei gewöhnt. Joe war ein guter Kerl. Sie hatte ihn und auch Alphy großgezogen; und Joe sagte oft:

– Mama ist Mama, aber Maria ist meine richtige Mutter.

Nachdem das Zuhause in die Brüche gegangen war, hatten ihr die Jungen die Stellung bei der *Dublin by Lamplight*-Wäscherei besorgt, und es gefiel ihr. Sie hatte früher so eine schlechte Meinung von den Protestanten gehabt, aber jetzt dachte sie, daß sie sehr nette Leute waren, ein wenig ruhig und ernst, aber doch sehr nette

Leute im Zusammenleben. Dann hatte sie ihre Blumen im Wintergarten, und sie kümmerte sich gerne darum. Sie hatte wunderschöne Farne und Wachsblumen, und immer, wenn jemand sie besuchte, gab sie dem Besucher ein oder zwei Ableger aus ihrem Wintergarten. Es gab eines, was ihr nicht gefiel, und das waren die Traktate an den Wänden; aber die Aufseherin war so eine nette Frau im Umgang, so entgegenkommend.

Als ihr die Köchin sagte, daß alles bereit sei, ging sie in den Raum der Frauen und zog die große Glocke. Nach wenigen Minuten kamen die Frauen zu zweit und zu dritt herein, wischten sich die dampfenden Hände an ihren Unterröcken ab und zogen die Ärmel ihrer Blusen über die roten dampfenden Arme herunter. Sie setzten sich vor ihre riesigen Tassen, die die Köchin und das Stummchen mit heißem Tee auffüllten, der in riesigen Blechkannen schon mit Milch und Zucker vermischt war. Maria überwachte die Verteilung des Barmbracks und achtete darauf, daß jede Frau ihre vier Schnitten bekam. Während des Essens wurde viel gelacht und gescherzt. Lizzie Fleming sagte, Maria würde gewiß den Ring bekommen, und obwohl die Fleming das schon seit so vielen Halloween-Abenden sagte, mußte Maria lachen und sagen, daß sie weder einen Ring noch einen Mann wollte; und als sie lachte, funkelten ihre graugrünen Augen vor enttäuschter Schüchternheit, und die Spitze ihrer Nase traf beinahe die Spitze ihres Kinns. Dann hob Ginger Mooney ihre Teetasse und trank auf Marias Gesundheit, während die anderen Frauen mit ihren Tassen auf dem Tisch klapperten, und sie sagte, es tue ihr leid, daß sie keinen Schluck Porter habe, um damit anzustoßen. Und Maria lachte wieder, bis ihre Nasenspitze beinahe die Kinnspitze berührte und bis ihr zarter Körper fast zersprang, weil sie wußte, daß Mooney es gut meinte, obwohl sie natürlich die Ansichten einer einfachen Frau hatte.

Aber war Maria nicht froh, als die Frauen mit ihrem Abendbrot fertig waren und die Köchin und das Stummchen begonnen hatten, die Sachen wegzuräumen? Sie ging in ihr kleines Zimmer, und da ihr einfiel, daß am nächsten Morgen Messe war, stellte sie den Zeiger des Weckers von sieben auf sechs Uhr. Dann zog sie ihren Arbeitsrock und ihre Hausstiefel aus und breitete ihren besten Rock auf das Bett und stellte ihre winzigen Ausgehstiefel neben das Fußende des Bettes. Sie wechselte auch ihre Bluse, und als sie vor dem Spiegel stand, dachte sie daran, wie sie sich immer am Sonntagmorgen zur Messe umgezogen hatte, als sie ein junges Mädchen war; und sie schaute mit seltsamer Rührung auf den zierlichen Körper, den sie so oft herausgeputzt hatte. Trotz seiner Jahre, fand sie, war es ein netter, adretter kleiner Körper.

Als sie ins Freie kam, glänzten die Straßen vom Regen, und sie war froh um ihren alten braunen Regenmantel. Die Straßenbahn war voll, und sie mußte auf dem kleinen Notsitz am Wagenende Platz nehmen, vor all den Leuten, wo doch ihre Zehen kaum den Boden berührten. Sie legte sich im Kopf alles zurecht, was sie tun wollte, und dachte sich, wieviel besser es war, unabhängig zu sein und sein eigenes Geld in der Tasche zu haben. Sie hoffte, daß sie einen netten Abend erleben würden. Sie war sich sicher, mußte aber doch daran denken, wie schade es war, daß Joe und Alphy nicht miteinander redeten. Sie gerieten jetzt immer aneinander, aber als Jungen zusammen waren sie immer die besten Freunde gewesen: Aber so war das Leben.

Sie stieg an der Säule aus ihrer Straßenbahn und huschte wieselflink durch das Gedränge. Sie ging in Downes' Konditorei, aber der Laden war so voller Leute, daß es lange dauerte, bis sie jemand fand, der sie bediente. Sie kaufte ein Dutzend gemischter Penny-Kuchen und kam schließlich mit einer großen Tüte beladen aus dem Geschäft. Dann überlegte sie sich, was sie noch kaufen sollte: Sie wollte etwas besonders Nettes kaufen. Sicher hatten sie jede Menge Äpfel und Nüsse. Es war schwierig herauszufinden, was sie kaufen sollte, und das einzige, was ihr einfiel, war Kuchen. Sie entschloß sich, Plumcake zu kaufen, aber Downes' Plumcake hatte nicht genug Zuckermandelglasur drauf, also ging sie in einen Laden in der Henry Street hinüber. Hier brauchte sie lange, bis sie sich entschlossen hatte, und die schick gekleidete junge Dame hinter der Theke, die sich offensichtlich etwas über sie ärgerte, fragte sie, ob sie eine Hochzeitstorte kaufen wolle. Maria errötete deswegen und lächelte die junge Dame an; aber die junge Dame nahm alles sehr ernst und schnitt schließlich ein dickes Stück Plumcake ab, wickelte es ein und sagte:

– Zwei und vier, bitte.

Sie dachte, sie würde in der Drumcondra-Tram stehen müssen, weil sie keiner der jungen Männer zu bemerken schien, aber ein älterer Herr machte Platz für sie. Er war ein fülliger Herr, und er trug eine braune Melone; er hatte ein vierschrötiges rotes Gesicht und einen ins Graue spielenden Schnurrbart. Maria dachte, er sähe aus wie ein Oberst, und sie überlegte sich, um wieviel zuvorkommender er war als die jungen Männer, die einfach geradeaus vor sich hin starrten. Der Herr fing mit ihr ein Gespräch über Halloween und das regnerische Wetter an. Er vermutete, die Tasche sei voller guter Sachen für die Kleinen, und er sagte, es sei nur richtig, daß sich die Jungen vergnügten, solange sie jung waren. Maria war seiner Meinung und bedachte ihn mit zurückhaltendem Nicken und Räuspern. Er war sehr nett zu ihr, und als sie an der Canal Bridge ausstieg, dankte sie ihm und verbeugte sich, und er verbeugte sich vor ihr und zog den Hut und lächelte gewinnend; und während sie an der Häuserzeile entlang hinaufging und ihren kleinen Kopf im Regen einzog, dachte sie, wie leicht es doch war, einen Gentleman zu erkennen, selbst wenn er ein bißchen getrunken hatte.

Alle sagten: *Oh, da ist ja Maria!*, als sie bei Joes Haus ankam. Joe war da, vom Geschäft heimgekommen, und die Kinder hatten alle ihren Sonntagsstaat an. Zwei große Mädchen von nebenan waren da, und Spiele waren im Gange. Maria gab dem ältesten Jungen, Alphy, die Tüte mit den Kuchen zum Verteilen, und Mrs. Donnelly sagte, es sei zu lieb von ihr, so eine große Tüte Kuchen zu bringen, und ließ die Kinder alle sagen:

– Danke, Maria.

Aber Maria sagte, sie habe etwas Besonderes für Papa und Mama mitgebracht, etwas, das sie sicher gerne mochten, und sie begann nach ihrem Plumcake zu suchen. Sie schaute in der Tüte von Downes's und dann in den Taschen ihres Regenmantels und dann auf der Garderobe im Flur nach, aber sie konnte ihn nirgends finden. Dann fragte sie alle Kinder, ob sie ihn gegessen hätten – aus Versehen natürlich -, aber die Kinder sagten alle nein und machten Gesichter, als würde es ihnen keinen Spaß machen, Kuchen zu essen, wenn sie beschuldigt würden zu stehlen. Jedermann hatte eine Lösung für das Rätsel, und Mrs. Donnelly sagte, es sei klar, daß Maria ihn in der Straßenbahn liegengelassen habe. Maria, die sich erinnerte, wie sehr sie der Herr mit dem ins Graue spielenden Schnurrbart verwirrt hatte, errötete vor Scham und Ärger und Enttäuschung. Beim Gedanken an das Scheitern ihrer kleinen Überraschung und die zwei Shilling und vier Pence, die sie umsonst hinausgeworfen hatte, hätte sie beinah laut geweint.

Aber Joe sagte, es spiele keine Rolle, und forderte sie auf, sich ans Feuer zu setzen. Er war sehr nett zu ihr. Er erzählte ihr alles, was in seinem Büro vor sich ging, und wiederholte für sie eine forsche Antwort, die er dem Vorsteher gegeben hatte. Maria verstand nicht, warum Joe über die Antwort, die er gegeben hatte, so sehr lachte, aber sie sagte, daß der Vorsteher im Umgang eine sehr hochnäsige Person sein müsse. Joe sagte, er sei nicht so übel, wenn man ihn richtig zu nehmen wisse, daß er von der anständigen Sorte sei, wenn man ihm nicht auf die Hühneraugen trete. Mrs. Donnelly spielte Klavier für die Kinder, und sie tanzten und sangen. Dann reichten die beiden Mädchen von nebenan die Nüsse herum. Niemand konnte die Nußknacker finden, und Joe wurde beinah ärgerlich deswegen und fragte, wie sie glaubten, daß Maria die Nüsse knacken sollte, ohne Nußknacker. Aber Maria sagte, es liege ihr gar nichts an Nüssen und sie sollten ihretwegen keine Umstände machen. Dann fragte Joe, ob sie eine Flasche Stout trinken würde, und Mrs. Donnelly sagte, es sei auch Portwein im Haus, falls sie ihn vorziehe. Maria sagte, am liebsten sei es ihr, wenn sie nichts nehmen müsse: aber Joe bestand darauf.

Also ließ ihm Maria seinen Willen, und sie saßen am Feuer und plauderten über die alten Zeiten, und Maria dachte, sie würde ein gutes Wort für Alphy einlegen. Aber Joe rief, Gott solle ihn tot umfallen lassen, wenn er jemals wieder ein Wort mit seinem Bruder spräche, und Maria sagte, es tue ihr leid, daß sie die Sache erwähnt habe. Mrs. Donnelly sagte ihrem Mann, er solle sich schämen, so von seinem eigenen Fleisch und Blut zu sprechen, aber Joe sagte, daß Alphy nicht sein Bruder sei, und es hätte beinahe Streit deswegen gegeben. Aber Joe sagte, er würde sich wegen des besonderen Abends die gute Laune nicht verderben lassen, und bat seine Frau, noch etwas Stout aufzumachen. Die zwei Mädchen von nebenan hatten einige Halloween-Spiele vorbereitet, und bald war alles wieder fröhlich. Maria hatte große Freude daran, die Kinder so lustig und Joe und seine Frau so guter Stimmung zu sehen. Die Mädchen von nebenan stellten einige Untertassen auf den Tisch und führten dann die Kinder mit verbundenen Augen an den Tisch. Eines bekam das Gebetbuch und die andern drei bekamen das Wasser; und als eines der Mädchen von nebenan den Ring bekam, drohte Mrs. Donnelly dem errötenden Mädchen mit dem Finger, als wollte sie sagen: *Oh, ich weiß genau Bescheid!* Sie bestanden dann darauf, Maria die Augen zu verbinden und sie an den Tisch zu führen, um zu sehen, was sie bekäme; und während sie ihr das Tuch umbanden, lachte und lachte Maria wieder, bis ihre Nasenspitze beinahe die Kinnspitze berührte.

Sie führten sie unter Lachen und Scherzen an den Tisch, und sie streckte die Hand in die Luft, wie ihr befohlen wurde. Sie bewegte die Hand in der Luft hin und her und ließ sie auf eine der Untertassen sinken. Sie spürte eine weiche, nasse Substanz mit ihren Fingern und war überrascht, daß niemand etwas sagte oder ihr die Binde abnahm. Für ein paar Sekunden herrschte Stille; und dann gab es ein heftiges Hin und Her und Flüstern. Jemand sagte etwas vom Garten, und schließlich sagte Mrs. Donnelly sehr ärgerlich etwas zu einem der Mädchen von nebenan und befahl ihr, es sofort wegzuwerfen: Das sei kein Spiel mehr. Maria begriff, daß es diesmal verkehrt war, und so mußte sie es noch einmal machen: Und dieses Mal bekam sie das Gebetbuch.

Danach spielte Mrs. Donnelly *Miss McCloud's Reel* für die Kinder, und Joe drängte Maria, ein Glas Wein zu trinken. Bald waren sie alle wieder fröhlich, und Mrs. Donnelly sagte, Maria würde in ein Kloster eintreten, bevor das Jahr um sei, weil sie das Gebetbuch bekommen hatte. Maria hatte es noch nie erlebt, daß Joe so nett zu ihr war wie an diesem Abend, so voller reizender Unterhaltung und Erinnerungen. Sie sagte, sie seien alle sehr gut zu ihr.

Schließlich wurden die Kinder müde und schläfrig, und Joe fragte Maria, ob sie nicht ein kleines Lied singen würde, ehe sie ging, eins der alten Lieder. Mrs. Donnelly sagte: *Ach bitte, Maria!*, und so mußte Maria aufstehen und sich neben das Klavier stellen. Mrs. Donnelly bat die Kinder, still zu sein und Marias Lied anzuhören. Dann spielte sie das Vorspiel und sagte: *Jetzt, Maria!*, und Maria wurde puterrot und begann mit dünner, zittriger Stimme zu singen. Sie sang *Im Traum sah ich mich*, und als sie zur zweiten Strophe kam, sang sie wieder:

Im Traum sah ich mich im Marmorsaal,
Vasallen und Diener um mich,
Und der Stolz und die Hoffnung der ganzen Zahl
Im weiten Palast war nur ich,
Meine Schätze, sie waren unzählbar,
Meine Ahnen königlich,
Doch das höchste Glück des Traumes war,
Daß ich sah, du liebtest mich.

Aber niemand versuchte, sie auf ihren Fehler aufmerksam zu machen; und als sie das Lied beendet hatte, war Joe überaus gerührt. Er sagte, es gehe doch nichts über die gute alte Zeit, und es gehe ihm nichts über die Musik des armen alten Balfe, egal was andere Leute sagen mochten; und seine Augen füllten sich so mit Tränen, daß er nicht finden konnte, was er suchte, und schließlich mußte er seine Frau bitten, ihm zu sagen, wo der Korkenzieher war.

Ein schmerzlicher Fall

Mr. James Duffy wohnte in Chapelizod, weil es sein Wunsch war, so weit wie möglich von der Stadt, deren Bürger er war, entfernt zu wohnen, und weil er all die anderen Vororte von Dublin charakterlos, modern und anmaßend fand. Er wohnte in einem düsteren alten Haus, und von seinen Fenstern konnte er in die stillgelegte Brennerei schauen oder den seichten Fluß hinauf, an dem Dublin erbaut ist. Die hohen Wände seines teppichlosen Zimmers waren frei von Bildern. Jeden Einrichtungsgegenstand im Zimmer hatte er selbst gekauft: ein schwarzes eisernes Bettgestell, ein eisernes Waschgestell, vier Korbstühle, einen Kleiderständer, eine Kohlenschütte, einen Kaminvorsatz und Schürhaken und einen viereckigen Tisch, auf dem ein Pultaufsatz stand. In einer Nische war ein Bücherregal aus weißen Holzbrettern eingebaut worden. Das Bett war mit weißer Bettwäsche überzogen, und am Fußende lag eine schwarz und scharlachrot gemusterte Decke. Über dem Waschgestell hing ein kleiner Handspiegel, und als einziger Schmuck stand tagsüber eine Lampe mit weißem Schirm auf dem Kaminsims. Die Bücher auf den weißen Holzbrettern waren von unten nach oben der Größe nach angeordnet. Ein vollständiger Wordsworth stand an einem Ende des untersten Brettes und ein Exemplar des Maynooth-Katechismus, in den Leineneinband eines Notizbuches eingenäht, stand an einem Ende des obersten Regalbretts. Auf dem Pult waren immer Schreibutensilien. Im Pult lag eine handschriftliche Übersetzung von Hauptmanns *Michael Kramer*, die Regieanweisungen in violetter Tinte geschrieben, außerdem ein kleiner Stoß Blätter, der von einer Messingklammer zusammengehalten wurde. Auf diesen Blättern wurde gelegentlich ein Satz eingetragen, und in einem ironischen Moment war die Überschrift einer Anzeige für *bile beans* auf das erste Blatt geklebt worden. Hob man den Pultdeckel an, entwich ein zarter Duft – der zarte Duft neuer Zedernholzbleistifte oder einer Flasche mit Gummilösung oder eines überreifen Apfels, der wohl dort liegengeblieben und vergessen worden war.

Mr. Duffy verabscheute alles, was physische oder geistige Unordnung erkennen ließ. Ein Arzt des Mittelalters hätte ihn saturnisch genannt. Sein Gesicht, das die ganze Geschichte seiner Jahre verriet, hatte die bräunliche Färbung der Dubliner Straßen. Auf seinem länglichen und ziemlich großen Kopf wuchs trockenes schwarzes Haar, und ein hellbrauner Schnurrbart bedeckte nicht ganz einen unliebenswürdigen Mund. Auch die Backenknochen gaben seinem Gesicht einen harten Ausdruck; aber es war nichts Hartes in den Augen, die unter hellbraunen Augenbrauen in die Welt schauten und den Eindruck eines Mannes vermittelten, der jederzeit willens war, einen versöhnlichen Zug in anderen willkommen zu heißen, aber oft enttäuscht worden war. Er lebte etwas auf Distanz zu seinem Körper und betrachtete sein eignes Tun mit skeptischen Seitenblicken. Er hatte eine seltsame autobiographische Neigung, die ihn dazu veranlaßte, gelegentlich einen kurzen Satz über sich selbst im Kopf zu komponieren, der ein Subjekt in der dritten Person und ein Prädikat im Imperfekt enthielt. Er gab Bettlern nie Almosen, sein Gang war resolut, in der Hand hielt er einen derben Haselnußstock.

Er war seit vielen Jahren Kassierer bei einer Privatbank in der Baggot Street. Jeden Morgen kam er mit der Straßenbahn von Chapelizod herein. Mittags ging er zu Dan Burke's und nahm sein Mittagessen ein – eine Flasche Lagerbier und eine kleine Schale mit Arrowroot-Keksen. Um vier Uhr ließ man ihn frei. Er aß in einem Restaurant in der George's Street zu Abend, wo er sich sicher fühlte vor der Gesellschaft von Dublins Jeunesse dorée und wo die Speisekarte etwas wie schlichten Anstand zeigte. Seine Abende verbrachte er entweder am Klavier seiner Vermieterin oder mit Spaziergängen in den Außenbezirken der Stadt. Seine Vorliebe für Mozarts Musik brachte ihn gelegentlich in eine Oper oder ein Konzert: Das waren die einzigen Zerstreuungen in seinem Leben.

Er hatte weder Bekannte noch Freunde, weder Kirche noch Glauben. Er ging seinem geistigen Leben ohne die Gemeinschaft mit anderen nach, besuchte seine Verwandten zu Weihnachten und gab ihnen das Geleit zum Friedhof, wenn sie starben. Er kam diesen zwei sozialen Pflichten aus altem Anstand nach, machte aber keine weiteren Zugeständnisse an die Konventionen, die das bürgerliche Leben regeln. Er gestattete sich zu denken, daß er unter bestimmten Umständen seine Bank ausrauben würde, aber da diese Umstände nie eintraten, rollte sein Leben gleichmäßig dahin – eine ereignislose Geschichte.

Eines Abends saß er zufällig neben zwei Damen in der Rotunda. Das dünn besetzte und stille Haus prophezeite einen jammervollen Mißerfolg. Die Dame, die neben ihm saß, sah sich ein-, zweimal im leeren Saal um und sagte dann:

– Wie schade, daß so wenig Publikum da ist! Es ist so schwer für die Leute, wenn sie vor leeren Reihen singen müssen.

Er faßte die Bemerkung als Einladung zum Gespräch auf. Er war überrascht, daß sie so unbefangen schien. Während der Unterhaltung versuchte er, sie seinem Gedächtnis dauerhaft einzuprägen. Als er erfuhr, daß das junge Mädchen neben ihr ihre Tochter war, schätzte er, daß sie etwa ein Jahr jünger war als er. Ihr Gesicht, das einmal schön gewesen sein mußte, war intelligent geblieben. Es war ein ovales Gesicht mit markanten Zügen. Die Augen waren tiefblau und ruhig. Ihr Blick hatte zunächst etwas Herausforderndes, wurde aber durch etwas wie ein bewußtes Abdriften der Pupille in die Iris diffus und enthüllte für einen Moment einen äußerst sensiblen Charakter. Die Pupille stabilisierte sich schnell, das halb enthüllte Naturell geriet wieder unter die Herrschaft des Verstandes, und ihre Astrachanjacke, die einen Busen von einer gewissen Üppigkeit formte, unterstrich deutlicher den trotzigen Wesenszug.

Er begegnete ihr wieder ein paar Wochen später bei einem Konzert in der Earlsfort Terrace und nutzte die Augenblicke, wenn die Aufmerksamkeit ihrer Tochter abgelenkt war, zur Vertraulichkeit. Sie spielte ein- oder zweimal auf ihren Gatten an, aber ihr Ton war nicht so, daß die Anspielung eine Warnung gewesen wäre. Ihr Name war Mrs. Sinico. Der Ururgroßvater ihres Mannes war aus Livorno gekommen. Ihr Mann war Kapitän auf einem Handelsschiff, das zwischen Dublin und Holland verkehrte; und sie hatten ein Kind.

Als er ihr zufällig ein drittes Mal begegnete, fand er den Mut, eine Verabredung zu treffen. Sie kam. Das war das erste von vielen Treffen; sie trafen sich immer am Abend und wählten die ruhigsten Viertel für ihre gemeinsamen Spaziergänge. Mr. Duffy hatte jedoch eine starke Abneigung gegen Heimlichtuereien, und da er herausfand, daß sie sich heimlich treffen mußten, zwang er sie, ihn in ihr Haus einzuladen. Kapitän Sinico förderte seine Besuche, da er dachte, es gehe um die Hand seiner Tochter. Er hatte seine Frau so aufrichtig aus der Galerie seiner Vergnügungen verbannt, daß er niemand anderen verdächtigte, sich für sie zu interessieren. Da der Gatte häufig unterwegs war und die Tochter außer Haus, weil sie Musikunterricht gab, hatte Mr. Duffy viele Gelegenheiten, die Gesellschaft der Dame zu genießen. Weder er noch sie hatten vorher ein derartiges Abenteuer gehabt, und keiner von beiden war sich einer Ungehörigkeit bewußt. Nach und nach verstrickte er sie in seine Gedanken. Er lieh ihr Bücher, versorgte sie mit Ideen, teilte sein geistiges Leben mit ihr. Sie hörte allem zu.

Manchmal gab sie für seine Theorien etwas aus ihrem Leben preis. Mit fast mütterlicher Fürsorge drängte sie ihn, sein Naturell völlig zu enthüllen: Sie wurde sein Beichtvater. Er erzählte ihr, daß er eine Zeitlang den Treffen einer Irish Socialist Party beigewohnt hatte, wo er sich als Ausnahmeerscheinung vorgekommen war unter knapp zwei Dutzend nüchternen Arbeitern in einer Dachkammer, die von einer unzulänglichen Öllampe erhellt war. Nachdem sich die Partei in drei Sektionen geteilt hatte, jede mit ihrem eigenen Anführer und in ihrer eigenen Dachkammer, hatte er seine Besuche ausgesetzt. Die Diskussionen der Arbeiter, sagte er, waren zu ängstlich; das Interesse, das sie an der Frage des Verdienstes hatten, war unangemessen. Er spürte, daß sie hartgesottene Realisten waren und daß sie einer Gründlichkeit, die das Ergebnis einer Muße war, die ihnen nicht zur Verfügung stand, mißtrauten. Eine soziale Revolution, sagte er ihr, sei in Dublin wohl auf einige Jahrhunderte hinaus nicht zu erwarten.

Sie fragte ihn, warum er seine Gedanken nicht niederschriebe. Wofür? fragte er mit betonter Verachtung. Um sich mit Phrasendreschern zu messen, die unfähig waren, sechzig Sekunden lang folgerichtig zu denken? Sich der Kritik einer stumpfen Mittelklasse auszusetzen, die die Moral Polizisten und die Künste Impresarios anvertraute?

Er ging oft zu ihrem kleinen Landhaus außerhalb Dublins; oft verbrachten sie ihre Abende allein. Nach und nach, als sich ihre Gedanken ineinander verflochten, sprachen sie von weniger entlegenen Themen. Ihre Kameradschaft wirkte wie die warme Erde, die eine exotische Pflanze umgibt. Viele Male ließ sie es zu, daß die Dämmerung über sie herabsank, verzichtete sie darauf, die Lampe anzuzünden. Der dunkle verschwiegene Raum, ihre Abgeschiedenheit, die Musik, die noch in ihren Ohren nachklang, verband sie. Diese Verbindung erhöhte ihn, glättete die rauhen Kanten seines Charakters, lud sein geistiges Leben mit Gefühlen auf. Manchmal ertappte er sich, wie er dem Klang seiner eigenen Stimme lauschte. Er glaubte, daß er in ihren Augen eine engelsgleiche Gestalt annehmen würde; und, während er das glühende Naturell seiner Gefährtin mehr und mehr an sich band, hörte er die seltsame, unpersönliche Stimme, die er als seine eigene erkannte, auf der unheilbaren Einsamkeit der Seele bestehen. Wir können uns nicht geben, sagte sie: Wir gehören nur uns selbst. Das Ende dieser Gespräche war, daß Mrs. Sinico eines Abends, während dessen sie alle Anzeichen ungewöhnlicher Erregung gezeigt hatte, leidenschaftlich seine Hand ergriff und an ihre Wange drückte.

Mr. Duffy war sehr erstaunt. Ihre Deutung seiner Worte war desillusionierend für ihn. Eine Woche lang besuchte er sie nicht mehr; dann schrieb er ihr und bat sie, ihn zu treffen. Da er nicht wollte, daß ihr letztes Gespräch unter dem Einfluß ihrer entweihten Beichtkammer litte, trafen sie sich in einem kleinen Café in der Nähe des Parkgate. Es war kaltes Herbstwetter, aber trotz der Kälte wanderten sie fast drei Stunden die Wege im Park auf und ab. Sie vereinbarten, jeglichen Verkehr miteinander abzubrechen: Jede Bindung, sagte er, ist eine Bindung an den Kummer. Als sie aus dem Park herauskamen, gingen sie schweigend zur Straßenbahn; hier aber begann sie so heftig zu zittern, daß er sich, da er einen weiteren Zusammenbruch bei ihr fürchtete, schnell von ihr verabschiedete und sie verließ. Ein paar Tage später erhielt er ein Paket, das seine Bücher und Noten enthielt.

Vier Jahre vergingen. Mr. Duffy nahm sein geregeltes Leben wieder auf. Sein Zimmer bezeugte noch immer die Ordnungsliebe seines Verstandes. Der Notenständer im unteren Zimmer war mit einigen neuen Musikstükken beladen, und auf seinem Bücherregal standen zwei

Bände Nietzsche: *Also sprach Zarathustra* und *Die fröhliche Wissenschaft.* Er schrieb selten etwas auf das Bündel Blätter, das in seinem Pult lag. Einer dieser Sätze, den er zwei Monate nach seiner letzten Unterredung mit Mrs. Sinico geschrieben hatte, hieß: Liebe zwischen Mann und Mann ist unmöglich, weil es keinen Geschlechtsverkehr geben darf, und Freundschaft zwischen Mann und Frau ist unmöglich, weil es Geschlechtsverkehr geben muß. Er hielt sich von Konzerten fern, um sie nicht zu treffen. Sein Vater starb; der Juniorpartner der Bank setzte sich zur Ruhe. Und noch immer fuhr er jeden Morgen mit der Straßenbahn in die Stadt und ging jeden Abend zu Fuß aus der Stadt nach Hause, nachdem er in der George's Street bescheiden zu Abend gegessen und als Nachtisch die Abendzeitung gelesen hatte.

Eines Abends war er gerade dabei, einen Bissen Corned beef und Kohl in den Mund zu schieben, als seine Hand innehielt. Seine Augen hefteten sich auf einen Absatz in der Abendzeitung, die er gegen die Wasserkaraffe gelehnt hatte. Er legte den Bissen auf den Teller zurück und las den Absatz aufmerksam durch. Dann trank er ein Glas Wasser, schob den Teller beiseite, faltete die Zeitung vor sich zwischen den Ellbogen und las den Absatz wieder und wieder. Der Kohl setzte allmählich kaltes, weißes Fett auf dem Teller ab. Das Mädchen kam zu ihm herüber, um zu fragen, ob sein Essen nicht richtig gar sei. Er sagte, es sei sehr gut, und aß mit Mühe ein paar Löffel davon. Dann bezahlte er seine Rechnung und ging.

Er schritt schnell durch die Novemberdämmerung, sein derber Haselstock schlug regelmäßig auf dem Boden auf, der Rand der bräunlichen *Mail* spitzte aus der

Seitentasche seines engsitzenden Reefer-Mantels. Auf der einsamen Straße, die vom Park Gate nach Chapelizod führte, verlangsamte er seinen Schritt. Sein Stock schlug weniger nachdrücklich auf dem Boden auf, und sein unregelmäßig, mit einem fast seufzenden Laut hervorgestoßener Atem kondensierte in der winterlichen Luft. Zu Hause angekommen, ging er sofort in sein Schlafzimmer hinauf, zog die Zeitung aus der Tasche und las den Abschnitt noch einmal im schwindenden Licht des Fensters. Er las ihn nicht laut, sondern bewegte die Lippen, wie ein Priester, wenn er die Gebete *In Secretis* liest. Der Abschnitt lautete:

TOD EINER DAME AM SYDNEY PARADE

EIN SCHMERZLICHER FALL

Heute führte der stellvertretende Coroner (in Abwesenheit von Mr. Leverett) im City of Dublin Hospital die Untersuchung des Leichnams von Mrs. Emily Sinico, dreiundvierzig, durch, die gestern abend am Bahnhof Sydney Parade getötet wurde. Die Beweisaufnahme ergab, daß die verstorbene Dame von der Lokomotive des Zehn-Uhr-Eilzuges aus Kingstown zu Boden geschleudert wurde, als sie versuchte, die Geleise zu überqueren. Dabei zog sie sich Verletzungen am Kopf und an der rechten Seite zu, die zu ihrem Tod führten.

James Lennon, der Lokomotivführer, gab an, daß er seit fünfzehn Jahren bei der Eisenbahngesellschaft beschäftigt sei. Nachdem er die Pfeife des Schaffners gehört hatte, setzte er den Zug in Bewegung und brachte ihn ein oder zwei Sekunden später auf lautes Schreien hin wieder zum Halten. Der Zug fuhr langsam.

P. Dunne, Eisenbahngepäckträger, gab an, daß er, als der Zug im Anfahren war, eine Frau beobachtete, die versuchte, die Geleise zu überqueren. Er lief auf sie zu und schrie, aber bevor er sie erreichen konnte, war sie vom Puffer der Lokomotive getroffen worden und zu Boden gestürzt.

Ein Geschworener – Sie sahen, wie die Dame hinstürzte?

Zeuge – Ja.

Polizeisergeant Croly gab zu Protokoll, daß er die Verstorbene allem Anschein nach tot auf dem Bahnsteig vorfand, als er ankam. Er veranlaßte, daß die Leiche bis zum Eintreffen der Ambulanz in den Wartesaal gebracht wurde.

Konstabler 57 E bestätigte die Aussage.

Dr. Halpin, Assistenzarzt am City of Dublin Hospital, gab an, daß die Verstorbene zwei untere Rippen gebrochen und ernste Quetschungen an der rechten Schulter erlitten habe. Die rechte Kopfseite sei durch den Sturz verletzt worden. Die Verletzungen seien nicht schwer genug, um bei einer normalen Person den Tod herbeizuführen. Der Tod sei seiner Meinung nach vermutlich auf Schock und plötzliches Aussetzen der Herztätigkeit zurückzuführen.

Mr. H. B. Patterson Finlay drückte im Namen der Eisenbahngesellschaft sein tiefes Bedauern wegen des Unfalls aus. Die Gesellschaft habe immer alle Vorsichtsmaßnahmen getroffen, um die Leute daran zu hindern, die Geleise woanders als an den Brücken zu überqueren, und zwar sowohl durch das Anbringen von Hinweisen in jedem Bahnhof wie durch die Verwendung von Patentfederschranken an Bahnübergängen. Die Verstorbene sei es gewohnt gewesen, die Geleise spät nachts von einem Bahnsteig zum anderen zu überqueren, und im Hinblick auf gewisse andere Umstände des Falles glaube er nicht, daß die leitenden Beamten der Eisenbahn eine Schuld treffe.

Kapitän Sinico aus Leoville, Sydney Parade, Ehemann der Verstorbenen, legte gleichfalls Zeugnis ab. Er gab an, daß die Verstorbene seine Frau sei. Er sei nicht in Dublin gewesen zum Zeitpunkt des Unfalls, da er erst an diesem Morgen aus Rotterdam angekommen sei. Sie seien zweiundzwanzig Jahre verheiratet gewesen und hätten bis vor etwa zwei Jahren glücklich miteinander gelebt, als seine Frau sehr unmäßig in ihren Gewohnheiten geworden sei.

Miss Mary Sinico sagte, daß ihre Mutter in letzter Zeit die Angewohnheit hatte, abends fortzugehen, um Alkohol zu kaufen. Sie, die Zeugin, habe oft versucht, ihrer Mutter gut zuzureden, und habe sie dazu veranlaßt, sich einer Liga anzuschließen. Sie sei erst eine Stunde nach dem Unglück nach Hause gekommen.

Die Geschworenen fällten in Übereinstimmung mit dem medizinischen Gutachten ihr Urteil und sprachen Lennon von jeder Schuld frei.

Der stellvertretende Coroner sagte, es sei ein außerordentlich schmerzlicher Fall, und drückte großes Mitgefühl für Kapitän Sinico und seine Tochter aus. Er drang bei der Eisenbahngesellschaft darauf, daß sie entschiedene Maßnahmen treffe, um die Möglichkeit ähnlicher Unfälle in Zukunft zu verhindern. Keinerlei Schuldzuweisung.

Mr. Duffy hob die Augen von der Zeitung und starrte

durch das Fenster in die freudlose Abendlandschaft. Der Fluß lag ruhig neben der stillgelegten Brennerei, und von Zeit zu Zeit schien in dem einen oder anderen Haus an der Lucan Road ein Licht auf. Was für ein Ende! Der ganze Bericht über ihren Tod erfüllte ihn mit Abscheu, und es erfüllte ihn mit Abscheu, daß er jemals mit ihr über Dinge gesprochen hatte, die ihm heilig waren. Die fadenscheinigen Phrasen, die hohlen Mitleidskundgebungen, die vorsichtigen Worte eines Reporters, den man überredet hatte, die Einzelheiten eines gemeinen, alltäglichen Todes zu verbergen, schlugen ihm auf den Magen. Sie hatte nicht nur sich selbst erniedrigt, sie hatte ihn erniedrigt. Er sah die schmutzige Bahn ihres Lasters, elend und übelriechend. Die Gefährtin seiner Seele! Er dachte an die humpelnden armen Teufel, die er gesehen hatte, wie sie ihre Büchsen und Flaschen trugen, um sie vom Schankkellner füllen zu lassen. Gerechter Gott, was für ein Ende! Offenkundig war sie nicht fähig gewesen, ohne einen ernsthaften Zweck zu leben, eine leichte Beute für Gewohnheiten, eines der Wracks, auf denen die Zivilisation errichtet worden ist. Aber daß sie so tief sinken konnte! War es möglich, daß er sich so völlig in ihr getäuscht hatte? Er erinnerte sich an ihren Ausbruch in jener Nacht und gab ihm eine gröbere Deutung, als er das jemals getan hatte. Es bereitete ihm jetzt keine Schwierigkeiten, den Weg, den er gewählt hatte, zu billigen.

Als das Licht schwand und seine Erinnerung anfing zu schweifen, glaubte er, ihre Hand berühre die seine. Der Schock, der sich ihm zuerst auf den Magen geschlagen hatte, setzte jetzt seinen Nerven zu. Er zog schnell Hut und Mantel an und ging hinaus. Die kalte Luft traf ihn an der Schwelle; sie kroch in die Ärmel seines Mantels. Als er zu der Kneipe an der Chapelizod Bridge kam, ging er hinein und bestellte sich einen heißen Punsch.

Der Besitzer bediente ihn willfährig, wagte es aber nicht, ihn anzureden. Fünf oder sechs Arbeiter waren noch im Lokal und debattierten über den Wert eines herrschaftlichen Anwesens in County Kildare. Sie tranken in Abständen aus ihren riesigen Pintkrügen und rauchten, dabei spuckten sie oft auf den Boden, und manchmal schoben sie das Sägemehl mit ihren schweren Stiefeln über die Spucke. Mr. Duffy saß auf seinem Hocker und starrte sie an, ohne sie zu hören oder zu sehen. Nach einer Weile gingen sie, und er verlangte noch einen Punsch. Lange saß er darüber. Das Lokal war sehr still. Der Besitzer flegelte an der Theke, las im *Herald* und gähnte. Hin und wieder konnte man eine Trambahn hören, die auf der einsamen Straße draußen zischend vorbeifuhr.

Als er so dasaß und sein Leben mit ihr noch einmal erlebte und sich abwechselnd die beiden Bilder ins Bewußtsein rief, die er jetzt von ihr hatte, wurde er sich bewußt, daß sie tot war, daß sie aufgehört hatte zu existieren, daß sie eine Erinnerung geworden war. Er fühlte sich allmählich unwohl. Er fragte sich, was er anderes hätte tun können. Er hätte keine Komödie der Täuschungen weiterspielen können; er hätte nicht offen mit ihr leben können. Er hatte getan, was ihm am besten erschien. Wie konnte man ihm einen Vorwurf machen? Jetzt, da sie gestorben war, verstand er, wie einsam ihr Leben gewesen sein mußte, als sie Nacht für Nacht allein in jenem Zimmer saß. Auch sein Leben würde einsam sein, bis auch er starb, aufhörte zu existieren, eine Erinnerung wurde – falls sich irgend jemand an ihn erinnerte.

Es war nach neun Uhr, als er das Lokal verließ. Die Nacht war kalt und trübselig. Er betrat den Park beim ersten Tor und ging unter den kahlen Bäumen dahin. Er ging durch die düsteren Alleen, wo sie vor vier Jahren gegangen waren. Sie schien ihm nah zu sein in der Dunkelheit. Für Augenblicke schien er ihre Stimme an seinem Ohr zu spüren, ihre Hand die seine zu berühren. Er blieb stehen, um zu lauschen. Warum hatte er ihr das Leben vorenthalten? Warum hatte er sie zum Tod verurteilt? Er spürte, wie seine moralische Natur in die Brüche ging.

Als er die Kuppe des Magazine Hill erreichte, blieb er stehen und schaute den Fluß entlang nach Dublin, dessen Lichter rötlich und anheimelnd leuchteten in der kalten Nacht. Er schaute den Abhang hinunter und sah an seinem Fuß, im Schatten der Parkmauer, einige menschliche Gestalten liegen. Diese käuflichen und heimlichen Liebschaften erfüllten ihn mit Verzweiflung. Er unterminierte die Rechtschaffenheit seines Lebens; er spürte, daß er vom Fest des Lebens ausgeschlossen war. Ein menschliches Wesen hatte ihn wohl geliebt, und er hatte ihr Leben und Glück verweigert: er hatte sie zur Schande verurteilt, zu einem schmachvollen Tod. Er wußte, daß ihn die hingestreckten Gestalten unten an der Mauer beobachteten und ihn fortwünschten. Niemand wollte ihn; er war vom Fest des Lebens ausgeschlossen. Er wandte den Blick zum grau schimmernden Fluß, der sich nach Dublin schlängelte. Jenseits des Flusses sah er einen Güterzug, der sich aus dem Bahnhof

Kingsbridge schlängelte, wie ein Wurm mit feurigem Kopf, der sich eigensinnig und mühselig durch die Dunkelheit schlängelte. Er verschwand langsam; aber noch immer hörte er in den Ohren das mühselige Dröhnen der Lokomotive, die die Silben ihres Namens wiederholte.

Er ging den Weg zurück, den er gekommen war, und der Rhythmus der Lokomotive hämmerte ihm in den Ohren. Er zweifelte allmählich an der Wirklichkeit dessen, was ihm seine Erinnerung erzählte. Er blieb unter einem Baum stehen und ließ den Rhythmus dahinsterben. Er konnte sie im Dunkeln weder bei sich spüren, noch ihre Stimme an seinem Ohr fühlen. Er wartete ein paar Minuten und lauschte. Er konnte nichts hören: Die Nacht war vollkommen still. Er lauschte noch einmal: vollkommen still. Er spürte, daß er allein war.

Efeutag im Sitzungszimmer

Der alte Jack scharrte mit einem Stück Karton die Zinder zusammen und verteilte sie sorgsam über die sich weiß färbende Kuppel aus Kohle. Als die Kuppel dünn bedeckt war, verschwand sein Gesicht im Dunkel, aber als er sich daran machte, das Feuer wieder anzufachen, richtete sich sein kauernder Schatten an der gegenüberliegenden Wand auf, und sein Gesicht erschien langsam wieder im Licht. Es war das Gesicht eines alten Mannes, sehr knochig und behaart. Die feuchten blauen Augen blinzelten ins Feuer, und der feuchte Mund ging manchmal auf, und wenn er sich schloß, schmatzte er ein- oder zweimal mechanisch. Als die Zinder Feuer gefangen hatten, lehnte er das Kartonstück an die Wand, seufzte und sagte:

– So ist's besser, Mr. O'Connor.

Mr. O'Connor, ein grauhaariger junger Mann, dessen Gesicht von vielen Pusteln und Pickeln entstellt war, hatte gerade den Tabak für eine Zigarette zu einem wohlgeformten Zylinder gedreht; aber als er angesprochen wurde, machte er seine Arbeit versonnen wieder zunichte. Dann begann er den Tabak versonnen wieder aufzurollen, und nach einem Moment des Nachdenkens entschloß er sich, das Papier abzulecken.

– Hat Mr. Tierney gesagt, wann er zurückkommt? fragte er in heiserem Falsett.
– Hat er nicht.

Mr. O'Connor steckte die Zigarette in den Mund und fing an, seine Taschen zu durchsuchen. Er nahm einen Stoß dünner Pappkärtchen heraus.
– Ich besorg Ihnen ein Streichholz, sagte der alte Mann.
– Lassen Sie nur, das hier tut's auch, sagte Mr. O'Connor.

Er wählte eine der Karten aus und las, was darauf gedruckt stand:

Stadtratswahl
Bezirk Royal Exchange
Mr. Richard J. Tierney, P. L. G., bittet ergebenst
um Ihre Stimme und Ihre Unterstützung bei der
kommenden Wahl im Bezirk Royal Exchange

Mr. O'Connor war von Mr. Tierneys Agenten engagiert worden, um in einem Teil des Bezirks um Wählerstimmen zu werben, aber da das Wetter unbarmherzig war und seine Stiefel die Nässe durchließen, verbrachte er einen großen Teil des Tages am Feuer im Sitzungszimmer in der Wicklow Street mit Jack, dem alten Hausmeister. Sie hatten so dagesessen, seit der kurze Tag wieder dunkel geworden war. Es war der sechste Oktober, trüb und kalt draußen.

Mr. O'Connor riß einen Streifen von der Karte ab, brachte ihn zum Brennen und zündete damit seine Zigarette an. Dabei beleuchtete die Flamme ein dunkles, glänzendes Efeublatt auf dem Revers seines Rokkes. Der alte Mann beobachtete ihn aufmerksam, hob das Stück Karton wieder auf und begann das Feuer langsam wieder anzufachen, während sein Gefährte rauchte.

– Ach ja, sagte er und nahm das Gespräch wieder auf, es ist schwer zu sagen, wie man Kinder erziehen soll. Also, wer hätte gedacht, daß er so werden könnte! Ich hab ihn zu den Christian Brothers geschickt und für ihn getan, was ich konnte, und er zieht auf Sauftour rum. Ich hab versucht, was Anständiges aus ihm zu machen.

Er legte das Kartonstück müde an seinen Platz zurück.

– Wenn ich kein alter Mann wär jetzt, würd ich ihm schon den Marsch blasen. Ich würd ihm den Stock hinten drauf geben und ihn prügeln, solang ich noch über ihm stehen könnt – wie ich's früher oft gemacht hab. Die Mutter, wissen Sie, die verzieht ihn mit allem möglichen …

– Das ruiniert die Kinder, sagte Mr. O'Connor.

– Ach natürlich, sagte der alte Mann. Und man kriegt kaum Dank dafür, nur Unverschämtheiten. Er hat immer Oberwasser, wenn er sieht, daß ich mir einen genehmigt hab. Wo soll das hinführen mit der Welt, wenn Söhne so mit ihrem Vater reden?

– Wie alt ist er? fragte Mr. O'Connor.

– Neunzehn, sagte der alte Mann.

– Warum lassen Sie ihn nicht was arbeiten?

– Freilich, hab ich's nicht versucht bei dem versoffenen Lümmel, seit er von der Schule gegangen ist? *Ich werd dich nicht durchfüttern*, sag ich. *Du mußt dir selber Arbeit suchen*. Aber natürlich ist es noch schlimmer, wenn er Arbeit hat; er versäuft alles.

Mr. O'Connor schüttelte mitleidig den Kopf, und der

alte Mann verfiel in Schweigen und starrte ins Feuer. Jemand öffnete die Tür des Zimmers und rief:
– Hallo! Ist das ein Freimaurertreffen?
– Wer ist da? fragte der alte Mann.
– Was macht ihr im Finstern? fragte eine Stimme.
– Bist du das, Hynes, fragte Mr. O'Connor.
– Ja. Was macht ihr denn im Finstern? fragte Mr. Hynes und trat in den Feuerschein.

Er war ein großer, schlanker junger Mann mit einem hellbraunen Schnurrbart. Kleine Regentropfen hingen an der Krempe seines Hutes, und der Kragen seiner Jacke war hochgeschlagen.
– Na, Mat, sagte er zu Mr. O'Connor, wie geht's denn so?

Mr. O'Connor schüttelte den Kopf. Der alte Mann entfernte sich vom Kamin und kam, nachdem er im Zimmer umhergestolpert war, mit zwei Kerzenständern zurück, die er einen nach dem anderen ins Feuer hielt und an den Tisch trug. Ein nacktes Zimmer kam zum Vorschein, und das Feuer verlor völlig die freundliche Farbe. Die Wände des Zimmers waren kahl bis auf ein Exemplar einer Wahlrede. In der Mitte des Raumes war ein kleiner Tisch, auf dem sich Papiere stapelten.

Mr. Hynes lehnte sich an den Kaminsims und fragte:
– Hat er euch schon bezahlt?
– Noch nicht, sagte Mr. O'Connor. Ich hoffe zum Himmel, daß er uns heute abend nicht im Stich läßt.

Mr. Hynes lachte.
– Oh, er wird euch bezahlen. Keine Angst, sagte er.
– Ich hoffe, er beeilt sich damit, wenn er's wirklich vorhat, sagte Mr. O'Connor.

– Was meinen Sie, Jack? sagte Mr. Hynes ironisch zu dem alten Mann.

Der alte Mann kehrte zu seinem Platz am Feuer zurück und sagte:

– Jedenfalls hat er's. Nicht wie der andere Kesselflicker.

– Welcher andere Kesselflicker? fragte Mr. Hynes.

– Colgan, sagte der alte Mann verächtlich.

– Sagen Sie das, weil Colgan ein Arbeiter ist? Was ist der Unterschied zwischen einem guten, ehrlichen Maurer und einem Kneipenwirt – hm? Hat denn der Arbeiter nicht genauso ein Recht, im Stadtrat zu sitzen, wie irgendein anderer – ja, und ein größeres Recht als diese Halbengländer, die immer den Hut in der Hand halten vor jedem Burschen, der einen Aufhänger vorn am Namen hat? Stimmt's nicht, Mat? sagte Mr. Hynes zu Mr. O'Connor gewandt.

– Ich glaube, du hast recht, sagte Mr. O'Connor.

– Der eine ist ein einfacher, ehrlicher Mann, der nichts von einem Kriecher hat. Er kommt, um die Arbeiterklasse zu vertreten. Der Bursche, für den ihr arbeitet, will nur irgendeinen Posten haben.

– Natürlich sollte die Arbeiterklasse vertreten sein, sagte der alte Mann.

– Der Arbeiter, sagte Mr. Hynes, kriegt nur Tritte und keinen Penny. Aber es ist die Arbeiterschaft, die alles produziert. Der Arbeiter sucht keine dicken Posten für seine Söhne und Neffen und Vettern. Der Arbeiter wird die Ehre Dublins nicht in den Schmutz ziehen, um einem deutschen Monarchen zu gefallen.

– Wieso das? fragte der alte Mann.

– Wissen Sie nicht, daß sie eine Begrüßungsansprache für Edward Rex halten wollen, wenn er nächstes Jahr

kommt? Warum sollen wir vor einem fremden König den Kotau machen?
– Unser Mann wird nicht für diese Ansprache stimmen, sagte Mr. O'Connor. Er steht für die Nationalen.
– Wirklich? Warten Sie's ab, bis es soweit ist, ob er's tut oder nicht. Ich kenne ihn. Heißt er nicht Tricky Dicky Tierney?
– Weiß Gott! Vielleicht hast du recht, Joe, sagte Mr. O'Connor. So oder so, ich wollt, er würd mit den Kohlen anrücken.

Die drei Männer verfielen in Schweigen. Der alte Mann kratzte mehr Zinder zusammen. Mr. Hynes nahm seinen Hut ab, schüttelte ihn und schlug dann den Kragen seiner Jacke herunter, dabei kam ein Efeublatt auf dem Revers zum Vorschein.
– Wenn dieser Mann noch am Leben wäre, sagte er und deutete auf das Blatt, dann wäre keine Rede von einer Begrüßungsansprache.
– Das ist wahr, sagte Mr. O'Connor.
– Ach ja, das waren noch Zeiten! sagte der alte Mann. Da war noch was los damals.

Es war wieder still im Zimmer. Dann drückte ein geschäftiger kleiner Mann mit einer schniefenden Nase und eiskalten Ohren die Tür auf. Er lief schnell ans Feuer und rieb sich die Hände, als wollte er Funken herauskneten.
– Kein Geld, Jungs, sagte er.
– Setzen Sie sich hierher, Mr. Henchy, sagte der alte Mann und bot ihm seinen Stuhl an.
– Oh, bleib nur, Jack, bleib, sagte Mr. Henchy.

Er nickte Mr. Hynes knapp zu und setzte sich auf den Stuhl, den der alte Mann freimachte.

– Haben Sie Aungier Street bedient? fragte er Mr. O'Connor.
– Ja, sagte Mr. O'Connor, und begann in seinen Taschen nach Aufzeichnungen zu suchen.
– Haben Sie Grimes besucht?
– Ja.
– Und? Wie steht's mit ihm?
– Er wollte nichts versprechen. Er sagte: *Ich werde keinem erzählen, wie ich wähle*. Aber ich denke, er geht in Ordnung.
– Wieso?
– Er hat mich gefragt, wer ihn aufgestellt hat; und ich hab's ihm erzählt. Ich habe Father Burkes Namen erwähnt. Ich denke, das geht in Ordnung.

Mr. Henchy fing an zu schniefen und mit unglaublichem Tempo seine Hände über dem Feuer zu reiben. Dann sagte er:
– Jack, bring uns doch um Himmels willen noch ein paar Kohlen. Es müssen noch welche da sein.

Der alte Mann verließ das Zimmer.
– Nichts zu machen, sagte Mr. Henchy, und schüttelte den Kopf. Ich hab den kleinen Stiefelputzer gefragt, aber er sagte: *Ja nun, Mr. Henchy, wenn ich sehe, daß die Arbeit ordentlich läuft, werde ich Sie nicht vergessen, da können Sie sicher sein.* Mieser kleiner Kesselflicker! Tja, wie sollt er was andres sein?
– Was hab ich dir gesagt, Mat? fragte Mr. Hynes. Tricky Dicky Tierney.
– Oh, der ist so gerissen, wie man nur sein kann, sagte Mr. Henchy. Der hat diese kleinen Schweinsäuglein nicht umsonst. Der Teufel soll ihn holen! Konnt er nicht einfach zahlen wie ein richtiger Mann, statt zu sagen *Ja*

nun, Mr. Henchy, ich muß mit Mr. Fanning sprechen ... ich habe eine Menge Geld ausgegeben? Mieser kleiner Teufel von einem Stiefelputzer! Ich vermute, er vergißt die Zeit, als sein kleiner alter Vater den Ramschladen in Mary's Lane hatte.

– Ist das wirklich wahr? fragte Mr. O'Connor.

– Gott, ja, sagte Mr. Henchy. Haben Sie das noch nie gehört? Und die Männer sind am Sonntagmorgen hingegangen, bevor die Kneipen offen waren, um eine Weste oder ein paar Hosen zu kaufen – ha! Aber Tricky Dickys kleiner alter Vater hatte immer so eine kleine feine schwarze Flasche oben in einer Ecke. Haben Sie's jetzt verstanden? So war das. Da hat er das Licht der Welt erblickt.

Der alte Mann kam mit ein paar Brocken Kohle zurück, die er da und dort auf das Feuer legte.

– Das ist eine schöne Bescherung, sagte Mr. O'Connor. Wie kann er erwarten, daß wir für ihn arbeiten, wenn er nicht blechen will?

– Ich kann's nicht ändern, sagte Mr. Henchy. Ich erwarte, daß die Gerichtsvollzieher im Flur stehn, wenn ich heimkomme.

Mr. Hynes lachte, stieß sich mit der Schulter vom Kaminsims ab und machte sich bereit zum Gehen.

– Das ist alles in Ordnung, wenn König Eddie kommt, sagte er. Also, Jungs, ich bin erst mal weg. Bis später. Wiedersehn.

Er ging langsam aus dem Zimmer. Weder Mr. Henchy noch der alte Mann sagten etwas, aber gerade als sich die Tür schloß, rief Mr. O'Connor, der verdrossen ins Feuer gestarrt hatte, plötzlich:

– Wiedersehn, Joe.

Mr. Henchy wartete ein paar Augenblicke und nickte dann zur Tür hin.

– Sagen Sie mal, meinte er über das Feuer hinweg, was treibt unseren Freund hierher? Was will er?

– Ach, der arme Joe! sagte Mr. O'Connor und warf das Ende seiner Zigarette ins Feuer, dem geht's so schlecht wie uns anderen.

Mr. Henchy schniefte kräftig und spuckte so reichlich aus, daß er beinahe das Feuer löschte, das zischenden Protest einlegte.

– Ich will Ihnen mal meine ehrliche Privatmeinung geben, sagte er, ich glaube, daß er einer vom andern Lager ist. Er ist ein Spion von Colgan, wenn Sie mich fragen. *Gehn Sie doch mal rüber und versuchen Sie rauszufinden, wie's bei denen läuft. Die werden Sie nicht verdächtigen.* Kapiert?

– Ah, der arme Joe ist eine anständige Haut, sagte Mr. O'Connor.

– Sein Vater war ein anständiger, angesehener Mann, gab Mr. Henchy zu: Der arme alte Larry Hynes! Der hat viel Gutes getan zu seiner Zeit. Aber ich fürchte sehr, unser Freund ist nicht neunzehn Karat. Verdammich, ich kann's verstehn, wenn einer schlimm dran ist, aber was ich nicht verstehen kann, ist, wenn ein Kerl nassauert. Könnt er nicht wenigstens einen Funken von einem Mannsbild an sich haben?

– Ich geb ihm keinen herzlichen Empfang, wenn er kommt, sagte der alte Mann. Soll er doch für seine Seite arbeiten und nicht hierherkommen und rumspionieren.

– Ich weiß nicht, sagte Mr. O'Connor zweifelnd, während er Zigarettenpapier und Tabak herausholte. Ich

glaube, Joe Hynes ist ein ehrlicher Mann. Außerdem versteht er sich aufs Schreiben. Erinnern Sie sich noch an das Ding, das er geschrieben hat ...?
– Manche von diesen Hillsidern und Feniern sind ein bißchen zu pfiffig, wenn Sie mich fragen, sagte Mr. Henchy. Wissen Sie, was meine ehrliche Privatmeinung über manche von diesen kleinen Spaßvögeln ist? Ich glaube, daß die Hälfte von ihnen vom Castle bezahlt wird.
– Man kann nie wissen, sagte der alte Mann.
– Oh, aber ich weiß es sicher, sagte Mr. Henchy. Die sind vom Castle angeheuert. ... Ich sage nicht Hynes. ... Nein, verdammt, da steht er doch etwas drüber. ... Aber da gibt's einen gewissen kleinen Adeligen mit Glotzaugen – ihr kennt den Patrioten, den ich meine?
Mr. O'Connor nickte.
– Da haben Sie einen direkten Nachfahren von Major Sirr, wenn Sie wollen! Oh, das Herzblut eines Patrioten! Das ist ein Kerl, der sein Land für vier Pence verkaufen würde – ja! – und auf die Knie fallen und Gott dem Allmächtigen danken würde, daß er ein Land zu verkaufen hat.
Es klopfte an der Tür.
– Herein! sagte Mr. Henchy.
Ein Mann, der aussah wie ein armer Geistlicher oder ein armer Schauspieler, erschien in der Türöffnung. Seine schwarzen Kleider waren eng zugeknöpft auf seinem kleinen Körper, und es war unmöglich zu sagen, ob er den Kragen eines Geistlichen trug oder den eines Laien, weil der Kragen seines schäbigen Gehrocks, dessen blanke Knöpfe das Kerzenlicht spiegelten, um seinen Hals hochgeschlagen war. Er trug einen runden Hut aus festem schwarzen Filz. Sein Gesicht, das vor Regen-

tropfen glänzte, hatte das Aussehen von feuchtem gelben Käse, bis auf zwei rosige Stellen, welche die Bakkenknochen andeuteten. Er öffnete plötzlich seinen sehr breiten Mund, um Enttäuschung laut werden zu lassen, und gleichzeitig öffnete er seine sehr hellen blauen Augen weit, um Freude und Überraschung auszudrükken.

– Oh, Father Keon! sagte Mr. Henchy und sprang von seinem Stuhl auf. Sind Sie's? Herein!

– O nein, nein, nein! sagte Father Keon hastig und spitzte die Lippen, als redete er mit einem Kind.

– Wollen Sie nicht hereinkommen und sich setzen?

– Nein, nein, nein! sagte Father Keon mit einer verhaltenen, nachsichtigen, samtenen Stimme. Lassen Sie sich doch nicht stören von mir! Ich suche nur Mr. Fanning ...

– Er ist drüben im *Black Eagle*, sagte Mr. Henchy. Aber wollen Sie nicht hereinkommen und sich eine Minute setzen?

– Nein, nein, danke. Es war nur eine kleine geschäftliche Angelegenheit, sagte Father Keon. Wirklich, vielen Dank.

Er zog sich vom Türeingang zurück, und Mr. Henchy packte einen Kerzenständer und ging zur Tür, um ihm die Treppe hinunterzuleuchten.

– Oh, bitte keine Umstände!

– Nein, aber die Treppe ist so dunkel.

– Nein, nein, ich kann schon sehen. ... Vielen Dank, wirklich.

– Geht es jetzt?

– Bestens, danke. ... Danke.

Mr. Henchy kam mit dem Kerzenständer zurück und

stellte ihn auf den Tisch. Er setzte sich wieder ans Feuer. Ein paar Minuten lang herrschte Stille.

– Sagen Sie mal, John, sagte Mr. O'Connor und zündete sich mit einem weiteren Kärtchen seine Zigarette an.

– Hm?

– Was genau ist er eigentlich?

– Fragen Sie mich was Leichteres, sagte Mr. Henchy.

– Fanning und er scheinen ziemlich eng miteinander zu sein. Sie sind oft in Kavanagh's zusammen. Ist er überhaupt ein Priester?

– 'Mmmmja, ich glaube schon. ... Ich glaube, er ist, was man ein schwarzes Schaf nennt. Es gibt Gott sei Dank nicht viele davon! Aber wir haben ein paar. ... Er ist irgendwie ein unglücklicher Mensch. ...

– Und wie kommt er über die Runden?

– Das ist ein weiteres Geheimnis.

– Gehört er zu irgendeiner Pfarrei oder Kirche oder Einrichtung oder ...?

– Nein, sagte Mr. Henchy. Ich glaube, er segelt unter eigener Flagge. ... Gott verzeih mir, aber ich dachte, er wäre das Dutzend Stout.

– Besteht denn Hoffnung auf was zu trinken? fragte Mr. O'Connor.

– Ich bin auch ausgetrocknet, sagte der alte Mann.

– Ich hab den kleinen Stiefelputzer dreimal gebeten, ob er ein Dutzend Stout raufschicken könnte. Ich hab ihn jetzt wieder gefragt, aber er lehnte in Hemdsärmeln an der Theke und hatte es furchtbar wichtig mit Alderman Cowley.

– Warum haben Sie ihn nicht erinnert? sagte Mr. O'Connor.

– Also, ich konnte ja nicht hingehen, während er mit

Alderman Cowley redete. Ich hab einfach gewartet, bis er meinen Blick sah und sagte: *Wegen dieser Kleinigkeit, um die ich Sie gebeten habe. … Das geht in Ordnung, Mr. H.*, sagte er. Tja, der kleine Däumling hat's bestimmt ganz vergessen.

– Da wird irgendwas ausgehandelt, sagte Mr. O'Connor nachdenklich. Ich hab die drei gestern an der Ecke Suffolk Street gesehn, wie sie sich schwer ins Zeug legten.

– Ich glaub, ich kenn das Spielchen, das sie treiben, sagte Mr. Henchy. Man muß den Stadtvätern Geld schulden, wenn man Bürgermeister werden will. Dann machen sie einen zum Bürgermeister. Bei Gott! Ich denke ernsthaft drüber nach, selbst Stadtvater zu werden. Was meinen Sie? Käme ich dafür in Frage?

Mr. O'Connor lachte.

– Was die Schulden angeht …

– Aus dem Mansion House fahren, sagte Mr. Henchy, mit all meinen Läusen im Pelz, mit Jack hier hinter mir in gepuderter Perücke – was?

– Und mich machen Sie zu Ihrem Privatsekretär, John.

– Ja. Und Father Keon mache ich zu meinem Hauskaplan. Das wird ein Familienverein.

– Ehrlich, Mr. Henchy, sagte der alte Mann, Sie hätten mehr Stil als mancher von denen. Ich hab mal mit dem alten Keegan gesprochen, dem Pförtner. *Und wie gefällt dir dein neuer Herr, Pat?* sag ich zu ihm. *Du hast nicht viel Unterhaltung jetzt*, sag ich. *Unterhaltung!* sagt er. *Der könnt vom Geruch eines Putzlappens leben.* Und wissen Sie, was er mir erzählt hat? Also, ich schwör bei Gott, ich hab's nicht geglaubt.

– Was? fragten Mr. Henchy und Mr. O'Connor.

– Er hat mir erzählt: *Was hältst du von einem Bürgermeister von Dublin, der sich ein Pfund Kotelett zum Dinner holen läßt? Gehobene Lebensart, was?* sagt er. *Ach je! Ach je!* sag ich. *Ein Pfund Kotelett*, sagt er, *kommt ins Mansion House. Ach je!* sag ich, *was sind das für Leute heutzutage?*

In diesem Moment klopfte es an der Tür, und ein Junge streckte den Kopf herein.

– Was gibt's? sagte der alte Mann.

– Vom *Black Eagle*, sagte der Junge, schlüpfte seitwärts herein und stellte einen Korb, der das Geräusch klirrender Flaschen von sich gab, auf dem Boden ab.

Der alte Mann half dem Jungen, die Flaschen vom Korb auf den Tisch hinüberzustellen, und zählte sie ab. Dann hängte der Junge seinen Korb über den Arm und fragte:

– Noch Flaschen?

– Was für Flaschen? fragte der alte Mann.

– Läßt du sie uns nicht erst trinken? sagte Mr. Henchy.

– Ich sollte nach Flaschen fragen.

– Komm morgen wieder, sagte der alte Mann.

– Hier, Junge! sagte Mr. Henchy, sei so gut und lauf zu O'Farrell's rüber und bitt ihn, daß er uns einen Korkenzieher leiht – sag, für Mr. Henchy. Sag ihm, wir brauchen ihn keine Minute. Laß den Korb da!

Der Junge ging hinaus, und Mr. Henchy fing an, sich fröhlich die Hände zu reiben. Dabei sagte er:

– Na schön, so übel ist er gar nicht. Jedenfalls kann man sich auf sein Wort verlassen.

– Es gibt keine Gläser, sagte der alte Mann.

– Oh, mach dir nichts draus, Jack, sagte Mr. Henchy. Es

hat schon manch ein anständiger Mann vor uns aus der Flasche getrunken.

– Jedenfalls besser als nichts, sagte Mr. O'Connor.

– Er ist kein übler Kerl, sagte Mr. Henchy, nur daß Fanning ihn so an der Kandare hat. Er meint es gut, wißt ihr, nach Kesselflickerart.

Der Junge kam mit dem Korkenzieher zurück. Der alte Mann öffnete drei Flaschen und gab den Korkenzieher zurück, als Mr. Henchy zu dem Jungen sagte:

– Möchtest du was trinken, Junge?

– Ja, gern, Sir, sagte der Junge.

Der alte Mann öffnete mißmutig eine weitere Flasche und gab sie dem Jungen.

– Wie alt bist du, fragte er.

– Siebzehn, sagte der Junge.

Da der alte Mann nichts weiter sagte, nahm der Junge die Flasche, sagte: *Auf Ihr Wohl, Sir!* zu Mr. Henchy, trank den Inhalt, stellte die Flasche auf den Tisch zurück und wischte sich den Mund am Ärmel ab. Dann nahm er den Korkenzieher und ging seitwärts zur Tür hinaus, wobei er etwas wie einen Gruß murmelte.

– So fängt's an, sagte der alte Mann.

– Der Anfang vom Ende, sagte Mr. Henchy.

Der alte Mann verteilte die drei Flaschen, die er geöffnet hatte, und die drei Männer tranken gleichzeitig daraus. Nachdem sie getrunken hatten, stellte jeder seine Flasche in Reichweite auf das Kaminsims und holte ausgiebig und zufrieden Luft.

– Also, ich hab ordentliche Arbeit geleistet heute, sagte Mr. Henchy nach einer Weile.

– Tatsächlich, John?

– Ja. Ich hab ihm ein oder zwei sichere Stimmen in

Dawson Street besorgt, Crofton und ich. Unter uns, wißt ihr, Crofton (natürlich ist er ein anständiger Kerl), aber er taugt einfach nichts als Wahlhelfer. Er kriegt keinen Ton raus. Er steht da und schaut die Leute an, während ich das Gespräch führe.

Hier traten zwei Männer ins Zimmer. Einer war ein sehr dicker Mann, dessen blaue Sergekleider in der Gefahr schwebten, von seinem abschüssigen Körper zu rutschen. Er hatte ein großes Gesicht, das im Ausdruck an einen jungen Ochsen erinnerte, blaue Augen mit einem starren Blick und einen grau werdenden Schnauzbart. Der andere Mann, der viel jünger und schmächtiger gebaut war, hatte ein schmales, glattrasiertes Gesicht. Er trug einen sehr hohen Doppelkragen und einen breitkrempigen Bowler.

– Hallo, Crofton! sagte Mr. Henchy zu dem dicken Mann. Wenn man den Teufel nennt …

– Wo ist das Gesöff her? fragte der junge Mann. Hat die Kuh gekalbt?

– Oh, natürlich, Lyons sieht als erstes die Getränke! sagte Mr. O'Connor lachend.

– Macht ihr so Werbung, Freunde? sagte Mr. Lyons, und Crofton und ich sind draußen in Regen und Kälte auf Stimmenfang?

– Also, hol's der Teufel, sagte Mr. Henchy. Ich würde in fünf Minuten mehr Stimmen auftreiben als ihr beide in einer Woche.

– Machen Sie zwei Flaschen Stout auf, Jack, sagte Mr. O'Connor.

– Wie denn? fragte der alte Mann, wenn kein Korkenzieher da ist?

– Wartet nur, wartet nur! sagte Mr. Henchy und stand

schnell auf. Habt ihr diesen kleinen Trick schon mal gesehn?

Er nahm zwei Flaschen vom Tisch, trug sie zum Feuer und legte sie auf den Kamineinsatz. Dann setzte er sich wieder beim Feuer nieder und nahm noch einen Schluck aus seiner Flasche. Mr. Lyons setzte sich auf die Tischkante, schob seinen Hut in den Nacken und ließ die Beine baumeln.

– Was ist meine Flasche? fragte er.

– Das Kerlchen da, sagte Mr. Henchy.

Mr. Crofton setzte sich auf eine Kiste und schaute starr auf die andere Flasche am Kamineinsatz. Er schwieg aus zwei Gründen. Der erste Grund, der für sich schon ausreichte, war, daß er nichts zu sagen hatte; der zweite Grund war, daß ihm seine Gefährten nicht ebenbürtig schienen. Er war Wahlhelfer für Wilkins, den Konservativen, gewesen, aber als die Konservativen ihren Kandidaten zurückgezogen hatten, sich für das kleinere Übel entschieden und den Kandidaten der Nationalen unterstützten, war er angeheuert worden, um für Mr. Tierney zu arbeiten.

Nach ein paar Minuten war ein pflichtschuldiges *Pflop!* zu hören, als der Korken aus Mr. Lyons' Flasche flog. Mr. Lyons sprang vom Tisch, ging zum Feuer, nahm seine Flasche und trug sie zum Tisch zurück.

– Ich hab ihnen gerade erzählt, Crofton, sagte Mr. Henchy, daß wir heute ordentlich Stimmen gekriegt haben.

– Wen habt ihr denn bekommen? fragte Mr. Lyons.

– Also, da ist zunächst mal Parkes, und zweitens Atkinson, und dann Ward aus der Dawson Street. Feiner alter Kerl übrigens – ein echter alter Stutzer, alter Konservativer! *Aber ist Ihr Kandidat nicht Nationalist?* sagt er. *Er*

ist ein geachteter Mann, sag ich. *Er ist für alles, was diesem Land nützen wird. Er ist ein großer Steuerzahler*, sag ich. *Er hat ausgedehnten Hausbesitz in der Stadt und drei Niederlassungen, und ist es nicht in seinem eigenen Interesse, die Steuern niedrig zu halten? Er ist ein prominenter und geachteter Bürger*, sag ich, *und ein Poor Law Guardian, und er gehört keiner Partei an, gut, schlecht oder neutral.* So muß man mit denen reden.
– Und was ist mit der Ansprache für den König? sagte Mr. Lyons, nachdem er getrunken und mit den Lippen geschnalzt hatte.
– Jetzt hört mir mal zu, sagte Mr. Henchy. Was wir in diesem Land brauchen, ist, wie ich dem alten Ward gesagt habe, Kapital. Daß der König hierherkommt, bedeutet, daß Geld in dieses Land fließt. Die Bürger von Dublin werden davon profitieren. Schaut euch all die Fabriken unten an den Kais an, keine Aufträge! Schaut euch das Geld an, das ins Land käme, wenn wir nur die alten Industrien, die Mühlen, die Schiffswerften und Fabriken ankurbeln würden. Kapital brauchen wir.
– Aber schaun Sie mal, John, sagte Mr. O'Connor. Warum sollten wir den König von England begrüßen? Hat nicht Parnell selbst ...
– Parnell, sagte Mr. Henchy, ist tot. Ich seh das so. Da ist dieser Bursche, der auf den Thron gekommen ist, nachdem ihn seine alte Mutter draußen gehalten hat, bis der Mann grau war. Er ist ein Mann von Welt, und er meint's gut mit uns. Er ist ein echt feiner, anständiger Bursche, wenn ihr mich fragt, laßt euch da nichts aufschwatzen. Er sagt sich einfach: *Die Alte hat diese wilden Iren nie besucht. Jesus Christus, ich geh selber und schau sie mir mal an.* Und sollen wir den Mann beleidi-

gen, wenn er einen freundschaftlichen Besuch hier macht? Was? Stimmt's nicht Crofton?

Mr. Crofton nickte mit dem Kopf.

– Aber schließlich, sagte Mr. Lyons streitlustig, wissen Sie, das Leben von König Edward ist nicht sehr …

– Laßt die Vergangenheit ruhen, sagte Mr. Henchy. Ich persönlich bewundere den Mann. Er ist ein ganz normaler Mensch wie Sie und ich. Er trinkt gern sein Glas Grog, und er ist vielleicht ein bißchen ein Draufgänger, und er ist ein guter Sportsmann. Verdammt noch mal, können wir Iren denn nicht fair sein?

– Das ist alles recht und schön, sagte Mr. Lyons. Aber schaun Sie mal den Fall Parnell an.

– Du lieber Himmel, sagte Mr. Henchy, was haben die beiden Fälle denn gemeinsam?

– Was ich meine, sagte Mr. Lyons, ist, daß wir unsere Ideale haben. Warum sollten wir dann einen solchen Menschen willkommen heißen? Meinen Sie denn, daß Parnell nach dem, was er getan hat, der richtige Mann war, uns zu führen? Und warum sollten wir es dann für Edward den Siebten tun?

– Das ist Parnells Todestag, sagte Mr. O'Connor, da wollen wir doch kein böses Blut machen. Wir alle respektieren ihn jetzt, da er tot und von uns gegangen ist – selbst die Konservativen, fügte er an Mr. Crofton gewandt hinzu.

Pflop! Der saumselige Korken flog aus Mr. Croftons Flasche. Mr. Crofton stand von seiner Kiste auf und ging zum Feuer. Als er mit seiner Beute zurückkam, sagte er mit tiefer Stimme:

– Unsere Seite des Hauses respektiert ihn, weil er ein Gentleman war.

– Da haben Sie recht, Crofton! sagte Mr. Henchy heftig. Er war der einzige Mann, der diesen Sack Flöhe hüten konnte. *Kuscht, ihr Hunde! Legt euch, ihr Köter!* So hat er sie behandelt. Herein, Joe! Herein! rief er, als er Mr. Hynes in der Tür sah.

Mr. Hynes kam langsam herein.

– Mach noch eine Flasche Stout auf, Jack, sagte Mr. Henchey. Oh, ich hab vergessen, daß wir keinen Korkenzieher haben! Hier, gib mir eine rüber, und ich leg sie ans Feuer.

Der alte Mann gab ihm noch eine Flasche, und er legte sie auf den Kamineinsatz.

– Setz dich, Joe, sagte Mr. O'Connor, wir reden gerade vom Häuptling.

– Jawohl! sagte Mr. Henchy.

Mr. Hynes setzte sich auf die Tischkante neben Mr. Lyons, sagte aber nichts.

– Da ist jedenfalls einer von denen, die ihn nicht verleugnet haben. Bei Gott, das muß man Ihnen lassen, Joe! Nein, bei Gott, Sie sind ihm treu geblieben wie ein Mann!

– O Joe, sagte Mr. O'Connor plötzlich. Trag uns das Ding vor, das du geschrieben hast – erinnerst du dich? Hast du's dabei?

– O ja! sagte Mr. Henchy. Tragen Sie's uns vor. Haben Sie das mal gehört, Crofton? Hörn Sie sich's an: großartig.

– Los, sagte Mr. O'Connor. Feuer frei, Joe.

Mr. Hynes schien sich nicht sofort zu erinnern, auf welches Stück sie anspielten, aber nachdem er eine Weile nachgedacht hatte, sagte er:

– Oh, das Ding ist es. ... Das ist aber jetzt schon alt.

– Heraus damit, Mann! sagte Mr. O'Connor.
– Sst, sst, sagte Mr. Henchy. Los, Joe!

Mr. Hynes zögerte noch etwas. Dann nahm er in der eingetretenen Stille den Hut ab, legte ihn auf den Tisch und stand auf. Er schien das Stück im Geist durchzugehen. Nach einer ziemlich langen Pause kündigte er an:

Der Tod Parnells

6. Oktober 1891

Er räusperte sich ein- oder zweimal und begann dann vorzutragen:

Tot ist er. Unser Ungekrönter König tot.
Oh, Erins Klag und Träne fließ,
Denn er liegt tot, den die verworfne Bande
Moderner Pharisäer meucheln ließ.

Erschlagen liegt er von den feigen Hunden,
Die er aus Staub zum Ruhm erhoben:
Und Erins Hoffnung, Erins Traum
Mit seines Königs Asche ist zerstoben.

In Kate, Hütte oder in Palast,
Wo es auch lebt, das irisch Herz,
Da seines Glückes Schmied gefallen,
Ist es gebeugt von Gram und Schmerz.

Er hätte Erin Ruhm erworben
Und glorreich seine grüne Fahn entrollt,
Und seinen Lenkern, Sängern, Kriegern
Hätt diese Welt Tribut gezollt.

Er träumt' (ach, leider war es nur ein Traum!)
Von Freiheit nur: Doch als er strebte,
Dies Idol zu fassen, trennt' ihn Verrat
Von jenem Ziel, für das er lebte.

O Schande über feige Frevlerhände,
Die ihren Herren schlugen oder küßten,
Um ihn der Priester Meute zu verraten,
Die, Schmeichler erst, sich jetzt als Feinde brüsten!

Mög ewigliche Schande doch vertilgen
Ruhm und Gedächtnis derer, die versuchten,
Den hehren Namen zu besudeln
Von einem, dessen Stolz sie fluchten!

Er fiel, wie Mächtige nur fallen
Vornehm und furchtlos bis zum Ende,
Der Tod hat ihn vereinigt nun
Mit Erins Helden der Legende.

Kein Hader störe seinen letzten Schlaf!
In Frieden ruht er: Kein Menschenleid,
Kein hohes Ziel spornt ihn mehr an,
Des Ruhmes Gipfel weckt nicht seinen Neid.

Gelungen ist's euch, ihn zu stürzen,
Doch wird sein Geist, o Erins Zuversicht,
So wie ein Phönix aus der Asche steigen,
Wenn einmal jener Tag anbricht.

Der Tag, der uns die Freiheit bringt.
An diesem Tage, Erin, sonnenhell,
Heb den Pokal der Freud und fühl
Den einen Schmerz nur – die Erinnrung an Parnell.

Mr. Hynes setzte sich wieder an den Tisch. Als er seinen Vortrag beendet hatte, herrschte Stille, gefolgt von heftigem Applaus: Selbst Mr. Lyons klatschte. Der Applaus hielt eine Weile an. Als er verstummt war, tranken alle Zuhörer still aus ihren Flaschen.

Pflop! Der Korken flog aus Mr. Hynes' Flasche, aber Mr. Hynes blieb mit gerötetem Gesicht und barhäuptig am Tisch sitzen. Er schien die Einladung nicht gehört zu haben.

– Bravo, Joe! sagte Mr. O'Connor und zog sein Zigarettenpapier und den Tabaksbeutel heraus, um seine Gefühle besser zu verbergen.

– Was halten Sie davon, Crofton? rief Mr. Henchy. Ist das nicht schön – was?

Mr. Crofton sagte, es sei sehr schön gedichtet.

Eine Mutter

Mr. Holohan, der stellvertretende Sekretär der *Eire Abu*-Gesellschaft, war fast einen Monat lang, Hände und Hosentaschen voller schmutziger Zettel, in Dublin herumgelaufen, um die Konzertreihe zu organisieren. Er hatte ein lahmes Bein, und seine Freunde nannten ihn deshalb Hoppy Holohan. Er war dauernd unterwegs, stand stundenlang an Straßenecken, um die Sache zu erörtern, und machte sich Notizen; aber zu guter Letzt war es Mrs. Kearney, die alles organisierte.

Miss Devlin war aus Trotz Mrs. Kearney geworden. Sie war in einer erstklassigen Klosterschule erzogen worden, wo sie Französisch und Musik gelernt hatte. Da sie von natürlicher Blässe war und ein unbeugsames Verhalten an den Tag legte, hatte sie wenige Freundinnen in der Schule. Als sie ins heiratsfähige Alter kam, schickte man sie in viele Häuser, wo ihr Spiel und ihre Elfenbeinmanieren sehr bewundert wurden. Sie saß im frostigen Kreis ihrer Talente und wartete darauf, daß ein Freier es wagte und ihr ein glanzvolles Leben anbot. Aber die jungen Männer, die ihr begegneten, waren gewöhnlich, und sie ließ ihnen keine Ermunterung zuteil werden, sondern versuchte, ihre romantischen Sehnsüchte durch heimliches Verzehren großer Mengen Geleekonfekts zu stillen. Als es aber kritisch wurde und ihre Freundinnen anfingen, über sie zu spötteln, brachte sie sie zum Schweigen, indem sie Mr. Kearney, einen Schuhfabrikanten am Ormond Quay, heiratete.

Er war wesentlich älter als sie. Seine Konversation, die ernsthafter Natur war, fand zu gegebener Zeit in seinem großen braunen Bart statt. Nach dem ersten Jahr ihres Ehelebens erkannte Mrs. Kearney, daß so ein Mann besser halten würde als ein Romantiker, aber sie gab ihre eigenen romantischen Ideen nie auf. Er war nüchtern, sparsam und fromm; er ging jeden ersten Freitag zur Kommunion, manchmal mit ihr, öfter allein. Aber sie ließ in ihrer Religion nie nach und war ihm eine gute Ehefrau. Bei einer Gesellschaft in einem fremden Haus stand er auf, um sich zu verabschieden, sobald sie nur ganz leise die Augenbraue hob, und wenn ihn sein Husten quälte, legte sie ihm das Eiderdaunenplumeau über die Füße und machte ihm einen steifen Grog. Er seinerseits war ein Muster von einem Vater. Dadurch, daß er wöchentlich eine kleine Summe bei einer Gesellschaft einzahlte, stellte er für seine beiden Töchter eine Mitgift von hundert Pfund sicher, wenn sie das Alter von vierundzwanzig Jahren erreichten. Die ältere Tochter, Kathleen, schickte er auf eine gute Klosterschule, wo sie Französisch und Musik lernte, und später zahlte er die Gebühren für die Akademie. Jedes Jahr im Juli fand Mrs. Kearney Gelegenheit, zu einer Freundin zu sagen:

– Mein guter Mann schickt uns für ein paar Wochen nach Skerries.

Wenn es nicht Skerries war, dann war es Howth oder Greystones.

Als sich das Irish Revival langsam bemerkbar machte,

beschloß Mrs. Kearney, aus dem Namen ihrer Tochter Nutzen zu ziehen, und sie brachte einen Irischlehrer ins Haus. Kathleen und ihre Schwester schickten irische Postkarten an ihre Freundinnen, und diese Freundinnen schickten andere irische Postkarten zurück. An besonderen Sonntagen, wenn Mr. Kearney mit seiner Familie in die Procathedral ging, fand sich nach der Kirche eine kleine Ansammlung von Leuten an der Ecke der Cathedral Street zusammen. Es waren alles Freunde der Kearneys – musikalische oder nationalistische Freunde; und wenn sie das letzte bißchen Klatsch ausgespielt hatten, dann schüttelten sie sich alle auf einmal die Hand, lachten über das Kreuzen so vieler Hände und verabschiedeten sich voneinander auf irisch. Bald war der Name von Miss Kathleen Kearney in vieler Munde. Die Leute sagten, sie sei sehr musikalisch und ein sehr nettes Mädchen und außerdem jemand, der an die Sprachbewegung glaube. Mrs. Kearney war sehr zufrieden darüber. Sie war deshalb nicht überrascht, als eines Tages Mr. Holohan zu ihr kam und vorschlug, daß ihre Tochter die Begleiterin bei einer Reihe von vier großen Konzerten sein solle, die seine Gesellschaft in den Antient Concert Rooms geben würde. Sie führte ihn in den Salon, bat ihn, Platz zu nehmen, und holte die Karaffe und die silberne Keksdose heraus. Sie stürzte sich mit Leib und Seele in die Einzelheiten des Unternehmens, riet zu und ab; und schließlich wurde ein Vertrag aufgesetzt, nach dem Kathleen acht Guineen für ihre Dienste als Begleiterin bei den vier großen Konzerten erhalten sollte.

Da Mr. Holohan ein Neuling in so delikaten Angelegenheiten wie der Formulierung von Plakattexten und der Anordnung der Programmnummern war, half ihm Mrs. Kearney. Sie besaß Takt. Sie wußte, welche Künstler groß und welche klein gedruckt werden mußten. Sie wußte, daß der erste Tenor nicht nach Mr. Meades komischer Nummer kommen wollte. Um das Publikum ständig bei Laune zu halten, steckte sie die unsicheren Stücke zwischen die alten Favoriten. Mr. Holohan kam jeden Tag, um sich ihren Rat in irgendeiner Sache zu holen. Sie war immer freundlich und beriet ihn – geradezu vertraut. Sie schob ihm die Karaffe hin und sagte:

– Bedienen Sie sich doch, Mr. Holohan!

Und während er sich bediente, sagte sie:

– Keine Angst! Nur keine Angst!

Alles verlief reibungslos. Mrs. Kearney kaufte eine bezaubernde rosarote Charmeuse bei Brown Thomas's, um sie in das Vorderteil von Kathleens Kleid einzusetzen. Sie kostete ein hübsches Stück Geld; aber es gibt Gelegenheiten, wo gewisse Ausgaben gerechtfertigt sind. Sie übernahm ein Dutzend Karten zu zwei Shilling für das Schlußkonzert und schickte sie an die Freunde, bei denen kein Verlaß war, daß sie sonst kämen. Sie vergaß nichts, und dank ihr wurde alles, was zu tun war, getan.

Die Konzerte sollten Mittwoch, Donnerstag, Freitag und Samstag stattfinden. Als Mrs. Kearney am Mittwochabend mit ihrer Tochter in die Antient Concert Rooms kam, gefiel ihr die Sache gar nicht. Ein paar junge Männer, die helle blaue Abzeichen auf ihren Rökken trugen, standen müßig im Vestibül herum; keiner von ihnen trug einen Abendanzug. Sie ging mit ihrer Tochter vorbei, und ein schneller Blick durch die offenen Türen des Saales zeigte ihr den Grund für die Untätigkeit der Saaldiener. Zunächst fragte sie sich, ob sie sich in der Zeit geirrt habe. Nein, es war zwanzig Minuten vor acht.

In der Garderobe hinter der Bühne wurde sie dem Sekretär der Gesellschaft, Mr. Fitzpatrick, vorgestellt. Sie lächelte und schüttelte ihm die Hand. Er war ein kleiner Mann mit einem ausdruckslosen weißen Gesicht. Sie bemerkte, daß er seinen weichen braunen Hut nachlässig schräg auf dem Kopf trug und daß er einen breiten Akzent hatte. Er hielt ein Programm in der Hand und kaute, während er sich mit ihr unterhielt, das eine Ende davon zu einem feuchten Brei. Er schien Enttäuschungen leicht wegzustecken. Mr. Holohan kam alle paar Minuten mit Nachrichten von der Kasse in die Garderobe. Die Künstler unterhielten sich nervös miteinander, schauten von Zeit zu Zeit in den Spiegel und rollten ihre Noten zusammen und wieder auseinander. Als es fast halb neun war, gaben die wenigen Leute im Saal zu erkennen, daß sie unterhalten sein wollten. Mr. Fitzpatrick kam herein, lächelte ausdruckslos ins Zimmer und sagte:

– Na denn, meine Damen und Herren, ich nehme an, am besten eröffnen wir den Ball.

Mrs. Kearney belohnte diese sehr breite letzte Silbe mit einem schnellen, verächtlichen Blick und sagte dann aufmunternd zu ihrer Tochter:

– Bist du bereit, Liebes?

Als sie eine Gelegenheit fand, rief sie Mr. Holohan beiseite und fragte ihn, was das zu bedeuten habe. Mr. Holohan wußte nicht, was es zu bedeuten habe. Er sagte, das Komitee habe einen Fehler gemacht, als es vier Konzerte organisierte: vier seien zuviel.

– Und die Künstler! sagte Mrs. Kearney. Natürlich geben sie ihr Bestes, aber eigentlich taugen sie nichts.

Mr. Holohan gab zu, daß die Künstler nichts taugten, aber das Komitee, so sagte er, habe beschlossen, die drei ersten Konzerte laufen zu lassen, wie es ginge, und alle Talente für Samstagabend zu reservieren. Mrs. Kearney sagte nichts, aber als auf der Bühne eine mittelmäßige Nummer der anderen folgte und die wenigen Leute im Saal immer weniger wurden, begann sie es zu bedauern, daß sie Ausgaben für so ein Konzert gemacht hatte. Da war etwas, das ihr überhaupt nicht gefallen wollte, und Mr. Fitzpatricks ausdrucksloses Lächeln reizte sie aufs äußerste. Doch sagte sie nichts und wartete ab, wie es ausgehen würde. Das Konzert hatte kurz vor zehn Uhr ein Ende, und alle gingen schnell nach Hause.

Das Konzert am Donnerstag war besser besucht, aber Mrs. Kearney sah sofort, daß man das Haus mit Freikarten gefüllt hatte. Das Publikum benahm sich so ungehörig, als ob das Konzert eine zwanglose Probe sei. Mr. Fitzpatrick schien guter Laune; er hatte keine Ahnung, daß Mrs. Kearney sein Benehmen grollend beobachtete. Er stand am Rand des Wandschirms, streckte von Zeit zu Zeit seinen Kopf hinaus und lachte zwei Freunden in der Ecke des Balkons zu. Im Verlauf des Abends erfuhr Mrs. Kearney, daß das Freitagskonzert ausfallen würde und daß das Komitee Himmel und Hölle in Bewegung setzen würde, um am Samstag ein volles Haus zu bekommen. Als sie das hörte, suchte sie Mr. Holohan auf. Sie fing ihn ab, als er eilig mit einem Glas Limonade für eine junge Dame hinaushumpelte, und fragte ihn, ob es zuträfe. Ja, es träfe zu.

– Aber natürlich ändert das nichts am Vertrag, sagte sie. Der Vertrag lautete auf vier Konzerte. …

Mr. Holohan schien es eilig zu haben; er riet ihr, mit Mr. Fitzpatrick zu sprechen. Mrs. Kearney wurde jetzt langsam nervös. Sie rief Mr. Fitzpatrick von seinem Wandschirm weg und sagte ihm, daß ihre Tochter für vier Konzerte unterschrieben habe und daß sie natürlich nach den Bedingungen des Vertrages die ursprünglich vereinbarte Summe erhalten sollte, egal ob die Gesellschaft vier Konzerte gebe oder nicht. Mr. Fitzpatrick, der das Problem nicht sehr rasch erfaßte, schien nicht in der Lage zu sein, die Schwierigkeit zu beseitigen, und sagte, er würde die Sache vor das Komitee bringen. Mrs. Kearneys Ärger zuckte auf ihrer Wange, und sie mußte sich mit Gewalt zusammennehmen, um nicht zu fragen:

– Und wer, bittä, ist das Komitä?

Aber sie wußte, daß es nicht damenhaft wäre, so etwas zu tun: also schwieg sie.

Am Freitagmorgen wurden kleine Jungen mit Bündeln von Handzetteln in die Hauptstraßen Dublins ausgeschickt. Extraanzeigen erschienen in allen Abendzeitungen, um das musikliebende Publikum an den Genuß zu erinnern, der ihm am folgenden Abend bevorstand. Mrs. Kearney war etwas beruhigt, aber sie hielt es für richtig, ihrem Mann einen Teil ihres Verdachtes zu berichten. Er hörte aufmerksam zu und sagte, es sei vielleicht besser, wenn er am Samstagabend mit ihr käme. Sie stimmte zu. Sie respektierte ihren Mann, so wie sie das Hauptpostamt respektierte, als etwas Großes, Sicheres, Festes; und obwohl sie seine begrenzten Fähigkeiten kannte, wußte sie doch seinen abstrakten Wert als

Mann zu schätzen. Sie war froh, daß er vorgeschlagen hatte mitzukommen. Sie dachte über ihre Pläne nach.

Der Abend des großen Konzertes kam. Mrs. Kearney traf mit Mann und Tochter eine dreiviertel Stunde vor Konzertbeginn in den Antient Concert Rooms ein. Ein unglücklicher Zufall wollte es, daß es ein regnerischer Abend war. Mrs. Kearney vertraute Kleidung und Noten ihrer Tochter ihrem Mann an und ging auf der Suche nach Mr. Holohan und Mr. Fitzpatrick durchs ganze Haus. Sie konnte keinen von ihnen finden. Sie fragte die Saaldiener, ob jemand vom Komitee in der Halle sei, und mit großen Umständen brachte ein Saaldiener eine kleine Frau namens Miss Beirne heraus, der Mrs. Kearney erklärte, daß sie einen der Sekretäre zu sehen wünsche. Miss Beirne erwartete sie jeden Augenblick und fragte, ob sie etwas tun könne. Mrs. Kearney schaute forschend in das ältliche Gesicht, das zu einem Ausdruck von Zutrauen und Begeisterung verzogen war, und antwortete:

– Nein, danke!

Die kleine Frau hoffte, daß sie ein volles Haus bekommen würden. Sie schaute in den Regen hinaus, bis die Melancholie der nassen Straße all das Zutrauen und die Begeisterung aus ihren verzerrten Gesichtszügen getilgt hatte. Dann seufzte sie ein wenig und sagte:

– Ach ja! Wir haben unser Bestes gegeben, weiß der Himmel.

Mrs. Kearney mußte in die Garderobe zurück.

Die Künstler trafen ein. Der Baß und der zweite Tenor waren schon da. Der Baß, Mr. Duggan, war ein schlanker junger Mann mit einem spärlichen schwarzen Schnurrbart. Er war der Sohn des Portiers in einem

Büro in der Stadt und hatte als Junge langgezogene Baßtöne im hallenden Flur gesungen. Aus diesen bescheidenen Verhältnissen hatte er sich emporgearbeitet, bis er ein erstklassiger Künstler geworden war. Er war in der großen Oper aufgetreten. Eines Abends, als ein Opernsänger erkrankt war, hatte er die Partie des Königs in der Oper *Maritana* im Queen's Theatre übernommen. Er sang seine Musik mit großem Gefühl und Stimmvolumen und erhielt herzlichen Beifall von der Galerie; aber unglücklicherweise verdarb er den guten Eindruck dadurch, daß er sich ein- oder zweimal aus Gedankenlosigkeit die Nase in seine behandschuhte Hand abwischte. Er war bescheiden und sprach wenig. Er sagte so sanft *yous*, daß es niemand bemerkte, und um seiner Stimme willen trank er nie etwas Stärkeres als Milch. Mr. Bell, der zweite Tenor, war ein blonder kleiner Mann, der sich jedes Jahr um Preise beim *Feis Ceoil* bemühte. Bei seinem vierten Versuch war ihm eine Bronzemedaille zuerkannt worden. Er war außerordentlich nervös und außerordentlich eifersüchtig auf andere Tenöre, und er überdeckte seine nervöse Eifersucht durch überschwengliche Freundlichkeit. Es entsprach seiner Gemütsart, die Leute wissen zu lassen, was für eine Qual ein Konzert für ihn war. So ging er, als er Mr. Duggan sah, zu ihm hinüber und fragte:

– Sind Sie auch mit dabei?

– Ja, sagte Mr. Duggan.

Mr. Bell lachte den Leidensgefährten an, streckte ihm die Hand entgegen und sagte:

– Schlagen Sie ein!

Mrs. Kearney ging an diesen beiden jungen Männern vorbei und zum Rand des Wandschirms, um einen Blick ins Publikum zu werfen. Die Sitze füllten sich rasch, und ein wohltuender Lärm summte durchs Auditorium. Sie kam zurück und sprach unter vier Augen mit ihrem Mann. Ihr Gespräch ging offenkundig um Kathleen, weil sie beide oft nach ihr blickten, wie sie da im Gespräch mit einer ihrer nationalistischen Freundinnen, Miss Healy, der Altistin, stand. Eine unbekannte einzelne Frau mit blassem Gesicht schritt durch das Zimmer. Die Frauen folgten mit interessierten Blicken dem verblichenen blauen Kostüm, das auf einem mageren Körper spannte. Jemand sagte, daß sie Madame Glynn, die Sopranistin, sei.

– Ich frage mich, wo sie die ausgegraben haben, sagte Kathleen zu Miss Healy. Ich bin sicher, daß ich noch nie von ihr gehört habe.

Miss Healy mußte lächeln. In diesem Augenblick humpelte Mr. Holohan in die Garderobe, und die beiden Damen fragten ihn, wer die Unbekannte sei. Mr. Holohan sagte, sie sei Madame Glynn aus London. Madame Glynn nahm ihre Position in einer Ecke des Raumes ein, hielt ein Notenblatt steif vor sich und wechselte von Zeit zu Zeit die Richtung ihres schreckhaften Blicks. Der Schatten nahm ihr verblichenes Kleid in seine Obhut, fiel aber rachsüchtig in die kleine Kuhle hinter ihrem Schlüsselbein. Der Lärm aus dem Saal wurde deutlicher. Der erste Tenor und der Bariton kamen gemeinsam an. Sie waren beide gut gekleidet, beleibt und selbstgefällig, und sie brachten einen Hauch von Wohlstand in die Runde.

Mrs. Kearney brachte ihre Tochter zu ihnen und unterhielt sich liebenswürdig mit ihnen. Sie wollte auf gutem Fuß mit ihnen stehen, aber während sie sich bemühte, höflich zu sein, folgten ihre Augen Mr. Holohan auf seinen humpelnden und ausweichenden Bahnen. Sobald sie konnte, entschuldigte sie sich und ging hinter ihm hinaus.

– Mr. Holohan, ich möchte einen Augenblick mit Ihnen sprechen, sagte sie.

Sie gingen zu einem verschwiegenen Teil des Ganges. Mrs. Kearney fragte ihn, wann ihre Tochter bezahlt würde. Mr. Holohan sagte, daß Mr. Fitzpatrick dafür zuständig sei. Mrs. Kearney sagte, daß sie von Mr. Fitzpatrick nichts wisse. Ihre Tochter habe einen Vertrag über acht Guineen abgeschlossen, und man werde sie bezahlen müssen. Mr. Holohan sagte, das sei nicht seine Sache.

– Warum ist das nicht Ihre Sache? fragte Mrs. Kearney. Haben Sie ihr nicht selbst den Vertrag gebracht? Außerdem, wenn es nicht Ihre Sache ist, so ist es meine Sache, und ich habe fest vor, mich darum zu kümmern.

– Da sprechen Sie besser mit Mr. Fitzpatrick, sagte Mr. Holohan abweisend.

– Ich weiß nichts von Mr. Fitzpatrick, wiederholte Mrs. Kearney. Ich habe meinen Vertrag, und ich werde dafür sorgen, daß er eingehalten wird.

Als sie in die Garderobe zurückkam, waren ihre Wangen leicht gerötet. Es ging lebhaft her im Zimmer. Zwei Männer im Straßenanzug hatten den Kamin in Beschlag genommen und unterhielten sich vertraut mit Miss Healy und dem Bariton. Es war der Mann vom *Freeman* und Mr. O'Madden Burke. Der Mann vom *Freeman* war hereingekommen, um zu sagen, daß er nicht auf das Konzert warten könne, da er über die Lesung eines amerikanischen Priesters im Mansion House zu berichten habe. Er sagte, man solle den Bericht im Büro des *Freeman* für ihn hinterlassen, und er würde sich darum kümmern, daß er erschiene. Er war ein grauhaariger Mann mit einer gewinnenden Stimme und bedachtsamen Manieren. Er hielt eine ausgegangene Zigarre in der Hand und war vom Aroma des Zigarrenrauchs umgeben. Er hatte nicht beabsichtigt, auch nur einen Augenblick zu bleiben, da ihn Konzerte und Künstler erheblich langweilten, aber er blieb, an den Kaminsims gelehnt. Miss Healy stand plaudernd und lachend vor ihm. Er war alt genug, um einen Grund für ihre Freundlichkeit zu erraten, aber jung genug im Herzen, um den Augenblick zu nutzen. Die Wärme, der Duft und die Farbe ihres Körpers berückten seine Sinne. Er war sich auf wohltuende Weise bewußt, daß der Busen, der sich da unter ihm langsam hob und senkte, sich in diesem Augenblick für ihn hob und senkte, daß das Lachen und der Duft und die mutwilligen Blicke ihm galten. Als er nicht länger bleiben konnte, verabschiedete er sich bedauernd von ihr.

– O'Madden Burke wird die Notiz schreiben, sagte er zu Mr. Holohan, und ich sorge dafür, daß sie hineinkommt.

– Vielen Dank, Mr. Hendrick, sagte Mr. Holohan. Ich weiß, daß Sie sich darum kümmern werden. Wollen Sie nicht noch etwas trinken, bevor Sie gehen?

– Nichts dagegen, sagte Mr. Hendrick.

Die beiden Männer gingen ein paar verschlungene Gänge entlang und ein finsteres Treppenhaus hinauf und kamen in einen abgelegenen Raum, wo einer der Saaldiener Flaschen für ein paar Herren entkorkte. Einer dieser Herren war Mr. O'Madden Burke, der den

Raum aus Instinkt gefunden hatte. Er war ein zuvorkommender älterer Herr, der seinen beeindruckenden Körper im Ruhezustand auf einen großen seidenen Regenschirm stützte. Sein hochtrabender westlicher Name war der moralische Regenschirm, auf dem er das delikate Problem seiner Finanzen ausbalancierte. Er war allgemein respektiert.

Während Mr. Holohan den Mann vom *Freeman* bewirtete, sprach Mrs. Kearney so angeregt mit ihrem Mann, daß er sie bitten mußte, ihre Stimme zu senken. Das Gespräch der anderen in der Garderobe hatte etwas Gezwungenes angenommen. Mr. Bell, die erste Nummer, stand mit seinen Noten bereit, aber die Begleiterin gab kein Zeichen. Offensichtlich stimmte etwas nicht. Mr. Kearney sah gerade vor sich hin und strich seinen Bart, während Mrs. Kearney mit unterdrücktem Nachdruck in Kathleens Ohr sprach. Vom Saal kamen aufmunternde Laute, Händeklatschen und Füßestampfen. Der erste Tenor und der Bariton und Miss Healy standen ruhig wartend beisammen, aber Mr. Bells Nerven waren in großer Aufregung, weil er fürchtete, das Publikum könne glauben, er sei zu spät gekommen.

Mr. Holohan und Mr. O'Madden Burke kamen in den Raum. Mr. Holohan bemerkte sofort das Tuscheln. Er ging zu Mrs. Kearney hinüber und sprach ernst mit ihr. Während sie miteinander sprachen, wuchs der Lärm im Saal. Mr. Holohan wurde sehr rot und aufgeregt. Er sprach wortreich, aber Mrs. Kearney sagte immer wieder knapp:

– Sie geht nicht hinaus. Sie muß ihre acht Guineen bekommen.

Mr. Holohan deutete verzweifelt auf den Saal, wo das Publikum klatschte und stampfte. Er bat Mr. Kearney und Kathleen. Aber Mr. Kearney strich sich weiterhin den Bart und Kathleen sah vor sich hin und drehte den Absatz ihres neuen Schuhs: es war nicht ihre Schuld. Mrs. Kearney wiederholte:

– Sie geht nicht hinaus ohne ihr Geld.

Nach einem schnellen Wortgefecht humpelte Mr. Holohan eilig hinaus. Der Raum schwieg. Als die Stille etwas Peinliches angenommen hatte, sagte Miss Healy zu dem Bariton:

– Haben Sie Mrs. Pat Campbell diese Woche gesehen?

Der Bariton hatte sie nicht gesehen, hatte aber gehört, es gehe ihr sehr gut. Weiter führte das Gespräch nicht. Der erste Tenor beugte den Kopf nach vorne und begann die Glieder der Goldkette zu zählen, die sich quer über seinen Leib erstreckte, dabei lächelte er und summte beliebige Töne, um die Wirkung auf die Stirnhöhlen zu beobachten. Von Zeit zu Zeit blickte jeder nach Mrs. Kearney.

Der Lärm im Auditorium hatte sich zum Tumult gesteigert, als Mr. Fitzpatrick ins Zimmer platzte, gefolgt von Mr. Holohan, der schnaufte. Das Klatschen und Stampfen im Saal wurde von Pfiffen unterbrochen. Mr. Fitzpatrick hielt ein paar Geldscheine in der Hand. Er zählte Mrs. Kearney vier auf die Hand und sagte, sie werde die andere Hälfte in der Pause bekommen. Mrs. Kearney sagte:

– Da fehlen vier Shilling.

Aber Kathleen schürzte ihren Rock und sagte: *Also, Mr. Bell*, zur ersten Nummer, die wie Espenlaub zitterte. Der Sänger und die Begleiterin gingen gemeinsam hinaus. Der Lärm im Saal erstarb. Ein paar Sekunden lang herrschte Stille, und dann hörte man das Klavier.

Der erste Teil des Konzerts war ein großer Erfolg, abgesehen von Madame Glynns Nummer. Die Ärmste sang *Killarney* mit einer körperlosen, schmachtenden Stimme, mit all den altmodischen Eigenarten der Intonation und Aussprache, von denen sie glaubte, sie verliehen ihrem Gesang Eleganz. Sie sah aus, als sei sie aus einem alten Bühnenkleiderschrank auferstanden, und die billigeren Plätze machten sich über ihre wimmernden hohen Töne lustig. Der erste Tenor und die Altistin aber bekamen stürmischen Beifall. Kathleen spielte eine Auswahl irischer Melodien, die großzügig beklatscht wurde. Der erste Teil schloß mit einer bewegenden patriotischen Rezitation, die von einer jungen Dame vorgetragen wurde, die Vorstellungen von Amateurtheatern organisierte. Sie erhielt verdienten Beifall; und als es zu Ende war, gingen die Männer zufrieden in die Pause.

All die Zeit herrschte in der Garderobe Aufregung wie in einem Bienenkorb. In einer Ecke waren Mr. Holohan, Mr. Fitzpatrick, Miss Beirne, zwei der Saaldiener, der Bariton, der Baß und Mr. O'Madden Burke. Mr. O'Madden Burke sagte, es sei die skandalöseste Aufführung, die er je erlebt habe. Miss Kathleen Kearneys musikalische Karriere sei danach beendet in Dublin, sagte er. Der Bariton wurde gefragt, was er von Miss Kearneys Verhalten dächte. Er wollte nichts dazu sagen. Er hatte sein Geld bekommen und wollte friedlich mit den Leuten auskommen. Er sagte aber, Mrs. Kearney hätte an die Künstler denken können. Die Saaldiener und die Sekretäre diskutierten heftig, was geschehen sollte, wenn die Pause käme.

– Ich bin Miss Beirnes Meinung, sagte Mr. O'Madden Burke. Bezahlt ihr nichts.

In einer anderen Ecke des Raumes waren Mrs. Kearney, ihr Mann, Mr. Bell, Miss Healy und die junge Dame, die das patriotische Stück vorgetragen hatte. Mrs. Kearney sagte, das Komitee habe sie skandalös behandelt. Sie habe weder Mühe noch Ausgaben gescheut, und das sei nun ihr Lohn. Sie glaubten, sie hätten es nur mit einem Mädchen zu tun und könnten deshalb so rücksichtslos mit ihr verfahren. Aber sie würde ihnen zeigen, daß sie sich geirrt hätten. Sie hätten es nicht gewagt, sie so zu behandeln, wenn sie ein Mann gewesen wäre. Aber sie würde sich schon darum kümmern, daß ihre Tochter ihr Recht bekäme: sie würde sich nicht übertölpeln lassen. Wenn sie nicht alles bis auf den letzten Farthing bezahlen würden, würde sie es in ganz Dublin ausläuten. Natürlich tue es ihr leid wegen der Künstler. Aber was hätte sie denn sonst tun können? Sie wandte sich an den zweiten Tenor, der sagte, er glaube, man habe sie nicht anständig behandelt. Dann wandte sie sich an Miss Healy. Miss Healy wollte sich der anderen Gruppe anschließen, hatte aber Bedenken, weil sie eine enge Freundin von Kathleen war und die Kearneys sie oft in ihr Haus eingeladen hatten.

Sowie der erste Teil beendet war, gingen Mr. Fitzpatrick und Mr. Holohan zu Mrs. Kearney hinüber und sagten ihr, daß ihr die restlichen vier Guineen nach dem Treffen des Komitees am nächsten Dienstag ausbezahlt würden und daß das Komitee von einem Vertragsbruch ausgehe und nichts zahlen werde, falls ihre Tochter im zweiten Teil nicht spielen werde.

– Ich habe kein Komitee gesehen, sagte Mrs. Kearney

ärgerlich. Meine Tochter hat ihren Vertrag. Sie bekommt vier Pfund acht auf die Hand, oder sie wird keinen Fuß auf diese Bühne setzen.

– Ich bin erstaunt über Sie, Mrs. Kearney, sagte Mr. Holohan. Ich hätte nie gedacht, daß Sie uns so behandeln würden.

– Und wie haben Sie mich behandelt? fragte Mrs. Kearney.

Ihr Gesicht war zornrot angelaufen, und sie sah aus, als wollte sie handgreiflich werden.

– Ich verlange mein Recht, sagte sie.

– Sie sollten etwas mehr Anstand haben, sagte Mr. Holohan.

– Ach ja, tatsächlich? ... Und wenn ich frage, wann meine Tochter bezahlt wird, kann ich keine anständige Antwort bekommen.

Sie warf den Kopf zurück und nahm einen hochnäsigen Tonfall an:

– Da müssen Sie mit dem Sekretär sprechen. Das ist nicht meine Sache. Ich bin ein großer Hans-guck-in-die-Luft.

– Ich dachte, Sie seien eine Dame, sagte Mr. Holohan und ließ sie einfach stehen.

Von da an wurde Mrs. Kearneys Verhalten von allen Seiten verurteilt: Alle pflichteten dem bei, was das Komitee getan hatte. Sie stand an der Tür, verbittert vor Zorn, und stritt gestikulierend mit Mann und Tochter. Sie wartete, bis der zweite Teil begann, in der Hoffnung, daß die Sekretäre sich an sie wenden würden. Aber Miss Healy hatte freundlicherweise zugestimmt, ein oder zwei Begleitungen zu spielen. Mrs. Kearney mußte beiseite gehen, um dem Bariton und seiner Begleiterin zu gestatten, auf die Bühne hinaufzugehen. Sie blieb einen Augenblick still stehen wie ein zorniges Steinbild, und als die ersten Töne des Liedes an ihr Ohr drangen, packte sie den Umhang ihrer Tochter und sagte zu ihrem Mann:

– Hol einen Wagen!

Er ging sofort hinaus. Mrs. Kearney hängte ihrer Tochter den Umhang über und folgte ihr. Als sie durch die Türe schritt, blieb sie stehen und schaute Mr. Holohan grimmig ins Gesicht.

– Ich bin noch nicht fertig mit Ihnen, sagte sie.

– Aber ich bin fertig mit Ihnen, sagte Mr. Holohan.

Kathleen folgte ihrer Mutter artig. Mr. Holohan begann im Zimmer auf und ab zu laufen, um sich abzukühlen, denn er spürte, wie seine Haut glühte.

– Das ist mir eine feine Dame! sagte er. O ja, eine feine Dame!

– Sie haben das Richtige getan, Holohan, sagte Mr. O'Madden Burke, beifällig auf seinen Schirm gestützt.

Gnade

Zwei Herren, die gerade in der Toilette waren, versuchten ihn aufzuheben: aber er war völlig hilflos. Er lag zusammengekrümmt am Fuß der Treppe, die er heruntergefallen war. Es gelang ihnen, ihn umzudrehen. Sein Hut war ein paar Meter weit weg gerollt, und seine Kleider waren besudelt von der schlammigen Brühe am Boden, wo er, Gesicht nach unten, gelegen hatte. Seine Augen waren geschlossen, und er atmete mit einem schnaubenden Geräusch. Ein dünner Faden Blut tropfte ihm aus dem Mundwinkel.

Diese beiden Herren und einer der Kuraten trugen ihn die Treppe hinauf und legten ihn in der Bar wieder auf den Boden. Nach zwei Minuten stand ein Kreis von Männern um ihn herum. Der Inhaber der Bar fragte alle, wer er sei und wer zu ihm gehöre. Niemand wußte, wer er war, aber einer der Kuraten sagte, er habe dem Herrn einen kleinen Rum serviert.

– War er allein? fragte der Inhaber.
– Nein, Sir. Zwei Herren warn bei ihm.
– Und wo sind sie?

Niemand wußte es; eine Stimme sagte:
– Verschafft ihm Luft. Er ist ohnmächtig.

Der Kreis der Zuschauer weitete und schloß sich wieder elastisch. Ein dunkler Blutfleck hatte sich beim Kopf des Mannes auf dem Mosaikfußboden gebildet. Der Inhaber, den die graue Blässe im Gesicht des Mannes beunruhigte, schickte nach einem Polizisten.

Man machte ihm den Kragen auf und lockerte seine Krawatte. Er schlug einen Moment die Augen auf, seufzte und schloß sie wieder. Einer der Herren, die ihn nach oben getragen hatten, hielt einen verbeulten Zylinder in der Hand. Der Inhaber fragte wiederholt, ob niemand wisse, wer der Verletzte sei und wohin seine Freunde gegangen seien. Die Tür der Bar ging auf, und ein riesiger Konstabler kam herein. Eine Menschenmenge, die ihm in den Durchgang gefolgt war, versammelte sich vor der Tür und bemühte sich angestrengt, durch die Gläser der Türfüllung hereinzuschauen.

Der Inhaber begann sofort zu berichten, was er wußte. Der Konstabler, ein junger Mann mit massigen, unbeweglichen Gesichtszügen, hörte zu. Er bewegte den Kopf langsam von rechts nach links und vom Inhaber zu der Person am Boden, als ob er fürchtete, das Opfer einer Sinnestäuschung zu sein. Dann zog er seinen Handschuh aus, holte ein kleines Notizbuch aus dem Gürtelbund, leckte die Mine seines Bleistiftes ab und machte sich bereit zur Niederschrift. Er fragte in einem mißtrauischen, provinziellen Tonfall:

– Wer ist der Mann? Wie ist der Name und die Adresse?

Ein junger Mann im Fahrraddreß bahnte sich einen Weg durch den Kreis der Umstehenden. Er kniete sich unverzüglich neben den Verletzten und verlangte nach Wasser. Der Konstabler kniete sich gleichfalls nieder, um zu helfen. Der junge Mann wusch das Blut vom Mund des Verletzten ab und verlangte dann etwas Brandy. Der

Konstabler wiederholte die Forderung mit Amtsstimme, bis ein Kurat mit dem Glas gelaufen kam. Der Brandy wurde dem Mann eingeflößt. Nach ein paar Sekunden öffnete er die Augen und sah sich um. Er schaute auf den Kreis von Gesichtern und versuchte dann, als er begriff, auf die Beine zu kommen.

– Geht es jetzt wieder? fragte der junge Mann im Fahrraddreß.

– Schicher, nich der Rede wert, sagte der Verletzte und versuchte aufzustehen.

Man half ihm auf die Beine. Der Inhaber sagte etwas von einem Krankenhaus, und einige der Umstehenden gaben Ratschläge. Man setzte dem Mann den verbeulten Zylinder auf den Kopf. Der Konstabler fragte:

– Wo wohnen Sie?

Ohne zu antworten, fing der Mann an, die Enden seines Schnurrbarts zu zwirbeln. Er nahm den Unfall auf die leichte Schulter. Es sei nicht der Rede wert, sagte er: nur ein kleiner Unfall. Er sprach mit sehr belegter Stimme.

– Wo wohnen Sie? wiederholte der Konstabler.

Der Mann sagte, man solle ihm einen Wagen besorgen. Während man diesen Punkt erörterte, kam vom anderen Ende der Bar ein großer, flinker Herr von heller Gesichtsfarbe, der einen langen gelben Ulster trug. Als er die Szene sah, rief er:

– Hallo, Tom, alter Junge! Was ist denn los?

– Ach wasch, nich der Rede wert, sagte der Mann.

Der Neuankömmling betrachtete die jämmerliche Gestalt vor sich und wandte sich dann an den Konstabler:

– Alles in Ordnung, Konstabler. Ich bringe ihn heim.

Der Konstabler tippte an seinen Helm und antwortete:

– In Ordnung, Mr. Power!

– Komm jetzt, Tom, sagte Mr. Power und nahm seinen Freund beim Arm. Nichts gebrochen. Oder? Kannst du gehen?

Der junge Mann im Fahrraddreß nahm den Mann beim anderen Arm, und die Menge teilte sich.

– Wie bist du denn in diesen Schlamassel geraten? fragte Mr. Power.

– Der Herr ist die Treppe hinuntergefallen, sagte der junge Mann.

– Ich bin Ihn' schehr verbun', sagte der Verletzte.

– Keine Ursache.

– Scholl'n wir nich 'n klein' …?

– Jetzt nicht. Jetzt nicht.

Die drei Männer verließen die Bar, und die Menge verlor sich durch die Türen in den Durchgang. Der Inhaber brachte den Konstabler zur Treppe, um den Unfallort zu besichtigen. Sie kamen überein, daß der Herr den Halt verloren haben mußte. Die Kunden kamen zur Theke zurück, und ein Kurat machte sich darüber, die Blutspuren vom Boden zu entfernen.

Als sie auf die Grafton Street hinauskamen, pfiff Mr. Power nach einem Outsider. Der Verletzte sagte noch einmal, so gut er konnte:

– Ich bin ihn' schehr verbun', mein Herr. Ich hoffe, wir schehn unsch wieder. Heische Kernan.

Der Schock und die einsetzenden Schmerzen hatten ihn etwas ernüchtert.

– Nichts zu danken, sagte der junge Mann.

Sie schüttelten sich die Hand. Mr. Kernan wurde auf

den Wagen gehievt, und während Mr. Power dem Kutscher Anweisungen gab, bedankte er sich bei dem jungen Mann und bedauerte, daß sie nicht eine Kleinigkeit trinken könnten.

– Ein andermal, sagte der junge Mann.

Der Wagen setzte sich Richtung Westmoreland Street in Bewegung. Als er am Ballast Office vorbeifuhr, zeigte die Uhr halb zehn. Ein scharfer Ostwind fuhr ihnen von der Flußmündung entgegen. Mr. Kernan kroch in sich hinein vor Kälte. Sein Freund bat ihn zu erzählen, wie sich der Unfall abgespielt hatte.

– Ich kann nich, sagte er, Tschunge verletscht.

– Zeig!

Der andere lehnte sich über die Gepäckablage des Wagens und starrte in Mr. Kernans Mund, konnte aber nichts sehen. Er riß ein Streichholz an, und indem er es mit der hohlen Hand schützte, starrte er wieder in den Mund, den Mr. Kernan gehorsam öffnete. Die schaukelnde Bewegung des Wagens führte das Streichholz auf den geöffneten Mund zu und wieder weg. Die unteren Zähne und das Zahnfleisch waren mit geronnenem Blut verklebt, und ein winziges Stück Zunge schien abgebissen zu sein. Das Streichholz wurde ausgeblasen.

– Das ist scheußlich, sagte Mr. Power.

– Ach wasch, nich der Rede wert, sagte Mr. Kernan, schloß den Mund und zog den Kragen seines schmutzigen Mantels um seinen Hals.

Mr. Kernan war ein Handlungsreisender der alten Schule, die an die Ehre ihres Berufsstandes glaubte. Niemand hatte ihn je ohne einen passablen Zylinder und Gamaschen in der Stadt gesehen. Dank dieser beiden

Kleidungsstücke, sagte er, konnte man immer mit Anstand bestehen. Er setzte die Tradition seines Napoleon, des großen Blackwhite, fort, dessen Gedächtnis er hin und wieder durch Legenden oder Nachahmung heraufbeschwor. Moderne Geschäftsmethoden waren ihm nur insofern erspart geblieben, als es ihm möglich war, ein kleines Büro in der Crowe Street zu halten, auf dessen Fensterrouleau der Name seiner Firma mit Adresse stand – London, E.C. Auf dem Kaminsims dieses kleinen Büros war ein kleines bleiernes Bataillon von Kanistern aufgereiht, und auf dem Tisch standen vier oder fünf Porzellanschalen, die meist halb voll mit einer schwarzen Flüssigkeit waren. Aus diesen Schalen kostete Mr. Kernan Tee. Er nahm einen Mundvoll, zog ihn auf, sättigte seinen Gaumen damit und spuckte ihn dann aus in den Kamin. Dann hielt er inne, um zu einem Urteil zu kommen.

Mr. Power, ein wesentlich jüngerer Mann, war im Royal Irish Constabulary Office in Dublin Castle beschäftigt. Der Bogen seines sozialen Aufstiegs schnitt sich mit dem sinkenden Bogen seines Freundes, aber Mr. Kernans Abstieg wurde dadurch gemildert, daß manche der Freunde, die ihn auf dem höchsten Punkt des Erfolges gekannt hatten, ihn immer noch als ein Original schätzten. Mr. Power war einer dieser Freunde. Seine unerklärlichen Schulden waren sprichwörtlich in seinem Kreis; er war ein charmanter junger Mann.

Der Wagen hielt vor einem kleinen Haus an der Glasnevin Road, und man half Mr. Kernan ins Haus. Seine Frau brachte ihn ins Bett, während Mr. Power unten in der Küche saß und die Kinder fragte, wo sie zur Schule gingen und bei welchem Buch sie waren. Die Kinder, zwei Mädchen und ein Junge, die sich der Hilflosigkeit des Vaters und der Abwesenheit der Mutter bewußt waren, begannen Unfug mit ihm zu treiben. Ihr Benehmen und ihre Ausdrucksweise überraschten ihn, und er hob nachdenklich die Brauen. Nach einer Weile kam Mrs. Kernan in die Küche und rief:

– Was für ein Anblick! Oh, er wird sich noch mal ins Unglück bringen, das ist mein heiliger Ernst. Seit Freitag hat er getrunken.

Mr. Power war darauf bedacht, ihr zu erklären, daß er nicht verantwortlich sei dafür, daß er rein zufällig dazugekommen sei. Mrs. Kernan, die sich an Mr. Powers gute Dienste bei häuslichen Streitigkeiten und an viele kleine Kredite zur rechten Zeit erinnerte, sagte:

– Oh, das brauchen Sie mir nicht zu sagen, Mr. Power. Ich weiß, daß Sie ein Freund sind, nicht wie manche von den anderen, mit denen er sich rumtreibt. Die sind nur in Ordnung, solang er Geld in der Tasche hat, das ihn von seiner Frau und Familie weghält. Nette Freunde! Mit wem war er denn heut abend zusammen, das würd ich gern wissen?

Mr. Power schüttelte den Kopf, sagte aber nichts.

– Es tut mir leid, daß ich nichts im Haus habe, was ich Ihnen anbieten könnte. Aber wenn Sie einen Augenblick warten, dann schick ich jemand zu Fogarty an der Ecke.

Mr. Power stand auf.

– Wir haben darauf gewartet, daß er das Geld heimbringt. Er denkt anscheinend nie dran, daß er überhaupt ein Zuhause hat.

– Na ja, Mrs. Kernan, sagte Mr. Power, wir bringen ihn dazu, daß er einen neuen Anfang macht. Ich werde mit

Martin sprechen. Das ist der richtige Mann. Wir kommen abends mal vorbei und besprechen das.

Sie brachte ihn zur Tür. Der Kutscher stampfte am Gehweg auf und ab und schwang die Arme, um sich zu wärmen.

– Das ist sehr freundlich von Ihnen, daß Sie ihn heimgebracht haben, sagte sie.

– Nicht der Rede wert, sagte Mr. Power.

Er stieg auf den Wagen. Als er abfuhr, zog er frohgemut den Hut vor ihr.

– Wir machen einen neuen Menschen aus ihm, sagte er. Gute Nacht, Mrs. Kernan.

* * *

Mrs. Kernans unschlüssiger Blick folgte dem Wagen, bis er außer Sicht war. Dann wandte sie sich ab, ging ins Haus und leerte die Taschen ihres Mannes.

Sie war eine tatkräftige, praktisch veranlagte Frau in mittleren Jahren. Es war noch nicht lange her, daß sie ihre silberne Hochzeit gefeiert und ihre Vertrautheit mit ihrem Mann aufgefrischt hatte, indem sie zu Mr. Powers Begleitung Walzer mit ihm tanzte. Als Braut schien ihr Mr. Kernan durchaus ein galanter Mann zu sein: Und sie lief noch immer zur Kirchentür, wenn eine Hochzeit angekündigt war, und beim Anblick des Brautpaares erinnerte sie sich mit lebhafter Genugtuung, wie sie aus der Tür der Star of the Sea Church in Sandymount kam, auf den Arm eines vergnügten, stämmigen Mannes gestützt, der elegant in Gehrock und lavendelfarbene Hosen gekleidet war und auf dem freien Arm mit Grazie einen Zylinder balancierte. Nach drei Wochen fand sie das Leben einer Frau beschwerlich, und später, als es ihr allmählich unerträglich vorkam, wurde sie Mutter. Die Mutterrolle stellte sie vor keine unüberwindlichen Schwierigkeiten, und fünfundzwanzig Jahre lang hatte sie ihrem Mann klug das Haus geführt. Ihre beiden ältesten Söhne waren flügge. Einer war in einem Textilgeschäft in Glasgow, und der andere war Sekretär bei einem Teehändler in Belfast. Sie waren gute Söhne, schrieben regelmäßig und schickten manchmal Geld nach Hause. Die anderen Kinder gingen noch zur Schule.

Mr. Kernan sandte am nächsten Tag einen Brief in sein Büro und blieb im Bett. Sie machte ihm eine Bouillon und sagte ihm tüchtig die Meinung. Sie nahm seine häufige Unmäßigkeit hin wie das Wetter, pflegte ihn pflichtbewußt, wenn er krank war, und versuchte immer, ihn dazu zu bringen, sein Frühstück zu essen. Es gab schlimmere Ehemänner. Er war nie mehr gewalttätig gewesen, seit die Jungen erwachsen waren, und sie wußte, daß er bis zum Ende der Thomas Street und zurück lief, um einen noch so kleinen Auftrag zu verbuchen.

Zwei Abende später kamen seine Freunde zu Besuch. Sie brachte sie in sein Schlafzimmer hinauf, dessen Luft einen ganz eigenen Geruch angenommen hatte, und gab ihnen Plätze am Feuer. Mr. Kernan, den gelegentliche stechende Schmerzen in der Zunge tagsüber etwas reizbar gemacht hatten, wurde höflicher. Er saß von Kissen gestützt im Bett, und das bißchen Farbe auf seinen aufgedunsenen Backen erinnerte an warme Aschenglut. Er entschuldigte sich bei seinen Gästen für die Unordnung im Zimmer, sah sie aber gleichzeitig ein wenig gönnerhaft, mit Veteranenstolz an.

Er war völlig ahnungslos, daß er das Opfer eines Planes seiner Freunde Mr. Cunningham, Mr. M'Coy und

Mr. Power war, den sie Mrs. Kernan im Wohnzimmer enthüllt hatten. Es war Mr. Powers Idee, aber die Ausführung war Mr. Cunningham anvertraut worden. Mr. Kernan kam aus einem protestantischen Haus, und obwohl er bei seiner Hochzeit zum katholischen Glauben übergetreten war, hatte er seit zwanzig Jahren keine Kirche mehr von innen gesehen. Außerdem verteilte er gern Seitenhiebe gegen den Katholizismus.

Mr. Cunningham war gerade der richtige Mann für so einen Fall. Er war ein älterer Kollege von Mr. Power. Sein eigenes häusliches Leben war nicht sehr glücklich. Die Leute hatten großes Mitleid mit ihm, da man wußte, daß er eine Frau geheiratet hatte, die nicht vorzeigbar und eine unheilbare Trinkerin war. Sechsmal hatte er ihr das Haus eingerichtet, und jedesmal hatte sie ihm die Einrichtung verpfändet.

Jeder hatte Hochachtung vor dem armen Martin Cunningham. Er war ein grundvernünftiger Mann mit Einfluß und Verstand. Die Klinge seiner Menschenkenntnis – natürlicher Mutterwitz, vertieft durch lange Erfahrung mit Fällen im Polizeigericht – war durch kurze Tauchbäder ins Wasser allgemeiner Philosophie gehärtet worden. Er war gut informiert. Seine Freunde beugten sich seinem Urteil und meinten, daß sein Gesicht dem Shakespeares gliche.

Als man ihr den Plan enthüllt hatte, hatte Mrs. Kernan gesagt:

– Ich lege das ganz in Ihre Hand, Mr. Cunningham.

Nach einem Vierteljahrhundert Eheleben besaß sie nur noch ganz wenige Illusionen. Religion war eine Gewohnheit für sie, und sie hatte die Vermutung, daß sich ein Mann im Alter ihres Mannes bis zu seinem Tod nicht mehr wesentlich ändern würde. Sie war versucht, seinen Unfall seltsam passend zu finden, und wenn sie nicht gefürchtet hätte, gehässig zu erscheinen, hätte sie den Herren gesagt, daß es Mr. Kernans Zunge wenig beeinträchtige, daß sie kürzer sei. Aber Mr. Cunningham war ein fähiger Mann; und Religion war Religion. Der Plan mochte vielleicht etwas helfen, und zumindest würde er nicht schaden. Sie hatte keine übertriebenen Glaubenserwartungen. Sie glaubte fest an das heiligste Herz Jesu als die allgemein nützlichste aller katholischen Verehrungen und hielt die Sakramente für gut. Ihr Glaube wurde durch ihre Küche begrenzt, aber wenn man sie drängte, konnte sie auch an die Banshee und den Heiligen Geist glauben.

Die Herren begannen über den Unfall zu sprechen. Mr. Cunningham sagte, er habe einmal einen ähnlichen Fall gekannt. Ein Siebzigjähriger hatte sich ein Stück Zunge bei einem epileptischen Anfall abgebissen, und die Zunge war wieder so nachgewachsen, daß niemand eine Spur des Bisses entdecken konnte.

– Hör mal, ich bin nicht siebzig, meinte der Kranke.

– Gott bewahre, sagte Mr. Cunningham.

– Sie haben jetzt keine Schmerzen? fragte Mr. M'Coy.

Mr. M'Coy hatte einmal einen gewissen Ruf als Tenor besessen. Seine Frau, die eine Sopranistin gewesen war, gab kleinen Kindern noch Klavierunterricht für geringes Entgelt. Sein Lebensweg war nicht die kürzeste Verbindung zwischen zwei Punkten gewesen, und zeitweise war er gezwungen gewesen, sich mehr oder minder redlich durchzuschlagen. Er war Angestellter bei der Midland Railway, Anzeigenrequisiteur für die *Irish Times* und das *Freeman's Journal* gewesen, Stadtvertreter in Kommission für einen Kohlenhändler, Privatdetektiv, Angestellter im Büro des Sub-Sheriff, und kürzlich war er Sekretär des City Coroner geworden. Seine neue Aufgabe weckte sein berufliches Interesse an Mr. Kernans Fall.

– Schmerzen? Nicht sehr, antwortete Mr. Kernan. Aber es wird einem so übel. Ich fühle mich, als ob ich was rauswürgen müßte.

– Das ist der Alkohol, sagte Mr. Cunningham mit Nachdruck.

– Nein, sagte Mr. Kernan. Ich glaube, ich habe mich erkältet im Wagen. Da kommt mir immer etwas in den Hals, Speichel oder …

– Schleim, sagte Mr. M'Coy.

– Es kommt andauernd wie von unten aus dem Hals; eklige Sache.

– Ja, ja, sagte Mr. M'Coy, das ist der Thorax.

Er sah Mr. Cunningham und Mr. Power gleichzeitig leicht herausfordernd an. Mr. Cunningham nickte rasch, und Mr. Power sagte:

– Na ja, Ende gut, alles gut.

– Ich bin dir wirklich sehr verbunden, alter Junge, sagte der Kranke.

Mr. Power winkte ab.

– Die beiden anderen Kerle, mit denen ich zusammen war …

– Mit wem warst du denn zusammen? fragte Mr. Cunningham.

– So 'n Kerl. Ich weiß seinen Namen nicht. Verdammt noch mal, wie heißt er nur? Kleiner Bursche mit rotblonden Haaren …

– Und wer noch?

– Harford.

– Hm, sagte Mr. Cunningham.
– Wenn Mr. Cunningham diesen Kommentar abgab, waren die Leute still. Man wußte, daß der Sprecher geheime Informationsquellen besaß. In diesem Fall steckte eine moralische Absicht hinter der Einsilbigkeit. Mr. Harford war manchmal Mitglied einer kleinen Abordnung, die die Stadt am Sonntag kurz nach Mittag verließ, um so bald wie möglich irgendein Gasthaus in den Außenbezirken der Stadt zu erreichen, wo sich ihre Mitglieder vorschriftsmäßig als *bona fide*-Reisende zu erkennen gaben. Aber seine Mitreisenden waren nie bereit gewesen, seine Herkunft zu übersehen. Er hatte sein Leben als obskurer Finanzier begonnen, indem er Arbeitern kleine Summen zu Wucherzinsen lieh. Später war er Partner eines sehr dicken kleinen Herrn, Mr. Goldberg von der Liffey Loan Bank, geworden. Obwohl er sich nie mehr als den jüdischen Moralkodex zu eigen gemacht hatte, nannten ihn seine katholischen Glaubensbrüder, wenn sie in Person oder durch einen Bevollmächtigten unter seinen Forderungen zu leiden hatten, bitter einen irischen Juden und Analphabeten und sahen göttliche Mißbilligung des Wuchers in seinem schwachsinnigen Sohn verkörpert. Zu anderen Zeiten erinnerten sie sich an seine guten Seiten.
– Ich frage mich, wo er nur hingegangen ist, sagte Mr. Kernan.

Er wünschte, daß die näheren Umstände des Vorfalls unklar blieben. Er wünschte, daß seine Freunde glaubten, es sei ein Versehen gewesen, und daß er und Mr. Harford sich verfehlt hätten. Seine Freunde, die Mr. Harfords Zechgepflogenheiten hinreichend kannten, waren still. Mr. Power sagte wieder:

– Ende gut, alles gut.

Mr. Kernan wechselte sofort das Thema.

– Das war ein anständiger junger Kerl, dieser Medizinstudent, sagte er. Ohne ihn ...

– Oh, ohne ihn, sagte Mr. Power, hätten das sieben Tage werden können, ohne die Möglichkeit, statt dessen Bußgeld zu zahlen.

– Ja, ja, sagte Mr. Kernan und versuchte sich zu erinnern. Ich erinnere mich jetzt, daß da ein Polizist war. Anständiger junger Kerl, kam mir vor. Wie ist das überhaupt passiert?

– Passiert ist, daß du sternhagelvoll warst, Tom, sagte Mr. Cunningham ernst.

– Begründeter Vorwurf, sagte Mr. Kernan ebenso ernst.

– Ich vermute, Sie haben den Konstabler übernommen, Jack, sagte Mr. M'Coy.

Mr. Power schätzte den Gebrauch seines Vornamens nicht. Er war nicht zimperlich, aber er konnte nicht vergessen, daß Mr. M'Coy kürzlich einen Feldzug auf der Suche nach Koffern und Reisetaschen unternommen hatte, um Mrs. M'Coy in die Lage zu versetzen, erfundene Engagements auf dem Land zu erfüllen. Mehr als die Tatsache, daß er ein Opfer war, nahm er übel, daß jemand so gar nichts auf die Spielregeln gab. Er beantwortete die Frage deshalb so, als ob Mr. Kernan sie gestellt hätte.

Die Erzählung entrüstete Mr. Kernan. Er war sich seiner Rolle als Bürger sehr bewußt, wünschte, mit seiner Stadt in beiderseitigem ehrbarem Einvernehmen zu leben, und nahm jeden Affront von Leuten übel, die er Bauernlümmel nannte.

– Bezahlen wir dafür unsere Steuern? fragte er. Um solche Strohköpfe zu ernähren und zu kleiden ... und was anderes sind sie nicht.

Mr. Cunningham lachte. Er war nur während der Dienstzeit Beamter des Castle.

– Wie sollten sie was anderes sein, Tom? sagte er.

Er schlug einen stark provinziellen Tonfall an und sagte mit Kommandostimme:

– 65, fang deinen Kohl!

Alle lachten. Mr. M'Coy, dem jeder Weg recht war, um ins Gespräch zu kommen, gab vor, die Geschichte noch nie gehört zu haben. Mr. Cunningham sagte:

– Das soll sich – sagt man, nicht wahr – irgendwo im Depot abspielen, wo sie diese Mordskerle vom Land, die Omadhauns, nicht wahr, zum Drillen bekommen. Der Sergeant läßt sie sich in einer Reihe an der Wand aufstellen und ihre Teller hochhalten.

Er illustrierte die Geschichte mit bizarren Gesten.

– Beim Essen, nicht wahr. Dann hat er eine verdammt große Schüssel mit Kohl vor sich auf dem Tisch und einen verdammt großen Schöpflöffel, wie eine Schaufel. Er nimmt eine Ladung Kohl auf den Löffel und feuert sie quer durch den Saal, und die armen Teufel müssen versuchen, sie auf ihren Tellern zu fangen: *65, fang deinen Kohl.*

Alle lachten wieder: aber Mr. Kernan war immer noch etwas entrüstet. Er redete davon, einen Brief an die Zeitungen zu verfassen.

– Diese Yahoos kommen hierher, sagte er, und meinen, sie können die Leute hier schikanieren. Ich brauche dir nicht zu sagen, Martin, was das für Männer sind.

Mr. Cunningham stimmte mit Vorbehalt zu.

– Es ist wie mit allem auf dieser Welt, sagte er. Es gibt ein paar üble Burschen, und es gibt ein paar gute.

– O ja, es gibt ein paar gute, das geb ich zu, sagte Mr. Kernan zufriedengestellt.

– Es ist besser, wenn man nichts mit ihnen zu tun hat, sagte Mr. M'Coy. Das ist meine Meinung!

Mrs. Kernan kam ins Zimmer, stellte ein Tablett auf den Tisch und sagte:

– Bedienen Sie sich, meine Herren.

Mr. Power stand auf, um als Helfer zu fungieren, und bot ihr seinen Stuhl an. Sie lehnte ab, sagte, daß sie unten beim Bügeln sei, und nachdem sie Mr. Cunningham hinter Mr. Powers Rücken zugenickt hatte, machte sie Anstalten, das Zimmer zu verlassen. Ihr Mann rief ihr zu:

– Und hast du nichts für mich, Spatz?

– Ach du! Du kannst eine hinter die Löffel haben! sagte Mrs. Kernan bissig.

Ihr Mann rief ihr nach:

– Nichts für den armen kleinen Männe!

Seine Grimassen und seine verstellte Stimme waren so komisch, daß die Verteilung der Flaschen mit Stout unter allgemeiner Heiterkeit vor sich ging.

Die Herren tranken aus ihren Gläsern, setzten die Gläser wieder auf den Tisch und machten eine Pause. Dann wandte sich Mr. Cunningham zu Mr. Power und sagte beiläufig:

– Donnerstagabend hast du gesagt, Jack?

– Donnerstag, ja, sagte Mr. Power.

– In Ordnung! sagte Mr. Cunningham prompt.

– Wir können uns in M'Auley's treffen, sagte Mr. M'Coy. Das wird der geeignetste Ort sein.

– Aber wir dürfen nicht zu spät kommen, sagte Mr. Power ernsthaft, weil es bestimmt bis auf den letzten Platz voll wird.
– Wir können uns um halb sieben treffen, sagte Mr. M'Coy.
– In Ordnung! sagte Mr. Cunningham.
– Also dann um halb sieben in M'Auley's!
Es herrschte kurzes Schweigen. Mr. Kernan wartete, um zu sehen, ob ihn seine Freunde ins Vertrauen ziehen würden. Dann fragte er:
– Was ist denn im Busch?
– Oh, nichts, sagte Mr. Cunningham. Nur eine Kleinigkeit, die wir für Donnerstag organisieren.
– Geht's um die Oper? sagte Mr. Kernan.
– Nein, nein, sagte Mr. Cunningham in ausweichendem Ton, es ist nur eine kleine ... religiöse Angelegenheit.
– Oh, sagte Mr. Kernan.
Wieder herrschte Stille. Dann sagte Mr. Power unverblümt:
– Um dir die Wahrheit zu sagen, Tom, wir werden Exerzitien machen.
– Ja, das ist es, sagte Mr. Cunningham, Jack und ich und M'Coy hier – wir werden reinen Tisch machen.
Er äußerte die Metapher mit einer gewissen schlichten Nachdrücklichkeit und fuhr, ermutigt von seiner eigenen Stimme, fort:
– Weißt du, wir können doch alle zugeben, daß wir eine ganz hübsche Versammlung von Halunken sind, einer wie der andere. Einer wie der andere, sage ich, fügte er mit rauher Nachsicht hinzu und wandte sich an Mr. Power. Gib es schon zu!
– Ich gebe es zu, sagte Mr. Power.

– Und ich gebe es zu, sagte Mr. M'Coy.
– Also werden wir gemeinsam reinen Tisch machen, sagte Mr. Cunningham.

Da schien ihm ein Gedanke zu kommen. Er wandte sich plötzlich an den Kranken und sagte:
– Weißt du, was mir gerade einfällt, Tom? Du könntest ja mit uns kommen, und wir könnten einen vierhändigen Reel tanzen.
– Gute Idee, sagte Mr. Power. Wir vier zusammen.

Mr. Kernan schwieg. Der Vorschlag hatte wenig konkrete Bedeutung für ihn, aber da er begriff, daß sich irgendwelche religiösen Institutionen für ihn bemühen würden, meinte er, es seiner Würde schuldig zu sein, Widerstand zu leisten. Er nahm längere Zeit nicht am Gespräch teil, sondern hörte mit einem Ausdruck gelassener Feindseligkeit zu, während seine Freunde über die Jesuiten diskutierten.
– Ich habe keine so schlechte Meinung von den Jesuiten, sagte er und mischte sich schließlich ein. Sie sind ein gebildeter Orden. Ich glaube auch, daß sie es gut meinen.
– Sie sind der großartigste Orden der Kirche, Tom, sagte Mr. Cunningham mit Enthusiasmus. Der General der Jesuiten kommt sofort nach dem Papst.
– Kein Zweifel, sagte Mr. M'Coy, wenn man will, daß etwas richtig erledigt wird und ohne Zicken, geht man zu einem Jesuiten. Die Knaben haben Einfluß. Ich werd euch dazu einen Fall erzählen ...
– Die Jesuiten sind großartige Leute, sagte Mr. Power.
– Es ist eine merkwürdige Sache mit dem Jesuitenorden, sagte Mr. Cunningham. Jeder kirchliche Orden mußte

irgendwann reformiert werden, aber der Jesuitenorden mußte nie reformiert werden. Er ist nie abgefallen.
– Wirklich? fragte Mr. M'Coy.
– Das ist Tatsache, sagte Mr. Cunningham. Das ist Geschichte.
– Schau dir nur ihre Kirche an, sagte Mr. Power. Schau dir die Gemeinde an, die sie haben.
– Die Jesuiten kümmern sich um die besseren Schichten, sagte Mr. M'Coy.
– Natürlich, sagte Mr. Power.
– Ja, sagte Mr. Kernan. Das ist der Grund, warum ich etwas für sie übrig habe. Aber manche von diesen weltlichen Priestern sind unwissende, aufgeblasene …
– Das sind alles gute Menschen, sagte Mr. Cunningham, jeder auf seine Art. Die irische Priesterschaft wird auf der ganzen Welt respektiert.
– O ja, sagte Mr. Power.
– Nicht wie manche andere Priesterschaft auf dem Kontinent, sagte Mr. M'Coy, die den Namen nicht verdient.
– Vielleicht hast du recht, sagte Mr. Kernan einlenkend.
– Natürlich hab ich recht, sagte Mr. Cunningham. Ich bin nicht all die Zeit auf der Welt und hab das meiste davon gesehn, ohne was von Menschen zu verstehn.

Die Herren tranken wieder, wobei einer dem Beispiel des anderen folgte. Mr. Kernan schien sich etwas durch den Kopf gehen zu lassen. Er war beeindruckt. Er hatte eine hohe Meinung von Mr. Cunninghams Menschenkenntnis. Er fragte nach Einzelheiten.
– Oh, weißt du, es sind nur Exerzitien, sagte Mr. Cunningham. Father Purdon hält sie ab. Sie sind für Geschäftsleute, weißt du.

– Er wird nicht zu streng mit uns sein, Tom, sagte Mr. Power überzeugend.
– Father Purdon? Father Purdon? sagte der Kranke.
– Oh, du mußt ihn kennen, Tom, sagte Mr. Cunningham entschieden. Ein prima Kerl! Ein Mann, der sich in der Welt auskennt wie wir.
– Ah … ja. Ich glaube, ich kenne ihn. Ziemlich rotes Gesicht; groß.
– Das ist er.
– Und sag, Martin … Ist er ein guter Prediger?
– Hmhmnein. … Weißt du, das ist keine richtige Predigt. Es ist eine Art freundliches Gespräch, weißt du, auf vernünftige Art.

Mr. Kernan besann sich. Mr. M'Coy sagte:
– Father Tom Burke, das war der richtige!
– Oh, Father Tom Burke, sagte Mr. Cunningham, das war ein geborener Redner. Hast du ihn jemals gehört, Tom?
– Ob ich ihn gehört habe! sagte der Kranke aufgebracht. Und ob! Ich habe ihn gehört. …
– Und trotzdem sagt man, er war kein großer Theologe, sagte Mr. Cunningham.
– Wirklich? sagte Mr. M'Coy.
– Oh, natürlich, es war nichts Verkehrtes, wißt ihr. Aber manchmal, sagt man, hat er Dinge gepredigt, die nicht ganz orthodox waren.
– Ah! … er war ein wunderbarer Mann, sagte Mr. M'Coy.
– Ich habe ihn einmal gehört, fuhr Mr. Kernan fort. Ich weiß das Thema der Predigt nicht mehr. Crofton und ich waren hinten im … Parkett, du weißt schon, dem …

– Dem Schiff, sagte Mr. Cunningham.
– Ja, hinten, bei der Tür. Ich weiß nicht mehr, was ... O ja, es ging um den Papst, den verstorbenen Papst. Ich erinnere mich gut. Auf mein Wort, das war grandios, der Stil der Rede. Und seine Stimme! Mein Gott! hatte der eine Stimme! *Der Gefangene des Vatikan*, nannte er ihn. Ich erinnere mich, daß Crofton im Hinausgehen zu mir sagte ...
– Aber Crofton ist doch ein Orangeman, nicht wahr? sagte Mr. Power.
– 'türlich ist er das, sagte Mr. Kernan, und ein verdammt anständiger Orangeman dazu. Wir gingen zu Butler's in der Moore Street – wirklich, ich war tief bewegt, um ehrlich zu sein -, und ich erinnere mich ganz genau an seine Worte. *Kernan*, sagte er, *wir beten an verschiedenen Altären*, sagte er, *aber unser Glaube ist derselbe*. Ich fand, das war großartig gesagt.
– Da ist viel dran, sagte Mr. Power. Es waren immer eine Menge Protestanten in der Kirche, wenn Father Tom predigte.
– Da ist nicht soviel Unterschied zwischen uns, sagte Mr. M'Coy. Wir glauben beide an ...

Er zögerte einen Moment.
– ... an den Erlöser. Nur daß sie nicht an den Papst und die Mutter Gottes glauben.
– Aber natürlich, sagte Mr. Cunningham gelassen und wirkungsvoll, ist unsere Religion die wahre Religion, der alte, ursprüngliche Glaube.
– Kein Zweifel, sagte Mr. Kernan warmherzig.

Mrs. Kernan kam an die Türe des Schlafzimmers und verkündete:
– Hier ist ein Besuch für dich!

– Wer ist es?
– Mr. Fogarty.
– Oh, herein! Herein!

Ein blasses, ovales Gesicht trat ins Licht. Der Bogen seines blonden hängenden Schnurrbartes wiederholte sich in den blonden Augenbrauen, die sich über den angenehm überraschten Augen wölbten. Mr. Fogarty war ein bescheidener Kaufmann. Er hatte einen geschäftlichen Fehlschlag mit einem Schankbetrieb in der Stadt erlitten, weil ihn seine finanziellen Verhältnisse dazu gezwungen hatten, sich an zweitklassige Brenner und Brauer zu binden. Er hatte einen kleinen Laden an der Glasnevin Street eröffnet, wo seine Umgangsformen, wie er sich schmeichelte, die Hausfrauen des Viertels für ihn einnehmen würden. Er besaß einen gewissen Charme, war liebenswürdig zu kleinen Kindern und sprach mit klarer Stimme. Er war nicht ohne Bildung.

Mr. Fogarty brachte ein Geschenk mit, eine halbe Pint eines besonderen Whiskeys. Er erkundigte sich höflich nach Mr. Kernans Befinden, stellte sein Geschenk auf den Tisch und setzte sich wie einer der Ihren zu der Gesellschaft. Mr. Kernan wußte das Geschenk um so mehr zu würdigen, als er sich bewußt war, daß eine kleinere Lebensmittelrechnung zwischen ihm und Mr. Fogarty noch nicht beglichen war. Er sagte:
– Ich wußte es doch, alter Junge. Machst du das mal auf, Jack?

Mr. Power stand wieder zu Diensten. Gläser wurden ausgewaschen und fünf kleine Rationen Whiskey ausgegossen. Diese neue Anregung belebte das Gespräch. Mr. Fogarty, der auf der Kante des Stuhles saß, war besonders interessiert.

– Papst Leo XIII., sagte Mr. Cunningham, war eine der Leuchten seiner Zeit. Seine große Idee, nicht wahr, war die Vereinigung der römischen und griechischen Kirche. Das war sein Lebensziel.
– Ich habe oft gehört, daß er einer der gebildetsten Männer Europas war, sagte Mr. Power. Also abgesehen davon, daß er Papst war.
– Das war er, sagte Mr. Cunningham, wenn nicht überhaupt der gebildetste. Sein Motto, wißt ihr, als Papst war *Lux zu Lux – Licht zu Licht*.
– Nein, nein, sagte Mr. Fogarty eifrig. Ich glaube, da irren Sie. Es war *Lux in Tenebris*, glaube ich – *Licht in der Finsternis*.
– O ja, sagte Mr. M'Coy, Tenebrae.
– Wenn Sie gestatten, sagte Mr. Cunningham bestimmt, es war *Lux zu Lux*. Und das Motto seines Vorgängers, Pius IX., war *Crux zu Crux*, das heißt, *Kreuz zu Kreuz* – um den Unterschied zwischen ihren beiden Pontifikaten zu zeigen.

Die Schlußfolgerung wurde angenommen. Mr. Cunningham fuhr fort.
– Papst Leo, wißt ihr, war ein großer Gelehrter und Dichter.
– Er hatte ein markantes Gesicht, sagte Mr. Kernan.
– Ja, sagte Mr. Cunningham. Er schrieb lateinische Gedichte.
– Wirklich? sagte Mr. Fogarty.

Mr. M'Coy probierte zufrieden seinen Whiskey und schüttelte in zweifacher Absicht den Kopf, wobei er sagte:
– Das ist kein Scherz, das kann ich euch sagen.
– Tom, das haben wir nicht gelernt, als wir in der Dorf-

schule waren, sagte Mr. Power und folgte Mr. M'Coys Beispiel.

– Manch ein anständiger Kerl ist mit einem Torfbrokken unter dem Arm in die Dorfschule gegangen, sagte Mr. Kernan belehrend. Das alte System war das beste: einfache, ehrliche Erziehung. Nichts von diesem modernen Plunder …

– Ganz recht, sagte Mr. Power.

– Nichts Peripheres, sagte Mr. Fogarty.

Er sprach das Wort prononciert aus und trank dann mit ernster Miene.

– Ich erinnere mich, gelesen zu haben, sagte Mr. Cunningham, daß eines von Papst Leos Gedichten von der Erfindung der Photographie handelte, auf lateinisch natürlich.

– Von der Photographie! rief Mr. Kernan aus.

– Ja, sagte Martin Cunningham.

Auch er trank aus seinem Glas.

– Ja, wißt ihr, sagte Mr. M'Coy, ist die Photographie nicht etwas Wunderbares, wenn man sich's recht überlegt?

– Natürlich, sagte Mr. Power, große Geister können das Wesen der Dinge sehen.

– Wie der Dichter sagt: *Große Geister sind dem Wahnsinn mehr als nah*, sagte Mr. Fogarty.

Mr. Kernan schien etwas beunruhigt zu sein. Er versuchte angestrengt, sich an die protestantische Lehrmeinung zu einigen dornigen Problemen zu erinnern, und sprach schließlich Mr. Cunningham an.

– Sag mal, Martin, sagte er. Waren nicht einige der Päpste – natürlich nicht unser jetziger Mann oder sein Vorgänger, aber einige der frühen Päpste – nicht ganz … du weißt schon … das Wahre?

Es herrschte Schweigen. Mr. Cunningham sagte:

– Oh, natürlich gab's da einige üble Burschen. ... Aber das Erstaunliche ist folgendes. Nicht einer von ihnen, nicht der größte Säufer, nicht der ... ausgekochteste Rohling, keiner von ihnen hat jemals ein Wort falscher Lehre *ex cathedra* gepredigt. Na, ist das nicht erstaunlich?

– Und ob, sagte Mr. Kernan.

– Ja, denn wenn der Papst *ex cathedra* spricht, erklärte Mr. Fogarty, ist er unfehlbar.

– Ja, sagte Mr. Cunningham.

– Oh, ich weiß Bescheid über die Unfehlbarkeit des Papstes. Ich erinnere mich, ich war jünger damals ... Oder war es, daß?

Mr. Fogarty unterbrach. Er nahm die Flasche und schenkte den anderen noch etwas ein. Mr. M'Coy, der sah, daß nicht genug für alle da war, machte geltend, daß er seinen ersten noch nicht getrunken habe. Die anderen nahmen unter Protest an. Die helle Musik des Whiskeys, der in die Gläser fiel, sorgte für eine angenehme Unterbrechung.

– Was wollten Sie gerade sagen, Tom? fragte Mr. M'Coy.

– Die Unfehlbarkeit des Papstes, sagte Mr. Cunningham, das war das größte Ereignis in der ganzen Kirchengeschichte.

– Wie das, Martin? fragte Mr. Power.

Mr. Cunningham hielt zwei dicke Finger hoch.

– Im heiligen Kollegium, ihr wißt schon, der Kardinäle und Erzbischöfe und Bischöfe gab es zwei Männer, die dagegen hielten, während alle anderen dafür waren. Das ganze Konklave bis auf diese beiden, war einstimmig dafür. Aber nein! Sie waren dagegen!

– Ha! sagte Mr. M'Coy.

– Und das war ein deutscher Kardinal namens Dolling … oder Dowling … oder …

– Dowling war kein Deutscher, also das steht fest, sagte Mr. Power lachend.

– Schön, dieser große deutsche Kardinal, wie er auch geheißen hat, war der eine; und der andere war John MacHale.

– Was? rief Mr. Kernan. Ist das John von Tuam?

– Sind Sie da sicher? fragte Mr. Fogarty zweifelnd. Ich dachte, es war irgendein Italiener oder Amerikaner …

– John von Tuam, wiederholte Mr. Cunningham, der war's.

Er trank, und die anderen Herren folgten seinem Beispiel. Dann fuhr er fort:

– Da waren sie alle dabei, alle die Kardinäle und Bischöfe und Erzbischöfe von allen Enden der Erde, und die beiden kämpften auf Teufel komm raus, bis der Papst zuletzt selbst aufstand und die Unfehlbarkeit *ex cathedra* zum kirchlichen Dogma erklärte. Im gleichen Augenblick stand John MacHale, der immer und immer wieder dagegen gesprochen hatte, auf, und rief mit Löwenstimme: *Credo!*

– *Ich glaube!* sagte Mr. Fogarty.

– *Credo!* sagte Mr. Cunningham. Das zeigte, was für einen Glauben er besaß. Er unterwarf sich, sobald der Papst das Wort ergriff.

– Und was war mit Dowling? fragte Mr. M'Coy.

– Der deutsche Kardinal wollte sich nicht unterwerfen. Er trat aus der Kirche aus.

Mr. Cunninghams Worte hatten das gewaltige Bild der Kirche in den Köpfen seiner Zuhörer entstehen lassen. Seine tiefe, rauhe Stimme hatte sie gepackt, als sie das Wort des Glaubens und der Unterwerfung hören ließ. Als Mrs. Kernan, sich die Hände abtrocknend, das Zimmer betrat, kam sie in eine feierliche Runde. Sie störte die Stille nicht, sondern lehnte sich über das Gitter am Fuß des Bettes.

– Ich habe John MacHale einmal gesehen, sagte Mr. Kernan, und ich werde das nie vergessen, solange ich lebe.

Er wandte sich zur Bestätigung an seine Frau.

– Ich hab dir das oft erzählt?

Mrs. Kernan nickte.

– Es war bei der Enthüllung von Sir John Grays Statue. Edmund Dwyer Gray sprach gerade, faselte daher, und da war dieser alte Knabe, ein mürrisch dreinschauender alter Bursche, und starrte ihn unter seinen buschigen Augenbrauen an.

Mr. Kernan zog die Brauen zusammen, senkte den Kopf wie ein wütender Stier und funkelte seine Frau an.

– Mein Gott! rief er und nahm wieder seinen normalen Gesichtsausdruck an, ich habe noch nie solche Augen im Kopf eines Menschen gesehen. Es war, als hätte er gesagt: *Ich durchschaue dich ganz und gar, Freundchen.* Er hatte Augen wie ein Falke.

– Keiner von den Grays hat etwas getaugt, sagte Mr. Power.

Wieder trat eine Pause ein. Mr. Power wandte sich an Mrs. Kernan und sagte mit unvermittelter Fröhlichkeit:

– Na, Mrs. Kernan, wir werden aus ihrem Mann hier einen guten, heiligen, frommen und gottesfürchtigen römischen Katholiken machen.

Er schloß die ganze Runde mit seiner Handbewegung ein.

– Wir werden alle zusammen Exerzitien machen und unsere Sünden beichten – und Gott weiß, wir haben's nötig.

– Nichts dagegen, sagte Mr. Kernan und lächelte etwas nervös.

Mrs. Kernan hielt es für klüger, ihre Zufriedenheit zu verbergen. So sagte sie:

– Ich bedaure den armen Priester, der sich deine Geschichte anhören muß.

Mr. Kernans Ausdruck änderte sich.

– Wenn sie ihm nicht gefällt, sagte er frei heraus, soll er … was anderes tun. Ich werde ihm nur meine kleinen Schmerzen erzählen. Ich bin kein so übler Bursche …

Mr. Cunningham legte sich prompt ins Mittel.

– Wir werden alle dem Teufel abschwören, sagte er, gemeinsam, und nicht zu vergessen seinen Taten und seinem Gepränge.

– Hebe dich, Satan, von mir! sagte Mr. Fogarty lachend und sah die anderen an.

Mr. Power sagte nichts. Er hatte ganz das Gefühl, daß er seiner Führungsrolle enthoben war. Aber auf seinem Gesicht spielte ein zufriedener Ausdruck.

– Alles, was wir zu tun haben, ist, sagte Mr. Cunningham, mit brennenden Kerzen in der Hand aufzustehen und unseren Taufbund zu erneuern.

– Oh, vergessen Sie die Kerze nicht, Tom, sagte Mr. M'Coy, was auch immer Sie tun.

– Was? sagte Mr. Kernan. Brauche ich eine Kerze?

– O ja, sagte Mr. Cunningham.

– Nein, verdammt noch mal, sagte Mr. Kernan vernünftig, da hört sich's auf. Ich mach das alles, wie's sich gehört. Ich mach diese Exerzitiengeschichte und die Beichte und ... das ganze Geschäft. Aber ... keine Kerzen! Nein, verdammt noch mal, die Kerzen verweigere ich!

Er schüttelte den Kopf mit drolligem Ernst.

– Hör sich das einer an! sagte seine Frau.

– Ich verweigere die Kerzen, sagte Mr. Kernan, der sich bewußt war, daß er Eindruck auf sein Publikum gemacht hatte, und er schüttelte weiter den Kopf hin und her. Ich verweigere dieses Laterna-magica-Zeugs.

Alle lachten herzlich.

– Das ist mir ein schöner Katholik! sagte seine Frau.

– Keine Kerzen! wiederholte Mr. Kernan hartnäckig. Kommt nicht in Frage!

* * *

Das Querschiff der Jesuitenkirche in der Gardiner Street war beinahe voll; und noch immer kamen jeden Augenblick Herren zur Seitentüre herein und schritten, von dem Laienbruder geleitet, auf Zehenspitzen die Seitenschiffe entlang, bis sie eine Sitzgelegenheit fanden. Die Herren waren alle gut gekleidet und sittsam. Das Licht der Kirchenlampen fiel auf eine Versammlung von schwarzen Gewändern und weißen Kragen, hier und da aufgelockert durch Tweedanzüge, auf dunkle gesprenkelte Säulen aus grünem Marmor und auf düstere Ölgemälde. Die Herren saßen in den Bänken, nachdem sie ihre Hosen über den Knien etwas hochgezogen und ihre Hüte sicher verwahrt hatten. Sie saßen weit zurückgelehnt und blickten feierlich auf den fernen roten Lichtfleck, der vor dem Hochaltar herabhing.

In einer der Bänke nahe der Kanzel saßen Mr. Cunningham und Mr. Kernan. In der Bank dahinter saß allein Mr. M'Coy: Und in der Bank hinter ihm saßen Mr. Power und Mr. Fogarty. Mr. M'Coy hatte ohne Erfolg versucht, einen Platz auf der Bank bei den anderen zu finden, und als sich die Gruppe in der Form des Quincunx niederließ, hatte er erfolglos versucht, witzige Bemerkungen darüber zu machen. Da sie keine Zustimmung gefunden hatten, hatte er davon abgelassen. Selbst er spürte die würdevolle Atmosphäre, und selbst er begann auf den religiösen Impuls zu reagieren. Im Flüsterton machte Mr. Cunningham Mr. Kernan auf Mr. Harford, den Geldverleiher, aufmerksam, der etwas entfernt von ihnen saß, und auf Mr. Fanning, den Wahlvorsteher und Bürgermeistermacher der Stadt, der unmittelbar unter der Kanzel neben einem der neugewählten Stadträte des Bezirks saß. Rechts saßen der alte Michael Grimes, Besitzer von drei Pfandhäusern, und der Neffe Dan Hogans, der die Stelle im Amt des Town Clerk bekommen sollte. Weiter vorne saßen Mr. Hendrick, der Chefreporter des *Freeman's Journal*, und der arme O'Carroll, ein alter Freund von Mr. Kernan, der früher einmal ein bedeutender Geschäftsmann gewesen war. Nach und nach, als er bekannte Gesichter bemerkte, begann Mr. Kernan sich heimischer zu fühlen. Sein Hut, den seine Frau wieder präsentabel gemacht hatte, ruhte auf seinen Knien. Ein- oder zweimal zog er mit einer Hand seine Manschetten herunter, während er den Hutrand leicht, aber sicher mit der anderen festhielt.

Man sah, daß sich eine wuchtige Gestalt, deren obere Hälfte mit einem weißen Chorrock bedeckt war, auf die Kanzel hinauf bemühte. Gleichzeitig kam Bewegung in die Gemeinde, man zog Taschentücher hervor und kniete bedächtig darauf nieder. Mr. Kernan folgte dem allgemeinen Beispiel. Die Gestalt des Priesters stand jetzt aufrecht in der Kanzel, zwei Drittel des Körpers, gekrönt von einem massigen roten Gesicht, ragten über die Brüstung.

Father Purdon kniete nieder, wandte sich dem roten Lichtfleck zu, bedeckte das Gesicht mit seinen Händen und betete. Nach einer Pause nahm er die Hände vom Gesicht und erhob sich. Die Gemeinde erhob sich ebenfalls und nahm wieder auf den Bänken Platz. Mr. Kernan legte seinen Hut auf den alten Platz auf seinen Knien und bot dem Priester ein aufmerksames Gesicht dar. Der Priester schlug jeden der weiten Ärmel des Chorrockes mit einer sorgfältigen, ausladenden Geste zurück und musterte langsam die Schar der Gesichter. Dann sagte er:

– *Denn die Kinder dieser Welt sind klüger denn die Kinder des Lichtes in ihrem Geschlecht. Deshalb machet euch Freunde mit dem ungerechten Mammon, daß, wenn es zu Ende geht, sie euch aufnehmen in die ewigen Hütten.*

Father Purdon legte den Text mit volltönender Gewißheit aus. Es sei einer der schwierigsten Texte in der Heiligen Schrift, sagte er, wenn man ihn richtig deuten wolle. Es sei ein Text, der dem oberflächlichen Beobachter im Widerspruch zu den hehren Moralvorstellungen zu stehen scheine, wie sie Jesus Christus sonst predige. Aber, sagte er seinen Zuhörern, ihm sei dieser Text besonders geeignet erschienen, um die zu leiten, deren Los es sei, ein weltliches Leben zu führen, und die trotzdem wünschten, dieses Leben nicht in der Art der Weltkinder zu führen. Es sei ein Text für Geschäftsleute und die höheren Berufsstände. Jesus Christus mit seinem göttlichen Einblick in jeden Winkel unserer menschlichen Natur verstehe, daß nicht alle Menschen zum religiösen Leben berufen seien, daß die bei weitem größere Mehrheit gezwungen sei, in der Welt und bis zu einem gewissen Grad für die Welt zu leben: Und mit diesem Satz beabsichtige Er, ihnen ein Wort des Rates zu geben, indem Er ihnen als Vorbilder für das religiöse Leben eben jene Anbeter des Mammons vorstelle, die unter allen Menschen am wenigsten auf die Religion bedacht seien.

Er sagte seinen Zuhörern, daß er an diesem Abend nicht in der überspannten Absicht gekommen sei, ihnen Furcht einzuflößen, sondern als ein Mann der Welt, der zu seinen Mitmenschen spreche. Er sei gekommen, um zu Geschäftsleuten zu sprechen, und er werde auf eine geschäftsmäßige Art und Weise mit ihnen sprechen. Wenn er die Metapher gebrauchen dürfe, sagte er, sei er ihr geistlicher Buchhalter; und er wünsche, daß jeder einzelne seiner Zuhörer seine Geschäftsbücher, die Geschäftsbücher seines geistigen Lebens offenlege und kontrolliere, ob sie genau übereinstimmten mit seinem Gewissen.

Jesus Christus sei kein strenger Zuchtmeister. Er verstehe unsere kleinen Mängel, verstehe die Schwächen unserer armen, gefallenen Natur, verstehe die Versuchungen des Lebens. Wir hätten vielleicht unsere Versuchungen erfahren, wir alle hätten sie gewiß von Zeit zu Zeit: Wir hätten vielleicht, wir alle hätten gewiß unsere Schwächen. Aber er, sagte er, werde seine Zuhörer nur um eines bitten. Und das sei: aufrichtig und mannhaft

mit Gott zu sein. Wenn ihre Buchführung in jedem Punkt stimme, zu sagen:
– Ja, ich habe die Richtigkeit meiner Buchführung geprüft. Ich finde alles korrekt.

Wenn aber, wie es wohl sein könnte, Abweichungen festzustellen seien, die Wahrheit einzugestehen, offen zu sein und wie ein Mann zu sagen:
– Ja, ich habe in meine Buchhaltung gesehen. Ich finde dies falsch und jenes falsch. Aber mit Gottes Gnade werde ich dies und jenes korrigieren. Ich werde meine Buchhaltung berichtigen.

Die Toten

Lily, die Tochter des Hausmeisters, hatte sich buchstäblich die Füße abgelaufen. Kaum hatte sie einen Herrn in die kleine Vorratskammer hinter dem Büro im Parterre gebracht und ihm aus seinem Mantel geholfen, als die heisere Glocke der Haustür schon wieder anschlug und sie durch den kahlen Korridor hasten mußte, um einen weiteren Gast einzulassen. Es war ihr Glück, daß sie sich nicht auch noch um die Damen kümmern mußte. Aber Miss Kate und Miss Julia hatten daran gedacht und das Badezimmer oben in eine Damengarderobe umgewandelt. Miss Kate und Miss Julia waren dort, schwatzten und lachten und hatten es wichtig, liefen hintereinander zur Treppe, äugten über das Geländer nach unten und riefen zu Lily hinunter, um sie zu fragen, wer gekommen sei.

Es war immer eine große Sache, der alljährliche Ball der Misses Morkan. Alle, die sie kannten, kamen, Familienangehörige, alte Freunde der Familie, die Mitglieder von Julias Chor, alle Schülerinnen von Kate, die erwachsen genug waren, und selbst einige von Mary Janes Schülerinnen. Nicht ein einziges Mal war er danebengegangen. Seit vielen, vielen Jahren war es immer grandios gelaufen, so weit sich irgend jemand erinnern konnte; seit Kate und Julia nach dem Tod ihres Bruders Pat das

Haus in der Stoney Batter verlassen und Mary Jane, ihre einzige Nichte, zu sich in das dunkle, triste Haus am Usher's Island genommen hatten, dessen oberen Teil sie von Mr. Fulham, dem Getreidehändler im Erdgeschoß, gemietet hatten. Das war gut und gerne dreißig Jahre her. Mary Jane, damals ein kleines Mädchen mit kurzen Kleidchen, war jetzt die eigentliche Stütze des Haushalts, weil sie die Orgel in der Haddington Road hatte. Sie hatte die Akademie durchlaufen und gab jedes Jahr ein Schülerkonzert im oberen Saal der Antient Concert Rooms. Viele ihrer Schüler gehörten zu den besseren Familien, die an der Bahnlinie Kingstown–Dalkey wohnten. Trotz ihres Alters leisteten auch die Tanten ihr Teil. Obwohl schon ganz grau, war Julia immer noch der erste Sopran in Adam and Eve's, und Kate, die zu schwach war, um viel auszugehen, gab Anfängern Musikstunden auf dem alten Tafelklavier im Hinterzimmer. Lily, die Tochter des Hausmeisters, erledigte die Arbeit eines Hausmädchens für sie. Obwohl ihr Lebensstil bescheiden war, hielten sie etwas auf gutes Essen; von allem nur das Beste: Diamond-bone Lendenstücke, Drei-Shilling-Tee und das beste Stout in der Flasche. Aber Lily machte selten einen Fehler bei den Besorgungen, so daß sie gut zurechtkam mir ihren drei Herrinnen. Sie regten sich schnell auf, das war alles. Das einzige, was sie nicht vertragen konnten, waren patzige Antworten.

Natürlich hatten sie guten Grund, an so einem Abend aufgeregt zu sein. Und zudem war es schon lange nach zehn Uhr, und noch immer war keine Spur von Gabriel und seiner Frau zu sehen. Außerdem hatten sie schreckliche Angst, Freddy Malins könnte vielleicht in benebeltem Zustand erscheinen. Um nichts auf der Welt würden sie wollen, daß irgendeine von Mary Janes Schülerinnen ihn in diesem Zustand sähe; und wenn er in diesem Zustand war, war es manchmal sehr schwer, ihm beizukommen. Freddy Malins kam immer spät, aber sie wunderten sich, was Gabriel wohl aufhielte: Und darum liefen sie alle zwei Minuten ans Treppengeländer, um Lily zu fragen, ob Gabriel oder Freddy gekommen seien.

– Oh, Mr. Conroy, sagte Lily zu Gabriel, als sie ihm die Tür öffnete, Miss Kate und Miss Julia dachten, sie würden überhaupt nicht mehr kommen. Guten Abend, Mrs. Conroy.

– Ich könnte wetten, daß sie das getan haben, aber sie vergessen, daß meine Frau hier tödliche drei Stunden braucht, um sich anzuziehen.

Er stand auf dem Fußabtreter und kratzte sich den Schnee von seinen Galoschen, während Lily seine Frau zum Fuß der Treppe brachte und laut hinaufrief:

– Miss Kate, hier ist Mrs. Conroy.

Kate und Julia kamen sofort die dunkle Treppe heruntergewackelt. Beide küßten Gabriels Frau, sagten, daß sie bei lebendigem Leib erfroren sein müsse, und fragten, ob Gabriel bei ihr sei.

– Da bin ich, Tante Kate, zuverlässig wie die Post! Hinauf mit euch. Ich komme nach, rief Gabriel aus dem Dunkel.

Er kratzte sich noch immer kräftig die Füße ab, während die drei Frauen lachend hinauf zur Damengarderobe gingen. Ein leichter Saum von Schnee lag wie ein Umhang auf den Schultern seines Mantels und wie Schuhkappen auf den Spitzen seiner Galoschen; und als die Knöpfe seines Mantels mit quietschendem Geräusch durch die schneesteifen Knopflöcher schlüpften, entwich die kalte, frische Luft von draußen aus allen Falten.

– Schneit es wieder, Mr. Conroy? fragte Lily.

Sie war vor ihm in die Vorratskammer gegangen, um ihm aus dem Mantel zu helfen. Gabriel lächelte über die drei Silben, die sie seinem Nachnamen gegeben hatte, und schaute sie an. Sie war ein dünnes Mädchen, das noch im Wachsen war, blaß im Gesicht und mit heufarbenem Haar. Das Gaslicht in der Vorratskammer ließ sie noch blasser aussehen. Gabriel hatte sie schon als Kind gekannt, als sie immer auf der untersten Treppenstufe saß und eine Stoffpuppe im Arm wiegte.

– Ja, Lily, antwortete er, und ich glaube, das wird die ganze Nacht so gehen.

Er blickte zur Decke der Vorratskammer hinauf, die vom Stampfen und Hinundherlaufen der Füße auf dem Boden über ihm erzitterte, lauschte einen Augenblick auf das Klavier und schaute dann zu dem Mädchen hin, das seinen Mantel sorgfältig am Ende eines Regals zusammenlegte.

– Sag mal, Lily, fragte er freundlich, gehst du noch zur Schule?

– O nein, Sir, gab sie zur Antwort. Die Schule hab ich schon mehr als ein Jahr fertig.

– Oh, dann, sagte Gabriel fröhlich, werden wir wohl eines baldigen schönen Tages zu deiner Hochzeit gehen mit deinem jungen Mann – was?

Das Mädchen schaute über die Schulter zurück nach ihm und sagte ganz verbittert:

– Die Männer heute machen alle bloß Palaver und schauen, was sie von einem kriegen können.

Gabriel errötete, als fühlte er, einen Fehler begangen

zu haben, und ohne sie anzusehen, schlenkerte er seine Galoschen weg und schlug geschäftig mit seinem Schal nach den Lederschuhen.

Er war ein kräftiger, ziemlich großer junger Mann. Die rosige Farbe seiner Wangen zog sich bis hinauf zur Stirn, wo sie sich in ein paar konturlosen Flecken von blassem Rot verlor; und auf seinem bartlosen Gesicht blitzten rastlos die geschliffenen Linsen und die hellen Goldränder der Brille, die seine empfindlichen und rastlosen Augen schirmte. Sein glänzendes schwarzes Haar war in der Mitte gescheitelt und in einem langen Bogen hinter die Ohren gebürstet, wo es sich etwas kräuselte unter der Welle, die der Hut zurückgelassen hatte.

Nachdem er Glanz in seine Schuhe geschlagen hatte, richtete er sich auf und zog seine Weste enger an seinem stämmigen Körper herunter. Dann nahm er hastig eine Münze aus der Tasche.

– O Lily, sagte er und steckte sie ihr in die Hand, es ist Weihnachtszeit, nicht wahr? Nur … hier ist ein bißchen …

Er ging schnell zur Tür.

– O nein, Sir! rief das Mädchen und folgte ihm. Wirklich, Sir, ich kann's nicht annehmen.

– Weihnachtszeit! Weihnachtszeit! sagte Gabriel, der fast im Trab zur Treppe lief und abwehrend mit der Hand winkte.

Als das Mädchen sah, daß er die Treppe erreicht hatte, rief sie ihm nach:

– Also, vielen Dank, Sir.

Er wartete vor der Tür zum Salon, bis der Walzer enden würde, und lauschte auf die Röcke, die gegen die Tür streiften und auf das Schleifen der Füße. Er war noch immer verstört von der bitteren und heftigen Antwort des Mädchens. Sie hatte seine Stimmung verdüstert, und er versuchte das Gefühl abzuschütteln, indem er seine Manschetten und die Schleifen seiner Fliege in Ordnung brachte. Dann nahm er einen kleinen Zettel aus seiner Westentasche und warf einen Blick auf die Stichworte seiner Rede. Er war unentschlossen wegen der Verse von Robert Browning, denn er fürchtete, daß sie seine Zuhörer überfordern könnten. Ein Zitat aus Shakespeare oder den *Melodien* wäre besser. Das unfeine Klappern der Absätze der Männer und das Schleifen der Sohlen erinnerten ihn daran, daß sich ihr Bildungsniveau von seinem unterschied. Er würde sich nur lächerlich machen, wenn er ihnen Gedichte zitierte, die sie nicht verstehen konnten. Sie würden glauben, daß er seine überlegene Bildung zur Schau stellte. Er würde bei ihnen den gleichen Fehlschlag erleiden, wie er ihn bei dem Mädchen in der Vorratskammer erlitten hatte. Er hatte einen falschen Ton angeschlagen. Seine ganze Rede war von Anfang bis Ende ein Irrtum, ein kompletter Fehlschlag.

In diesem Augenblick kamen seine Tanten und seine Frau aus der Damengarderobe. Seine Tanten waren zwei kleine, schlicht gekleidete alte Frauen. Tante Julia war ein paar Zentimeter größer. Ihr Haar, ein Stück über die Ohren heruntergezogen, war grau; und grau, mit dunkleren Schatten, war auch ihr großes, schlaffes Gesicht. Obwohl sie von rundlicher Statur war und sich aufrecht hielt, erweckten ihre langsamen Augen und ihre geöffneten Lippen den Eindruck einer Frau, die nicht wußte, wo sie war oder wohin sie gehen wollte. Tante Kate war lebhafter. Ihr Gesicht, das gesünder wirkte als das ihrer Schwester, war voller Runzeln und Falten wie ein verschrumpelter roter Apfel, und ihr Haar, das auf die gleiche altmodische Weise geflochten war, hatte seine satte Nußfarbe nicht verloren.

Beide küßten sie Gabriel ungezwungen. Er war ihr Lieblingsneffe, der Sohn ihrer verstorbenen älteren Schwester Ellen, die T. J. Conroy von der Hafenverwaltung geheiratet hatte.

– Gretta erzählt, daß ihr heute nacht keinen Wagen zurück nach Monkstown nehmt, Gabriel, sagte Tante Kate.

– Nein, sagte Gabriel und wandte sich zu seiner Frau, wir hatten wirklich genug davon letztes Jahr, nicht wahr? Erinnerst du dich nicht, Tante Kate, was für eine Erkältung Gretta davon bekam? Wagenfenster, die den ganzen Weg klapperten, und nachdem wir Merrion hinter uns hatten, blies der Ostwind herein. Sehr vergnüglich war das. Gretta holte sich eine schreckliche Erkältung.

Tante Kate runzelte streng die Stirn und nickte bei jedem Wort mit dem Kopf.

– Ganz recht, Gabriel, ganz recht, sagte sie. Man kann nicht vorsichtig genug sein.

– Aber wenn's nach Gretta ginge, sagte Gabriel, dann würde sie durch den Schnee nach Hause laufen, wenn man sie ließe.

Mrs. Conroy lachte.

– Hör nicht auf ihn, Tante Kate, sagte sie. Er ist wirklich eine schreckliche Plage, mit seinem grünen Schirm für Toms Augen in der Nacht und den Hantelübungen, die er ihn machen läßt, und Eva zwingt er, den Porridge zu essen. Das arme Kind! Sie haßt schon den bloßen Anblick davon! ... Oh, aber ihr erratet nie, was er mich jetzt tragen läßt!

Sie brach in helles Lachen aus und schaute auf ihren Mann, dessen bewundernde und glückliche Augen von ihrem Kleid zu ihrem Gesicht und Haar gewandert waren. Auch die beiden Tanten lachten herzlich, denn Gabriels Fürsorge war eine dauernde Quelle der Erheiterung für sie.

– Galoschen! sagte Mrs. Conroy. Das ist das Neueste. Immer wenn der Boden naß ist, muß ich meine Galoschen anziehen. Er wollte sogar, daß ich sie heute nacht anzöge, aber ich habe mich geweigert. Das nächste, was er mir kauft, wird ein Taucheranzug sein.

Gabriel lachte nervös und fingerte beruhigend nach seiner Krawatte, während Tante Kate sich fast bog, so herzlich mußte sie über den Witz lachen. Von Tante Julias Gesicht wich das Lächeln schnell, und ihre freudlosen Augen richteten sich auf das Gesicht ihres Neffen. Nach einer Pause fragte sie:

– Und was sind Galoschen, Gabriel?

– Galoschen, Julia! rief ihre Schwester aus. Du lieber Himmel, weißt du nicht, was Galoschen sind? Du trägst sie über deinen … über deinen Stiefeln, Gretta, stimmt's?

– Ja, sagte Mrs. Conroy. Guttapercha-Dinger. Wir haben jetzt beide ein Paar. Gabriel sagt, auf dem Kontinent trägt sie jeder.

– Ach, auf dem Kontinent, murmelte Tante Julia und nickte langsam mit dem Kopf.

Gabriel zog die Augenbrauen zusammen und sagte, als sei er etwas ärgerlich:

– Es ist gar nichts besonders Aufregendes dran, aber Gretta findet es sehr komisch, weil sie das Wort an die Christy Minstrels erinnert, wie sie sagt.

– Aber sag mal, Gabriel, sagte Tante Kate mit flinkem Takt. Du hast dich doch sicher um das Zimmer gekümmert. Gretta sagte eben …
– Oh, das Zimmer ist in Ordnung, antwortete Gabriel. Ich habe eines im Gresham genommen.
– Natürlich, sagte Tante Kate, bei weitem das beste, was du tun konntest. Und die Kinder, Gretta, machst du dir keine Sorgen ihretwegen?
– Oh, für eine Nacht, sagte Mrs. Conroy. Außerdem wird sich Bessie um sie kümmern.
– Natürlich, sagte Tante Kate wieder. Was für eine Beruhigung, so ein Mädchen zu haben, auf das man sich verlassen kann! Diese Lily da, ich weiß einfach nicht, was in letzter Zeit mit ihr los ist. Sie ist gar nicht mehr das Mädchen, das sie früher mal war.

Gabriel wollte seiner Tante gerade ein paar Fragen dazu stellen, aber sie brach plötzlich ab, um ihrer Schwester nachzuschauen, die die Treppe hinuntergewandert war und sich den Kopf überm Geländer verrenkte.
– Also, ich muß schon bitten, sagte sie fast gereizt, wo geht Julia denn hin? Julia! Julia! Wo läufst du denn hin?

Julia, die eine Treppe halb hinuntergegangen war, kam zurück und verkündete sanft:
– Freddy ist da.

Im selben Augenblick verrieten Händeklatschen und eine Schlußpassage des Pianisten, daß der Walzer beendet war. Die Tür zum Salon öffnete sich von innen, und einige Paare kamen heraus. Tante Kate zog Gabriel eilig beiseite und flüsterte ihm ins Ohr:
– Sei so gut, Gabriel, schlüpf hinunter und schau, ob al-

les in Ordnung ist, und laß ihn nicht herauf, wenn er benebelt ist. Ich bin sicher, daß er benebelt ist. Ich bin mir sicher.

Gabriel ging zur Treppe und lauschte über das Geländer. Er konnte zwei Personen in der Vorratskammer reden hören. Dann erkannte er Freddy Malins' Lachen. Er ging geräuschvoll die Treppe hinunter.

– Es ist so eine Beruhigung, sagte Tante Kate zu Mrs. Conroy, daß Gabriel da ist. Ich bin immer erleichtert, wenn er da ist. ... Julia, da sind Miss Daly und Miss Power, sie nehmen gewiß eine Erfrischung zu sich. Danke für ihren schönen Walzer, Miss Daly. Er war wunderbar im Takt.

Ein großer Mann mit runzligem Gesicht und einem borstigen grauhaarigen Bart und dunklem Teint, der mit seiner Partnerin herauskam, sagte:

– Und können wir auch eine Erfrischung haben, Miss Morkan?

– Julia, sagte Tante Kate summarisch, und hier sind Mr. Browne und Miss Furlong. Führ sie hinein, Julia, mit Miss Daly und Miss Power.

– Ich bin der Mann für die Damen, sagte Mr. Browne und spitzte die Lippen, bis sich sein Bart sträubte, und lächelte aus jedem Fältchen. Wissen Sie, Miss Morkan, der Grund, daß sie mich so mögen, ist ...

Er beendete seinen Satz nicht, sondern, als er sah, daß Tante Kate außer Hörweite war, führte er die drei jungen Damen geradewegs ins Hinterzimmer. Die Mitte des Zimmers nahmen zwei rechteckige Tische ein, die aneinandergerückt waren, und Tante Julia und der Hausmeister zogen eine große Tischdecke darauf zurecht und glätteten sie. Auf dem Büfett waren Schüsseln und Teller aufgestellt und Gläser und Bündel von Messern, Gabeln und Löffeln. Auch das Oberteil des geschlossenen Tafelklaviers diente als Büfett für Appetithäppchen und Süßigkeiten. An einem kleineren Büfett in einer Ecke standen zwei junge Männer und tranken Hopfenbitter.

Mr. Browne führte seine Schützlinge dorthin und lud sie alle scherzhaft zu einem Damenpunsch ein, heiß, stark und süß. Da sie sagten, sie tränken nie etwas Starkes, öffnete er drei Flaschen Limonade für sie. Dann bat er einen der jungen Männer beiseite zu gehen, bemächtigte sich einer Karaffe und füllte sich selbst ein stattliches Quantum Whiskey ein. Die jungen Männer beäugten ihn mit Respekt, während er einen Probeschluck nahm.

– Gott steh mir bei, sagte er lächelnd, der Doktor hat's verordnet.

Auf seinem runzligen Gesicht machte sich ein stärkeres Lächeln breit, und die drei jungen Damen lachten ein musikalisches Echo zu seinem Scherz, dabei wiegten sie den Körper vor und zurück und zuckten nervös mit den Schultern. Die Mutigste sagte:

– Also, Mr. Browne, ich bin sicher, daß Ihnen der Doktor nie etwas in dieser Art verordnet hat.

Mr. Browne nahm noch einen Schluck von seinem Whiskey und sagte mit anbiedernder Verstellung:

– Nun, Sie müssen wissen, ich bin wie die berühmte Mrs. Cassidy, die angeblich gesagt haben soll: *Hör, Mary Grimes, wenn ich's nicht nehm, dann bring mich dazu, denn ich spür, daß ich's brauch.*

Sein erhitztes Gesicht hatte sich ein bißchen zu vertraulich vorgebeugt, und er hatte einen sehr breiten

Dubliner Akzent angenommen, so daß die Damen alle mit dem gleichen Instinkt seine Rede mit Schweigen empfingen. Miss Furlong, die eine von Mary Janes Schülerinnen war, fragte Miss Daly, wie der hübsche Walzer heiße, den sie gespielt hatte; und als Mr. Browne sah, daß er nicht beachtet wurde, wandte er sich prompt den beiden jungen Männern zu, die aufgeschlossener waren.

Eine rotgesichtige junge Frau in einem stiefmütterchenfarbenen Kleid kam ins Zimmer, klatschte aufgeregt in die Hände und rief:

– Quadrillen! Quadrillen!

Dicht auf ihren Fersen kam Tante Kate und rief:

– Zwei Herren und drei Damen, Mary Jane!

– Oh, da sind Mr. Bergin und Mr. Kerrigan, sagte Mary Jane. Mr. Kerrigan, nehmen Sie bitte Miss Power. Miss Furlong, darf ich Ihnen einen Partner besorgen, Mr. Bergin. Oh, das wär's fürs erste.

– Drei Damen, Mary Jane, sagte Tante Kate.

Die beiden Herren fragten die Damen, ob sie um das Vergnügen bitten dürften, und Mary Jane wandte sich an Miss Daly.

– Oh, Miss Daly, Sie sind wirklich schrecklich liebenswürdig, nachdem sie schon für die beiden letzten Tänze gespielt haben, aber wirklich, wir sind so knapp mit Damen heute abend.

– Es macht mir gar nichts aus, Miss Morkan.

– Aber ich habe einen netten Partner für Sie, Mr. Bartell D'Arcy, den Tenor. Ich werde ihn später dazu bringen, daß er singt. Ganz Dublin ist begeistert von ihm.

– Wunderbare Stimme, wunderbare Stimme! sagte Tante Kate.

Da das Klavier schon zweimal die Einleitung zur ersten Figur begonnen hatte, führte Mary Jane ihre Rekruten schnell aus dem Zimmer. Sie waren kaum gegangen, als Tante Julia langsam ins Zimmer wanderte und sich nach etwas umschaute.

– Was ist los, Julia? fragte Tante Kate besorgt. Wer ist es?

Julia, die einen Stapel Servietten trug, wandte sich ihrer Schwester zu und sagte einfach, als hätte sie die Frage überrascht:

– Es ist nur Freddy, Kate, und Gabriel bei ihm.

Tatsächlich konnte man unmittelbar hinter ihr Gabriel sehen, wie er Freddy Malins über den Treppenabsatz bugsierte. Der letztere, ein junger Mann von ungefähr vierzig, besaß Gabriels Größe und Figur, mit sehr runden Schultern. Sein Gesicht war fleischig und fahl, nur an den dicken hängenden Ohrläppchen und an den breiten Nasenflügeln zeigte sich etwas Farbe. Er hatte grobe Gesichtszüge, eine stumpfe Nase, eine gewölbte, fliehende Stirn, wulstige, aufgeworfene Lippen. Seine mit schweren Lidern bedeckten Augen und die Unordnung seines spärlichen Haares machten einen schläfrigen Eindruck. Er lachte herzhaft in schrillem Ton über eine Geschichte, die er Gabriel auf der Treppe erzählt hatte, und rieb dabei die Knöchel der linken Faust im linken Auge hin und her.

– Guten Abend, Freddy, sagte Tante Julia.

Freddy Malins wünschte den Misses Morkan wegen des gewohnheitsmäßigen Stockens seiner Stimme auf scheinbar sehr beiläufige Art einen guten Abend, und dann, als er sah, daß Mr. Browne ihn vom Büfett her angrinste, durchquerte er das Zimmer auf recht unsicheren Beinen und fing mit unterdrückter Stimme an, die Ge-

schichte zu wiederholen, die er Gabriel gerade erzählt hatte.
– Es ist nicht so schlimm, oder? sagte Tante Kate zu Gabriel.

Gabriels Brauen waren düster, aber er hob sie schnell und antwortete:
– O nein, kaum zu bemerken.
– Na, ist er nicht ein schrecklicher Kerl! sagte sie. Und seine arme Mutter hat ihn am Silvesterabend dem Alkohol abschwören lassen. Aber komm in den Salon, Gabriel.

Bevor sie den Raum mit Gabriel verließ, gab sie Mr. Browne durch Stirnrunzeln und warnendes Hinundherbewegen des Zeigefingers ein Zeichen. Mr. Browne nickte als Antwort, und als sie gegangen war, sagte er zu Freddy Malins:
– Also dann, Teddy, ich schenk dir mal ein ordentliches Glas Limonade ein, um dich aufzupäppeln.

Freddy Malins, der sich dem Höhepunkt seiner Geschichte näherte, wies das Angebot ungeduldig zurück, aber Mr. Browne, der zunächst Freddy auf eine Unordnung in seiner Kleidung aufmerksam gemacht hatte, schenkte ihm ein volles Glas Limonade ein und gab es ihm. Freddys linke Hand nahm das Glas mechanisch an, während seine rechte Hand ganz mechanisch seine Kleidung in Ordnung brachte. Mr. Browne, dessen Gesicht sich vor Vergnügen wieder in Falten legte, goß sich selbst ein Glas Whiskey aus, während Freddy Malins, noch bevor er den Höhepunkt seiner Geschichte richtig erreicht hatte, in verkrampftes, hohes, bronchitisches Gelächter ausbrach und, indem er das unberührte, überlaufende Glas absetzte, anfing, mit den Knöcheln seiner linken Faust in seinem linken Auge hin und her zu reiben, wobei er die Worte seines letzten Satzes, so gut ihm sein Lachanfall das erlaubte, wiederholte.

* * *

Gabriel konnte nicht zuhören, während Mary Jane ihr Akademiestück voller Läufe und schwieriger Passagen einem verstummten Salon vorspielte. Er mochte Musik, aber das Stück, das sie spielte, hatte keine Melodie für ihn, und er bezweifelte, daß es für die anderen Zuhörer eine Melodie besaß, obwohl sie Mary Jane gebeten hatten, etwas zu spielen. Vier junge Männer, die aus dem Raum mit den Erfrischungen gekommen und beim Klang des Klaviers im Türrahmen stehengeblieben waren, hatten sich nach ein paar Minuten je zu zweit davongestohlen. Die einzigen Personen, die der Musik zu folgen schienen, waren Mary Jane selbst, deren Hände über die Tasten flogen oder in den Pausen wie die einer Priesterin, die gerade eine Verwünschung ausspricht, in der Luft schwebten, und Tante Kate, die an ihrem Ellbogen stand, um umzublättern.

Gabriels Augen, die durch den Fußboden irritiert waren, der unter dem schweren Lüster vor Bienenwachs glänzte, wanderten zur Wand über dem Klavier. Dort hing ein Bild der Balkonszene in *Romeo und Julia*, und daneben war ein Bild der zwei ermordeten Prinzen im Tower, das Tante Julia, als sie noch ein Mädchen war, in roter, blauer und brauner Wolle gearbeitet hatte. Wahrscheinlich hatte man diese Art Handarbeit in der Schule, in die sie als Mädchen gegangen waren, gelehrt; denn in einem Jahr hatte ihm seine Mutter als Geburtstagsgeschenk eine Weste aus purpurrotem Popelinestoff genäht, mit kleinen Fuchsköpfen darauf, mit braunem Satin gefüttert und mit runden Knöpfen, die aussahen wie Maulbeeren. Es war merkwürdig, daß seine Mutter keine musikalische Begabung besessen hatte, obwohl Tante Kate sie immer als den Intelligenzträger der Morkan-Familie bezeichnete. Sie und Julia schienen immer ein wenig stolz auf ihre ernste und matronenhafte Schwester gewesen zu sein. Ihre Photographie stand vor dem Pfeilerspiegel. Sie hielt ein offenes Buch auf den Knien und zeigte Constantine, der in einem Matrosenanzug zu ihren Füßen lag, etwas darin. Sie war es gewesen, die die Namen für ihre beiden Söhne gewählt hatte, denn sie war sich der Würde des Familienlebens sehr bewußt. Dank ihr war Constantine jetzt Vikar in Balbriggan, und dank ihr hatte Gabriel selbst sein Examen an der Royal University gemacht. Ein Schatten zog über sein Gesicht, als er sich an ihren hartnäckigen Widerstand gegen seine Heirat erinnerte. Einige abfällige Bemerkungen, die sie gemacht hatte, schwärten noch immer in seinem Gedächtnis; sie hatte Gretta einmal als bauernschlau bezeichnet, und das traf überhaupt nicht auf Gretta zu. Gretta war es, die sie während der ganzen Zeit ihrer letzten langen Krankheit in ihrem Haus in Monkstown gepflegt hatte.

Er wußte, daß Mary Jane sich dem Ende ihres Stückes näherte, denn sie spielte wieder die Anfangsmelodie mit Läufen nach jedem Takt, und während er auf den Schluß wartete, erstarb die Verstimmung in seinem Herzen. Das Stück endete mit einem Oktavtriller im Diskant und einer tiefen Schlußoktave im Baß. Großer Applaus grüßte Mary Jane, als sie, errötend und nervös ihre Noten zusammenrollend, aus dem Zimmer schlüpfte. Das heftigste Klatschen kam von den vier jungen Männern im Türrahmen, die zu Anfang des Stückes in den Raum mit den Erfrischungen gegangen, aber zurückgekommen waren, als das Klavier geendet hatte.

Man stellte sich für Lanciers auf. Gabriel fand sich als Partner von Miss Ivors. Sie war eine freimütige, gesprächige junge Dame mit sommersprossigem Gesicht und vorstehenden braunen Augen. Sie trug kein tiefausgeschnittenes Mieder, und die große Brosche, die vorne an ihrem Kragen befestigt war, wies ein irisches Emblem auf.

Als sie ihre Plätze eingenommen hatten, sagte sie unverhofft:

– Ich muß ein Hühnchen mit Ihnen rupfen.

– Mit mir? fragte Gabriel.

Sie nickte ernst mit dem Kopf.

– Worum geht's? fragte Gabriel und lächelte über ihr feierliches Gehaben.

– Wer ist G. C.? fragte Miss Ivors und richtete ihre Augen auf ihn.

Gabriel errötete und wollte die Brauen zusammenziehen, als ob er nicht verstehe, als sie unverblümt sagte:

– O heilige Einfalt! Ich habe herausgefunden, daß Sie für den *Daily Express* schreiben. Also, schämen Sie sich nicht?

– Warum sollte ich mich schämen? fragte Gabriel, zwinkerte mit den Augen und versuchte ein Lächeln.

– Also, ich schäme mich für Sie, sagte Miss Ivors freimütig. Zu sagen, daß Sie für so ein Schmierblatt schreiben. Ich hätte Sie nicht für einen Westbriten gehalten.

Ein Ausdruck von Verblüffung erschien auf Gabriels Gesicht. Es war richtig, daß er jeden Mittwoch eine literarische Kolumne im *Daily Express* schrieb, für die man ihm fünfzehn Shilling bezahlte. Aber das machte doch sicherlich noch keinen Westbriten aus ihm. Die Bücher, die er zum Besprechen bekam, waren ihm fast willkommener als der armselige Scheck. Er liebte es, die Einbände frisch gedruckter Bücher anzufassen und ihre Seiten umzublättern. Nahezu jeden Tag, wenn sein Unterricht am College zu Ende war, ging er zu den Kais hinunter zu den Antiquariaten, zu Hickey's am Bachelor's Walk, zu Webb's oder Massey's am Aston Quay oder zu Clohissey's in der Seitenstraße. Er wußte nicht, wie er ihrem Vorwurf begegnen sollte. Er wollte sagen, daß Literatur über der Politik stand. Aber sie waren seit vielen Jahren befreundet, und sie hatten die gleiche Laufbahn, zuerst an der Universität und dann als Lehrer: Er konnte keine hohle Phrase riskieren bei ihr. Er zwinkerte weiter mit den Augen und versuchte zu lächeln und murmelte lahm, daß er nichts Politisches im Schreiben von Buchbesprechungen sehe.

Als sie an der Reihe waren zu kreuzen, war er noch immer verblüfft und unaufmerksam. Miss Ivors drückte ihm rasch und warm die Hand und sagte mit weicher, freundlicher Stimme:

– Ich habe natürlich nur Spaß gemacht. Kommen Sie, wir kreuzen jetzt.

Als sie wieder zusammen waren, redete sie über die Universitätsfrage, und Gabriel fühlte sich wohler. Eine Freundin hatte ihr seine Besprechung von Brownings Gedichten gezeigt. So war sie hinter sein Geheimnis gekommen: Aber die Besprechung gefiel ihr außergewöhnlich gut. Dann sagte sie plötzlich:

– Oh, Mr. Conroy, kommen Sie diesen Sommer auf ei-

nen Ausflug zu den Aran Isles mit? Wir werden einen ganzen Monat dort bleiben. Es wird herrlich sein draußen auf dem Atlantik. Sie sollten wirklich kommen. Mr. Clancy kommt und Mr. Kilkelly und Kathleen Kearney. Es wäre auch für Gretta herrlich, wenn sie käme. Sie stammt doch aus Connacht, nicht wahr?
– Ihre Familie, sagte Gabriel knapp.
– Aber Sie kommen doch, nicht wahr? sagte Miss Ivors und legte ihm dringlich ihre warme Hand auf den Arm.
– Die Sache ist, sagte Gabriel, daß ich schon arrangiert habe, nach ...
– Wohin zu gehen? fragte Miss Ivors.
– Also, wissen Sie, ich mache jedes Jahr eine Fahrradtour mit ein paar Kameraden und deshalb ...
– Aber wohin? fragte Miss Ivors.
– Also, wir fahren meistens nach Frankreich oder Belgien oder vielleicht nach Deutschland, sagte Gabriel verlegen.
– Und warum fahren Sie nach Frankreich oder Belgien, sagte Miss Ivors, statt ihr eigenes Land zu besuchen?
– Also, teils, um mit den Sprachen in Berührung zu bleiben, und teils der Abwechslung halber.
– Haben Sie denn nicht Ihre eigene Sprache, mit der Sie in Berührung bleiben sollten – Irisch? fragte Miss Ivors.
– Also, sagte Gabriel, wenn es darum geht, wissen Sie, Irisch ist nicht meine Sprache.

Ihre Nachbarn hatten sich umgedreht, um dem Kreuzverhör zu lauschen. Gabriel schaute nervös nach links und rechts und versuchte trotz der schweren Geduldsprobe, die ihm die Röte auf die Stirn trieb, seine gute Laune zu bewahren.

– Und haben Sie nicht Ihr eigenes Land, das Sie besuchen können, fuhr Miss Ivors fort, von dem Sie nichts wissen, Ihr eigenes Volk und Ihr eigenes Land?
– Oh, um Ihnen die Wahrheit zu sagen, erwiderte Gabriel plötzlich heftig, ich habe die Nase voll von meinem eigenen Land, mehr als voll!
– Warum? fragte Miss Ivors.

Gabriel antwortete nicht, denn seine Erwiderung hatte ihn heftig erregt.
– Warum? wiederholte Miss Ivors.

Sie mußten miteinander ›auf Besuch gehen‹, und da er ihr nicht geantwortet hatte, sagte Miss Ivors gereizt:
– Natürlich wissen Sie keine Antwort.

Gabriel versuchte seine Erregung zu überdecken, indem er sich mit großer Energie in den Tanz stürzte. Er vermied ihre Augen, denn er hatte eine säuerliche Miene in ihrem Gesicht gesehen. Aber als sie sich in der langen Kette trafen, spürte er überrascht, daß seine Hand fest gedrückt wurde. Sie sah ihn unter den Brauen hervor einen Augenblick spöttisch an, bis er lächelte. Dann, gerade als sich die Kette wieder in Bewegung setzte, stellte sie sich auf die Zehenspitzen und flüsterte ihm ins Ohr:
– Westbrite!

Als die Lanciers vorüber waren, ging Gabriel weg in eine entfernte Ecke des Zimmers, wo Freddy Malins' Mutter saß. Sie war eine korpulente, hinfällige alte Frau mit weißem Haar. Ihre Stimme war stockend wie die ihres Sohnes, und sie stotterte leicht. Sie hatte erfahren, daß Freddy gekommen und nahezu in Ordnung sei. Gabriel fragte sie, ob sie eine gute Überfahrt gehabt habe. Sie lebte bei ihrer verheirateten Tochter in Glasgow und kam einmal im Jahr zu Besuch nach Dublin. Sie antwortete sanft, daß sie eine herrliche Überfahrt gehabt habe und daß der Kapitän sie sehr zuvorkommend behandelt habe. Sie sprach auch von dem schönen Haus, das ihre Tochter in Glasgow unterhielt, und von all den netten Freunden, die sie dort hätten. Während sie ihrer Zunge freien Lauf ließ, versuchte Gabriel jegliche Erinnerung an den unangenehmen Zwischenfall mit Miss Ivors aus seinem Gedächtnis zu verscheuchen. Natürlich war das Mädchen oder die Frau, oder was sie auch immer war, sehr enthusiastisch, aber alles zu seiner Zeit. Vielleicht hätte er ihr diese Antwort nicht geben sollen. Aber sie hatte kein Recht, ihn vor den Leuten einen Westbriten zu heißen, nicht einmal im Scherz. Sie hatte versucht, ihn lächerlich zu machen vor den Leuten, ihn in die Enge zu treiben und mit ihren Kaninchenaugen anzustarren.

Er sah, daß sich seine Frau durch die Walzer tanzenden Paare den Weg zu ihm bahnte. Als sie ihn erreicht hatte, sagte sie ihm ins Ohr:

– Gabriel, Tante Kate möchte wissen, ob du nicht wieder wie gewöhnlich die Gans tranchieren würdest. Miss Daly wird die Schweinshachse aufschneiden, und ich werde den Pudding übernehmen.

– In Ordnung, sagte Gabriel.

– Sie schickt die Jüngeren zuerst herein, sobald dieser Walzer vorbei ist, so daß wir den Tisch für uns haben.

– Hast du getanzt? fragte Gabriel.

– Natürlich. Hast du mich nicht gesehen? Was für einen Wortwechsel hattest du mit Molly Ivors?

– Keinen Wortwechsel. Warum? Hat sie das behauptet?

– Etwas in dieser Art. Ich werde versuchen, diesen Mr. D'Arcy zum Singen zu bewegen. Er ist sehr eingebildet, glaube ich.

– Es gab keinen Wortwechsel, sagte Gabriel mißmutig, sie wollte nur, daß ich auf eine Reise in den Westen Irlands mitkäme, und ich habe ihr gesagt, daß ich's nicht tun würde.

Seine Frau drückte aufgeregt die Hände zusammen und machte unwillkürlich einen kleinen Satz.

– Oh, bitte fahr mit, Gabriel, rief sie. Ich würde Galway so gerne wiedersehen.

– Du kannst fahren, wenn du willst, sagte Gabriel kühl.

Sie sah ihn einen Moment lang an, wandte sich dann an Mrs. Malins und sagte:

– Das ist mir ein netter Mann, Mrs. Malins.

Während sie sich vorsichtig zurückschlängelte durch das Zimmer, fuhr Mrs. Malins, ohne auf die Unterbrechung einzugehen, fort, Gabriel zu erzählen, was für herrliche Orte es in Schottland gebe und was für eine herrliche Landschaft. Ihr Schwiegersohn bringe sie alle Jahre zu den Seen, und sie gingen immer angeln. Ihr Schwiegersohn sei ein großartiger Angler. Eines Tages habe er einen herrlichen großen Fisch gefangen, und der Mann im Hotel habe ihn für sie zum Essen gekocht.

Gabriel hörte kaum, was sie sagte. Jetzt, da das Abendessen näherkam, dachte er wieder an seine Rede und an das Zitat. Als er Freddy Malins durch das Zimmer kommen sah, um seine Mutter zu besuchen, überließ ihm Gabriel den Stuhl und zog sich in die Fensternische zurück. Das Zimmer hatte sich schon geleert, und aus dem Hinterzimmer kam das Geklapper von Tellern und Messern. Diejenigen, die noch im Salon geblieben waren, schienen genug zu haben vom Tanzen und unterhielten sich ruhig in kleinen Gruppen. Gabriels warme, zitternde Finger tippten an die kalte Fensterscheibe. Wie kühl es draußen sein mußte! Wie angenehm es wäre, alleine hinauszugehen, zuerst am Fluß entlang, dann durch den Park! Der Schnee würde auf den Ästen der Bäume liegen und eine helle Kappe auf der Spitze des Wellington-Monuments bilden. Um wieviel angenehmer es dort wäre als hier an der Abendtafel!

Er ging die Stichworte seiner Rede durch: irische Gastfreundschaft, traurige Erinnerungen, die drei Grazien, Paris, das Browningzitat. Er sagte sich einen Satz vor, den er in seiner Besprechung geschrieben hatte: *Man spürt, daß man einer gedankengequälten Musik lauscht.* Miss Ivors hatte die Besprechung gelobt. War sie aufrichtig? Besaß sie wirklich ein eigenes Leben hinter all ihrer Propagandatätigkeit? Bis zu dieser Nacht hatte es nie irgendwelche Unstimmigkeiten zwischen ihnen gegeben. Es machte ihn nervös, daß sie an der Abendtafel sitzen und mit ihren großen, spöttischen Augen zu ihm hinaufschauen würde, während er sprach. Vielleicht würde sie es nicht bedauern, wenn seine Rede ein Mißerfolg wäre. Eine Idee kam ihm in den Sinn und gab ihm Mut. Er würde in Anspielung auf Tante Kate und Tante Julia sagen: *Meine Damen und Herren, die Generation, die jetzt am Dahinschwinden ist unter uns, mag ihre Fehler gehabt haben, aber für meinen Teil denke ich, daß sie gewisse Qualitäten der Gastfreundschaft, des Humors, der Menschlichkeit besaß, die mir der neuen und sehr ernsten, übergebildeten Generation, die jetzt um uns aufwächst, zu fehlen scheinen.* Sehr gut:

Das ging an Miss Ivors' Adresse. Was scherte es ihn, daß seine Tanten nur zwei ungebildete alte Frauen waren?

Ein Murmeln im Zimmer erregte seine Aufmerksamkeit. Mr. Browne näherte sich von der Tür und führte galant Tante Julia herein, die sich auf seinen Arm stützte, lächelnd und mit hängendem Kopf. Eine unregelmäßige Salve von Applaus begleitete sie gleichfalls bis zum Klavier und hörte dann langsam auf, als Mary Jane sich auf den Hocker setzte und Tante Julia, die nicht mehr lächelte, sich halb umwandte, um ihre Stimme direkt in den Raum zu richten. Gabriel erkannte das Vorspiel. Es gehörte zu einem von Tante Julias alten Liedern, *Bräutlich geschmückt*. Ihre Stimme, stark und klar im Ton, packte mit großer Verve die Koloraturen an, die die Melodie verzieren, und obwohl sie sehr schnell sang, ließ sie nicht die kleinste Verzierung aus. Der Stimme zu folgen, ohne in das Gesicht der Sängerin zu blicken, hieß, die Begeisterung eines raschen und sicheren Fluges zu spüren und zu teilen. Gabriel applaudierte laut mit all den anderen am Ende des Liedes, und lauter Applaus drang von der unsichtbaren Abendtafel herein. Er klang so echt, daß sich etwas Röte in Tante Julias Gesicht stahl, als sie sich bückte, um das alte, ledergebundene Liederbuch mit ihren Initialen auf dem Einband vom Notenständer zu nehmen. Freddy Malins, der mit geneigtem Kopf gelauscht hatte, um besser zu hören, klatschte immer noch, als alle anderen geendet hatten und sprach lebhaft mit seiner Mutter, die zustimmend ernst und langsam mit dem Kopf nickte. Als er schließlich nicht mehr klatschen konnte, stand er plötzlich auf und eilte durchs Zimmer zu Tante Julia, deren Hand er packte, mit beiden Händen hielt und schüttelte, wenn ihm die

Worte fehlten oder seine stockende Stimme ihn zu sehr behinderte.

– Ich habe gerade meiner Mutter gesagt, sagte er, daß ich dich noch nie so gut singen gehört habe, niemals. Nein, ich habe deine Stimme noch nie so gut gehört wie heute abend. Also! Ist das zu glauben? Das ist die Wahrheit. Auf mein Ehrenwort, das ist die Wahrheit. Ich habe deine Stimme noch nie so frisch und so ... so klar und frisch klingen gehört, noch nie.

Tante Julia lächelte breit und murmelte etwas von Komplimenten, als sie ihre Hand aus seinem Griff befreite. Mr. Browne streckte ihr die offene Hand entgegen und sagte zu den Umstehenden in der Art eines Conférenciers, der dem Publikum ein Wunderkind vorstellt:

– Miss Julia Morkan, meine jüngste Entdeckung!

Er lachte selbst sehr herzlich darüber, als sich Freddy Malins an ihn wandte und sagte:

– Also, Browne, im Ernst, Sie könnten eine schlechtere Entdeckung machen. Ich kann nur sagen, daß ich sie noch nie halb so gut singen gehört habe, seit ich hierherkomme. Und das ist die reine Wahrheit.

– Ich auch nicht, sagte Mr. Browne. Ich glaube, ihre Stimme hat große Fortschritte gemacht.

Tante Julia zuckte die Schultern und sagte mit bescheidenem Stolz:

– Vor dreißig Jahren war meine Stimme gar nicht so übel.

– Ich habe Julia oft gesagt, sagte Tante Kate nachdrücklich, daß sie sich wegwirft in diesem Chor. Aber sie hat sich ja von mir nichts sagen lassen.

Sie wandte sich um, als ob sie an den gesunden Menschenverstand der anderen gegen ein widerborstiges Kind appelliere, während Tante Julia vor sich hin blickte und ein unbestimmtes Lächeln der Erinnerung auf ihrem Gesicht spielte.

– Nein, sagte Tante Kate, sie hat sich von niemand etwas sagen oder sich von niemand leiten lassen, sie hat sich in diesem Chor abgearbeitet, Tag und Nacht, Tag und Nacht. Sechs Uhr am Weihnachtsmorgen! Und wofür das alles?

– Nun, ist es nicht für die Ehre Gottes, Tante Kate? fragte Mary Jane, die sich auf dem Klavierhocker herumdrehte und lächelte.

Tante Kate wandte sich aufgebracht gegen ihre Nichte und sagte:

– Ich weiß Bescheid über die Ehre Gottes, Mary Jane, aber ich halte es überhaupt nicht für ehrenwert, daß der Papst die Frauen aus den Chören wirft, die sich ein ganzes Leben lang dort abgearbeitet haben, und ihnen kleine Dreikäsehochs von Jungen vor die Nase setzt. Ich nehme an, es dient dem Wohl der Kirche, wenn es der Papst tut. Aber es ist nicht gerecht, Mary Jane, und es ist nicht richtig.

Sie hatte sich in Zorn geredet und hätte die Verteidigung ihrer Schwester fortgesetzt, denn das war ein wunder Punkt bei ihr, aber Mary Jane, die sah, daß alle Tänzer zurückgekommen waren, legte sich beschwichtigend ins Mittel:

– Aber, Tante Kate, du bereitest Mr. Browne, der der anderen Glaubensrichtung angehört, ein Ärgernis.

Tante Kate wandte sich Mr. Browne zu, der wegen dieser Anspielung auf seine Religion grinste, und sagte hastig:

– Oh, ich zweifle nicht, daß der Papst recht hat. Ich bin nur eine dumme alte Frau und würde mir so etwas nie anmaßen. Aber es gibt etwas wie gewöhnliche alltägliche Höflichkeit und Dankbarkeit. Und wenn ich an Julias Stelle wäre, würde ich diesem Father Healy ins Gesicht sagen …

– Und außerdem, Tante Kate, sagte Mary Jane, haben wir alle Hunger, und wenn wir hungrig sind, dann sind wir alle sehr streitsüchtig.

– Und wenn wir durstig sind, sind wir auch streitsüchtig, fügte Mr. Browne hinzu.

– So daß wir uns besser zum Abendessen begeben, sagte Mary Jane, und die Diskussion später beenden.

Auf dem Gang vor dem Salon fand Gabriel seine Frau und Mary Jane, wie sie versuchten, Miss Ivors zu überreden, zum Abendessen zu bleiben. Aber Miss Ivors, die ihren Hut aufgesetzt hatte und ihren Umhang zuknöpfte, wollte nicht bleiben. Sie habe nicht den geringsten Hunger, und sie sei ohnehin über die Zeit geblieben.

– Doch nur zehn Minuten, Molly, sagte Mrs. Conroy. Das hält Sie nicht auf.

– Nur ein Bissen, sagte Mary Jane, nach all Ihrem Tanzen.

– Ich kann wirklich nicht, sagte Miss Ivors.

– Ich fürchte, es hat Ihnen überhaupt nicht gefallen, sagte Mary Jane verzagt.

– Und wie, das versichere ich Ihnen, sagte Miss Ivors, aber Sie müssen mich jetzt wirklich laufen lassen.

– Aber wie kommen Sie denn nach Hause? fragte Mrs. Conroy.

– Oh, es sind nur zwei Schritte das Kai hinauf.

Gabriel zögerte einen Augenblick und sagte:
– Wenn Sie erlauben, Miss Ivors, werde ich Sie nach Hause begleiten, wenn Sie wirklich gehen müssen.

Aber Miss Ivors machte sich los von ihnen.
– Ich will nichts davon hören, rief sie. Gehen Sie um Himmels willen zu Ihrem Abendessen und kümmern Sie sich nicht um mich. Ich kann ganz gut auf mich selbst aufpassen.
– Also, Sie sind schon ein komisches Mädchen, Molly, sagte Mrs. Conroy unverblümt.
– *Beannacht libh*, rief Miss Ivors lachend, als sie die Treppe hinunterlief.

Mary Jane schaute ihr mit einem verstimmten, verwirrten Gesichtsausdruck nach, während sich Mrs. Conroy über das Geländer beugte, um auf die Haustüre zu lauschen. Gabriel fragte sich, ob er der Anlaß für ihren plötzlichen Aufbruch war. Aber sie schien nicht schlechter Laune zu sein: Sie war lachend fortgegangen. Er starrte verdutzt die Treppe hinunter.

In diesem Augenblick kam Tante Kate aus dem Eßzimmer gewackelt und rang fast die Hände vor Verzweiflung.
– Wo ist Gabriel? rief sie. Wo im Himmel ist Gabriel? Alle warten da drinnen, Bühne frei, und keiner da, der die Gans tranchiert!
– Da bin ich, Tante Kate! rief Gabriel mit plötzlicher Lebhaftigkeit, bereit, eine ganze Gänseschar zu tranchieren, wenn nötig.

Eine fette braune Gans lag am einen Ende der Tafel, und am anderen Ende, auf einer Unterlage aus gefaltetem Papier und mit Petersilienzweiglein bestreut, lag ein großer Schinken ohne Schwarte, der mit Brotkrumen paniert war und eine hübsche Papierkrause um das Bein hatte, und daneben lag ein gewürzter Rinderbraten. Zwischen diesen rivalisierenden Enden verliefen parallele Reihen von Beilagen: zwei kleine Klöster aus Gelee, rot und gelb; eine flache Schüssel voller Würfel aus Blancmanger und roter Marmelade, eine große grüne Schale von der Form eines Blattes mit einem stielförmigen Griff, auf der Berge purpurner Rosinen und geschälter Mandeln lagen, ein Gegenstück, auf dem ein kompaktes Rechteck aus Smyrnafeigen lag, eine Schüssel mit Vanillepudding, bestreut mit gemahlenem Muskat, eine kleine Schüssel voller Pralinen und Süßigkeiten, die in Gold- und Silberpapier eingewickelt waren, und eine Glasvase, in der einige lange Stengel Sellerie steckten. In der Mitte des Tisches standen als Wachposten für eine Fruchtschale, die eine Pyramide aus Orangen und amerikanischen Äpfeln trug, zwei gedrungene altmodische Karaffen aus geschliffenem Glas, von denen die eine Portwein und die andere dunklen Sherry enthielt. Auf dem geschlossenen Tafelklavier stand ein Pudding in einer riesigen gelben Schüssel in Bereitschaft, und dahinter waren drei Batterien Stout-, Ale- und Mineralwasserflaschen aufgereiht nach den Farben ihrer Uniformen, die beiden ersten schwarz, mit braunen und roten Etiketten, die dritte und kleinste Batterie weiß mit diagonalen grünen Schärpen.

Gabriel nahm beherzt seinen Platz am Kopf der Tafel ein, und nachdem er die Schneide des Tranchiermessers geprüft hatte, stach er seine Gabel fest in die Gans. Er fühlte sich jetzt in seinem Element, denn er verstand etwas vom Tranchieren und schätzte nichts mehr, als sich am Kopf einer reichbeladenen Tafel zu finden.

– Miss Furlong, was darf ich Ihnen zukommen lassen? fragte er. Einen Flügel oder ein Stück von der Brust?
– Nur ein kleines Stück von der Brust.
– Miss Higgins, was für Sie?
– Oh, irgend etwas, Mr. Conroy.

Während Gabriel und Miss Daly Teller mit Gans und Teller mit Schinken und gewürztem Rind austauschten, ging Lily mit einer Schüssel heißer mehliger Kartoffeln, ausgelegt mit einer weißen Serviette, von Gast zu Gast. Das war Mary Janes Idee, und sie hatte auch Apfelmus zur Gans vorgeschlagen, aber Tante Kate sagte, daß ihr eine schlichte gebratene Gans ohne Apfelmus immer gut genug war und sie hoffe, daß sie nie etwas Schlechteres zu essen brauche. Mary Jane versorgte ihre Schüler und schaute, daß sie die besten Stücke bekamen, und Tante Kate und Tante Julia öffneten Flaschen mit Stout oder Ale für die Männer und Flaschen mit Mineralwasser für die Damen und brachten sie vom Klavier herüber. Es herrschte ein großes Durcheinander mit Gelächter und Lärm, dem Lärm von Bestellungen und Umbestellungen, von Messern und Gabeln, von Korken und Glasstöpseln. Sobald er mit der ersten Runde fertig war, fing Gabriel an, zweite Portionen zu schneiden, ohne sich selbst zu bedienen. Alle protestierten lautstark, so daß er nachgab und einen tiefen Zug Stout trank, denn er fand, daß ihm beim Tranchieren warm geworden war. Mary Jane machte sich unauffällig an ihr Abendessen, aber Tante Kate und Tante Julia wackelten noch immer um den Tisch herum, eine der anderen auf den Fersen, eine der anderen im Weg und sich gegenseitig kommandierend, ohne aufeinander zu achten. Mr. Browne bat sie, sich zu setzen und ihr Abendessen einzunehmen, und auch Gabriel tat desgleichen, aber sie sagten, dafür sei noch genügend Zeit, so daß Freddy Malins schließlich aufstand, Tante Kate schnappte und unter allgemeinem Gelächter nachdrücklich auf ihren Stuhl plumpsen ließ.

Als alle gut versorgt waren, sagte Gabriel lächelnd:

– Nun, wenn noch jemand etwas mehr von dem, was ordinäre Leute Fülle nennen, will, dann soll er oder sie es sagen.

Ein Chor von Stimmen forderte ihn auf, seine eigene Mahlzeit zu beginnen, und Lily tauchte mit drei Kartoffeln auf, die sie für ihn aufgehoben hatte.

– Also schön, meine Damen und Herren, sagte Gabriel liebenswürdig und nahm einen weiteren vorbereitenden Schluck, dann vergessen Sie bitte freundlicherweise meine Anwesenheit für ein paar Minuten.

Er setzte sich an sein Essen und nahm nicht an dem Gespräch teil, mit dem die Tafelrunde Lilys Abräumen der Teller überdeckte. Gegenstand des Gesprächs war die Operntruppe, die damals am Royal Theatre war. Mr. Bartell D'Arcy, der Tenor, ein junger Mann mit dunklem Teint und einem modischen Schnurrbart, pries die erste Altistin des Ensembles in höchsten Tönen, aber Miss Furlong meinte, sie habe einen ziemlich vulgären Vortragsstil. Freddy Malins sagte, im zweiten Teil der Pantomime im Gaiety singe ein Negerhäuptling, der eine der schönsten Tenorstimmen besitze, die er je gehört habe.

– Haben Sie ihn gehört, fragte er Mr. Bartell D'Arcy über den Tisch hinweg.

– Nein, antwortete Mr. Bartell D'Arcy achtlos.

– Weil es mich jetzt natürlich interessieren würde, erklärte Freddy Malins, Ihre Meinung über ihn zu hören. Ich finde, er hat eine großartige Stimme.

– Es braucht schon Teddy, um die wirklich guten Sachen ausfindig zu machen, sagte Mr. Browne vertraulich zur Tafel.

– Und warum sollte er nicht auch eine Stimme haben können? fragte Freddy Malins scharf. Vielleicht, weil er nur ein Schwarzer ist?

Niemand antwortete auf diese Frage, und Mary Jane führte die Tafel zurück zur rechtmäßigen Oper. Eine ihrer Schülerinnen hatte ihr eine Freikarte für *Mignon* gegeben. Natürlich war es sehr schön, sagte sie, aber sie habe an die arme Georgina Burns denken müssen. Mr. Browne konnte noch weiter zurückgehen, zu den alten italienischen Operntruppen, die früher nach Dublin kamen, Tietjens, Trebelli, Ilma de Murzka, Campanini, der große Giuglini, Ravelli, Aramburo. Das waren noch Zeiten, sagte er, als man noch so etwas wie Gesang in Dublin hören konnte. Er erzählte auch, wie die oberste Galerie des alten Royal Nacht für Nacht gestopft voll war, wie in einer Nacht ein italienischer Tenor fünf Zugaben zu *Laßt mich fallen wie ein Soldat* gesungen hatte und jedesmal ein hohes C einbrachte und wie die Jungens von der Galerie manchmal in ihrer Begeisterung die Pferde von der Kutsche einer großen Primadonna ausspannten und sie selbst durch die Straßen zu ihrem Hotel zogen. Warum spielten sie heute die großen alten Opern nicht mehr, fragte er, *Dinorah*, *Lucrezia Borgia*? Weil sie die Stimmen nicht mehr bekommen könnten, um sie zu singen: das sei der Grund.

– Also, sagte Mr. Bartell D'Arcy. Ich nehme an, daß es heute genauso gute Sänger gibt wie damals.

– Wo sind sie? fragte Mr. Browne herausfordernd.
– In London, Paris, Mailand, sagte Mr. Bartell D'Arcy hitzig. Ich vermute, daß Caruso zum Beispiel genauso gut, wenn nicht besser ist als jeder der Männer, die Sie erwähnt haben.
– Mag sein, sagte Mr. Browne. Aber ich muß Ihnen sagen, daß ich es stark bezweifle.
– Oh, ich gäbe alles dafür, Caruso singen zu hören, sagte Mary Jane.
– Für mich, sagte Tante Kate, die einen Knochen abgenagt hatte, gab es nur einen Tenor. Der mir gefallen hat, meine ich. Aber ich nehme an, daß keiner von Ihnen je von ihm gehört hat.
– Wer war das, Miss Morkan? fragte Mr. Bartell D'Arcy höflich.
– Sein Name, sagte Tante Kate, war Parkinson. Ich hörte ihn, als er in seinen besten Jahren war, und ich glaube, er hatte damals die reinste Tenorstimme, die je in eines Menschen Kehle gelegt wurde.
– Seltsam, sagte Mr. Bartell D'Arcy. Ich habe noch nicht einmal von ihm gehört.
– Ja, ja, Miss Morkan hat recht, sagte Mr. Browne. Ich erinnere mich, vom alten Parkinson gehört zu haben, aber das ist zu lange her für mich.
– Ein wunderschöner, reiner, süßer, lieblicher englischer Tenor, sagte Tante Kate voller Enthusiasmus.

Als Gabriel fertig war, wurde der riesige Pudding auf den Tisch herübergebracht. Das Geklapper der Gabeln und Löffel begann von neuem. Gabriels Frau teilte Löffel voll Pudding aus und reichte die Teller den Tisch entlang. Auf halbem Weg wurden sie von Mary Jane aufgehalten, die sie mit Himbeer- oder Orangengelee auffüllte oder mit Blancmanger und Marmelade. Den Pudding hatte Tante Julia gemacht, und sie wurde von allen Seiten dafür gelobt. Sie selbst sagte, er sei nicht ganz braun genug.

– Also, ich hoffe, Miss Morkan, sagte Mr. Browne, daß ich Ihnen braun genug bin, denn, wie Sie wissen, bin ich ganz und gar braun.

Alle Herren, mit Ausnahme Gabriels, aßen etwas vom Pudding als Kompliment für Tante Julia. Da Gabriel nie Süßigkeiten aß, war der Sellerie für ihn übriggelassen worden. Freddy Malins nahm auch einen Selleriestengel und aß ihn mit seinem Pudding. Er habe gehört, daß Sellerie etwas Ausgezeichnetes für das Blut sei, und er sei jetzt gerade in ärztlicher Betreuung. Mrs. Malins, die während des ganzen Abendessens geschwiegen hatte, sagte, ihr Sohn gehe in ungefähr einer Woche nach Mount Melleray. Die Tafel unterhielt sich daraufhin über Mount Melleray, wie erfrischend die Luft dort sei, wie gastfreundlich die Mönche seien und daß sie nie auch nur einen Penny von ihren Gästen forderten.

– Und Sie wollen tatsächlich sagen, fragte Mr. Browne ungläubig, daß einer da einfach hingehen und sich dort niederlassen kann, als sei es ein Hotel, und in Saus und Braus leben kann, ohne auch nur einen Farthing bezahlen zu müssen?

– Oh, die meisten Leute machen dem Kloster eine Spende, wenn sie gehen, sagte Mary Jane.

– Ich wünschte, wir hätten so eine Einrichtung in unserer Kirche, sagte Mr. Browne offen.

Er war überrascht zu erfahren, daß die Mönche niemals redeten, um zwei Uhr morgens aufstanden und in ihren Särgen schliefen. Er fragte, warum sie das täten.

– Das ist die Ordensregel, sagte Tante Kate bestimmt.
– Ja, aber warum? fragte Mr. Browne.

Tante Kate wiederholte, daß es die Regel sei, das sei alles. Mr. Browne schien es noch immer nicht zu verstehen. Freddy Malins erklärte ihm, so gut er konnte, daß die Mönche versuchten, für die Sünden zu büßen, die von den Sündern in der Welt draußen begangen würden. Die Erläuterung war nicht sehr klar, denn Mr. Browne grinste und sagte:

– Mir gefällt diese Idee sehr gut, aber täte es ein bequemes Sprungfederbett nicht genausogut wie ein Sarg?
– Der Sarg soll sie an ihr letztes Ende erinnern, sagte Mary Jane.

Da das Thema trübselig geworden war, wurde es mit Schweigen an der Tafel bestattet, während man Mrs. Malins hören konnte, wie sie zu ihrem Nachbarn mit gedämpfter, undeutlicher Stimme sagte:

– Das sind sehr gute Menschen, die Mönche, sehr fromme Menschen.

Die Rosinen und Mandeln und Feigen und Äpfel und Orangen und Pralinen und Süßigkeiten wurden nun am Tisch herumgereicht, und Tante Julia lud alle Gäste ein, entweder Portwein oder Sherry zu nehmen. Zunächst verweigerte Mr. Bartell D'Arcy beides, aber einer seiner Nachbarn stieß ihn heimlich an und flüsterte ihm etwas zu, worauf er gestattete, daß man sein Glas füllte. Während die letzten Gläser gefüllt wurden, verstummte nach und nach das Gespräch. Ein Pause folgte, nur vom Geräusch des Weines und dem Rücken von Stühlen unterbrochen. Die drei Misses Morkan sahen vor sich auf das Tischtuch. Jemand hustete ein- oder zweimal, und dann klopften ein paar Herren sanft auf den Tisch als Zeichen für Stille. Die Stille trat ein, und Gabriel schob seinen Stuhl zurück und stand auf.

Das Klopfen verstärkte sich sofort aufmunternd und verstummte dann völlig. Gabriel stützte seine zehn zitternden Finger auf das Tischtuch und lächelte der Gesellschaft nervös zu. Da ihm eine Reihe zugewandter Gesichter begegnete, hob er seinen Blick zum Lüster. Das Klavier spielte eine Walzermelodie, und er konnte hören, wie die Röcke gegen die Tür des Salons fegten. Vielleicht standen draußen im Schnee am Kai Leute, sahen zu den erleuchteten Fenstern hinauf und lauschten der Walzermusik. Dort war die Luft rein. In einiger Entfernung lag der Park, wo sich die Bäume unter der Last des Schnees bogen. Das Wellington-Monument trug eine glitzernde Kappe aus Schnee, die westwärts über das Feld der Fifteen Acres leuchtete.

Er begann:

– Meine Damen und Herren!

Es ist mir heute abend, wie schon in vergangenen Jahren, zugefallen, eine sehr angenehme Aufgabe zu übernehmen, aber eine Aufgabe, für die, wie ich fürchte, meine geringe Rednergabe allzu schwach ist.

– Nein, nein! sagte Mr. Browne.

– Aber wie dem auch sei, ich kann Sie nur bitten, heute abend den Willen für die Tat zu nehmen und mir Ihre Aufmerksamkeit für ein paar Minuten zu leihen, während ich bestrebt bin, Ihnen in Worten mitzuteilen, welche Gefühle mich bei dieser Gelegenheit bewegen.

– Meine Damen und Herren! Es ist nicht das erste Mal, daß wir uns hier versammelt haben, unter diesem gastfreundlichen Dach, um diesen gastfreundlichen Tisch. Es ist nicht das erste Mal, daß wir die Empfänger – oder ich sollte vielleicht eher sagen, die Opfer – der Gastfreundschaft gewisser lieber Damen sind.

Er beschrieb mit dem Arm einen Kreis in der Luft und hielt inne. Alle lachten oder lächelten Tante Kate und Tante Julia und Mary Jane zu, die rot wurden vor Freude. Gabriel fuhr zuversichtlicher fort:

– Ich fühle mit jedem Jahr immer stärker, daß unser Land keine Tradition hat, die ihm solche Ehre antut und die es so eifersüchtig bewahren sollte wie die seiner Gastfreundschaft. Es ist eine Tradition, die einzigartig ist, soweit meine Erfahrung mit den modernen Nationen reicht (und ich habe nicht wenige Orte im Ausland besucht). Manch einer würde vielleicht sagen, daß dies eher einer unserer Fehler ist als etwas, worauf wir stolz sein können. Aber selbst wenn man das einräumt, dann ist es meiner Ansicht nach ein fürstlicher Fehler, und einer, der noch lange, darauf baue ich, bei uns gepflegt wird. Eines wenigstens weiß ich sicher. Solange jedenfalls dieses Dach die vorher erwähnten lieben Damen schützt – und ich wünsche von Herzen, daß es das noch viele, viele lange Jahre tun wird –, lebt die Tradition echter, warmherziger, liebenswürdiger irischer Gastfreundschaft, die unsere Vorfahren an uns weitergegeben haben und die wir unsererseits an unsere Nachfahren weitergeben müssen, noch unter uns.

Ein herzhaftes Murmeln der Zustimmung lief um den Tisch. Es schoß Gabriel durch den Kopf, daß Miss Ivors nicht da war und daß sie unhöflicherweise gegangen war: Und er sagte mit Selbstvertrauen:

– Meine Damen und Herren!

Eine neue Generation wächst in unserer Mitte heran, eine Generation, die von neuen Ideen und neuen Prinzipien bewegt wird. Sie meint es ernst und ist begeistert von diesen Ideen, und ihr Enthusiasmus ist, selbst wenn er sich auf falsche Ziele richtet, im wesentlichen ehrlich. Aber wir leben in einem skeptischen und, wenn ich den Ausdruck gebrauchen darf, gedankengequälten Zeitalter: Und manchmal fürchte ich, daß diese neue Generation, gebildet oder übergebildet wie sie ist, jene Qualitäten der Menschlichkeit, der Gastfreundschaft, eines gütigen Humors, der früheren Zeiten innewohnte, vermissen läßt. Als ich heute abend den Namen all der großen Sänger der Vergangenheit lauschte, schien es mir, wie ich gestehen muß, daß wir nicht in einem so weiträumigen Zeitalter leben. Man könnte jene Tage, ohne zu übertreiben, als die weiträumigen Tage bezeichnen: Und wenn sie auch unwiederbringlich vergangen sind, dann hoffen wir wenigstens, daß wir bei Zusammenkünften wie dieser noch mit Stolz und Liebe von ihnen sprechen und in unseren Herzen noch das Gedächtnis der toten und entschwundenen Großen pflegen, deren Ruhm die Welt nicht bereitwillig vergehen lassen wird.

– Hört, hört! sagte Mr. Browne laut.

– Aber noch, fuhr Gabriel fort, und seine Stimme nahm einen weicheren Ausdruck an, gibt es bei Treffen wie diesem traurigere Gedanken, die in unseren Herzen immer wieder auftauchen. Gedanken an die Vergangenheit, an die Jugend, an Veränderungen, an abwesende Gesichter, die wir heute abend hier vermissen: Unser Lebensweg ist übersät mit vielen solcher trauriger Erinnerungen, und wenn wir immer traurig ihrer gedächten, hätten wir nicht den Mut, unser Werk unter den Lebenden weiter tapfer zu verrichten. Wir alle haben unsere lebendigen Verpflichtungen und unsere lebendigen Zuneigungen, die unsere tatkräftige Anstrengung erfordern, und das zu Recht.

– Deshalb will ich nicht länger bei der Vergangenheit verweilen. Ich werde kein düsteres Moralisieren zulassen hier heute abend. Wir sind hier einen kurzen Augenblick zusammengekommen aus der Betriebsamkeit und Hast alltäglicher Routine. Wir haben uns als Freunde hier getroffen, im Geist der Brüderlichkeit, als Kollegen, auch bis zu einem gewissen Grad im Geist echter Kameradschaft und als Gäste der – wie soll ich sie nennen? – der drei Grazien der Dubliner Musikwelt.

Die Tafel brach über diesen Geistesblitz in Beifall und Gelächter aus. Tante Julia bat vergebens nacheinander jeden ihrer Nachbarn, sie wissen zu lassen, was Gabriel gesagt habe.

– Er sagt, wir sind die drei Grazien, Tante Julia, sagte Mary Jane.

Tante Julia verstand sie nicht, aber sie schaute lächelnd zu Gabriel auf, der im gleichen Sinne fortfuhr:

– Meine Damen und Herren!

Ich werde nicht versuchen, die Rolle, die Paris bei anderer Gelegenheit spielte, zu übernehmen. Ich werde nicht versuchen, zwischen ihnen zu wählen. Das wäre eine heikle Aufgabe und ginge über meine geringen Kräfte. Denn wenn ich sie mir nacheinander ansehe, ob es nun unsere Hauptgastgeberin selbst ist, deren gutes Herz, deren zu gutes Herz, sprichwörtlich geworden ist bei allen, die sie kennen, oder ihre Schwester, die mit ewiger Jugend begabt zu sein scheint und deren Gesang für uns alle heute abend eine Überraschung und Offenbarung gewesen sein muß, oder wenn ich, *last but not least*, an unsere jüngste Gastgeberin denke, talentiert, heiter, hart arbeitend und die beste aller Nichten, gebe ich zu, meine Damen und Herren, daß ich nicht weiß, welcher von ihnen ich den Preis zuerkennen sollte.

Gabriel blickte auf seine Tanten hinunter, und als er das breite Lächeln auf Tante Julias Gesicht sah und die Tränen, die in Tante Kates Augen standen, beeilte er sich, zum Schluß zu kommen. Er hob galant sein Glas Portwein, während alle Mitglieder der Gesellschaft erwartungsvoll nach einem Glas fingerten, und sagte laut:

– Stoßen wir auf sie alle drei miteinander an. Trinken wir auf ihre Gesundheit, ihren Wohlstand, langes Leben, Glück und Wohlergehen, und mögen sie noch lange ihre stolze und selbsterrungene Stellung behalten, die sie in ihrem Berufsstand einnehmen, und den Ehrenplatz und die Zuneigung, die sie in unseren Herzen einnehmen.

Alle Gäste standen auf, das Glas in der Hand, und sangen, indem sie sich den drei sitzenden Damen zuwandten, einstimmig unter der Führung von Mr. Browne:

– For they are jolly gay fellows,
For they are jolly gay fellows,
For they are jolly gay fellows,
Which nobody can deny.

Tante Kate bediente sich ungeniert ihres Taschentuchs, und sogar Tante Julia schien gerührt. Freddy Malins schlug den Takt mit seiner Puddinggabel, und die Sänger wandten sich einander zu wie in melodiöser Konferenz und sangen mit Nachdruck:

– Unless he tells a lie,
Unless he tells a lie.

Dann, und dabei wandten sie sich wieder den Gastgeberinnen zu, sangen sie:

– For they are jolly gay fellows,
For they are jolly gay fellows,
For they are jolly gay fellows,
Which nobody can deny.

Der laute Beifall, der folgte, wurde hinter der Tür des Eßzimmers von vielen anderen Gästen aufgenommen und fing immer von neuem an, wobei Freddy Malins mit hoch erhobener Gabel als Leiter fungierte.

* * *

Die schneidend kalte Morgenluft strömte in den Flur, wo sie standen, so daß Tante Kate sagte:
– Mach jemand die Türe zu. Mrs. Malins holt sich den Tod in der Kälte.
– Browne ist da draußen, Tante Kate, sagte Mary Jane.
– Browne ist überall, sagte Tante Kate, mit leiserer Stimme.

Mary Jane lachte über ihren Ton.
– Also wirklich, sagte sie gestreng, er ist sehr aufmerksam.
– Seit Weihnachten ist er hier angeschlossen wie das Gas, sagte Tante Kate im gleichen Ton.

Diesmal lachte sie selbst gutmütig und fügte dann schnell hinzu:
– Aber sag ihm, er soll hereinkommen, Mary Jane, und

schließ die Tür. Ich hoffe zum Himmel, er hat mich nicht gehört.

In diesem Augenblick ging die Haustüre auf, und Mr. Browne kam von der Treppe herein und lachte, als ob er platzen wollte. Er hatte einen langen grünen Mantel mit Umschlägen und Kragen aus Astrachanimitation an und trug eine ovale Pelzmütze auf dem Kopf. Er deutete den schneebedeckten Kai hinunter, von dem fortgesetztes schrilles Pfeifen hereindrang.

– Teddy wird alle Droschken in Dublin herausholen, sagte er.

Gabriel kam aus dem kleinen Vorratsraum hinter dem Büro und kämpfte mit seinem Mantel, und als er sich im Flur umschaute, sagte er:

– Gretta noch nicht unten?

– Sie zieht ihre Sachen an, Gabriel, sagte Tante Kate.

– Wer spielt da oben? fragte Gabriel.

– Niemand. Es sind alle gegangen.

– O nein, Tante Kate, sagte Mary Jane, Bartell D'Arcy und Miss O'Callaghan sind noch nicht gegangen.

– Es klimpert jedenfalls jemand auf dem Klavier, sagte Gabriel.

Mary Jane schaute Gabriel und Mr. Browne an und sagte schaudernd:

– Es läßt mich frösteln, wenn ich Sie zwei Herren so vermummt sehe. Ich hätte nicht gerne Ihren Heimweg vor mir um diese Zeit.

– Es würde mir jetzt nichts mehr behagen als ein richtiger schöner Spaziergang oder eine schnelle Fahrt mit einem guten, flotten Traber zwischen den Deichseln, sagte Mr. Browne forsch.

– Wir hatten früher ein sehr gutes Pferd und einen offenen Zweisitzer zu Hause, sagte Tante Julia bekümmert.

– Den unvergeßlichen Johnny, sagte Mary Jane lachend.

Auch Tante Kate und Gabriel lachten.

– Warum, was war Besonderes an Johnny? fragte Mr. Browne.

– Der selige Patrick Morkan, unser Großvater also, erklärte Gabriel, in seinen späteren Jahren allgemein als der alte Herr bekannt, war ein Leimsieder.

– Na, hör mal, Gabriel, sagte Tante Kate lachend, er hatte eine Stärkemühle.

– Also, ob Leim oder Stärke, der alte Herr hatte ein Pferd mit Namen Johnny. Und Johnny arbeitete in der Mühle des alten Herrn und lief immer im Kreis herum, um die Mühle zu treiben. Das war alles schön und gut, aber jetzt kommt das Tragische an Johnny. Eines schönen Tages kam es dem alten Herrn in den Sinn, mit der vornehmen Gesellschaft zu einer Militärparade in den Park auszufahren.

– Gott sei seiner armen Seele gnädig, sagte Tante Kate mitleidig.

– Amen, sagte Gabriel. Also, wie gesagt, schirrte der alte Herr Johnny an und setzte seinen allerbesten Zylinder auf und legte seinen besten Stehkragen an und fuhr in großem Stil vom Wohnsitz seiner Vorfahren irgendwo in der Nähe der Back Lane, glaube ich, ab.

Alle lachten über Gabriels Art, selbst Mrs. Malins, und Tante Kate sagte:

– Aber Gabriel, er hat eigentlich gar nicht in der Back Lane gewohnt. Nur die Mühle war dort.

– Vom Wohnsitz seiner Vorfahren, erzählte Gabriel

weiter, fuhr er mit Johnny ab. Und alles ging großartig, bis Johnny King Billys Denkmal zu sehen bekam: Und ob er sich nun in das Pferd, auf dem King Billy sitzt, verliebte oder dachte, er sei wieder zurück in der Mühle, jedenfalls fing er an, um das Denkmal herumzulaufen.

Gabriel lief unter dem Gelächter der anderen in seinen Galoschen im Kreis im Flur herum.

– Immer im Kreis herum ist er gelaufen, sagte Gabriel, und der alte Herr, der ein sehr pompöser alter Herr war, war höchst aufgebracht. *Weiter, Sir! Was soll das, Sir? Johnny! Johnny! Höchst ungewöhnliches Benehmen! Kann das Pferd nicht begreifen!*

Das schallende Gelächter, das Gabriels Darstellung des Vorfalls folgte, wurde durch ein dröhnendes Klopfen an der Haustür unterbrochen. Mary Jane lief, um sie zu öffnen, und ließ Freddy Malins ein. Freddy Malins, den Hut weit zurück auf dem Kopf und die Schultern hochgezogen vor Kälte, pustete und dampfte nach seinen Anstrengungen.

– Ich konnte nur eine Droschke bekommen, sagte er.

– Oh, wir werden noch eine am Kai finden, sagte Gabriel.

– Ja, sagte Tante Kate. Wir lassen Mrs. Malins besser nicht in der Zugluft stehen.

Ihr Sohn und Mr. Browne halfen Mrs. Malins die Vortreppe hinunter und hievten sie nach vielerlei Manövern in die Droschke. Freddy Malins kletterte hinter ihr hinein und verbrachte lange Zeit damit, es ihr in ihrem Sitz bequem zu machen, wobei ihm Mr. Browne mit Rat zur Seite stand. Schließlich war sie bequem untergebracht, und Freddy Malins lud Mr. Browne zum Mitfahren ein. Es wurde viel durcheinander geredet, und dann stieg Mr.

Browne in die Droschke. Der Kutscher zog sich die Decke über die Knie und beugte sich herunter, um die Adresse zu erfahren. Die Verwirrung wuchs, und der Kutscher erhielt von Freddy Malins und Mr. Browne, die beide den Kopf aus einem Fenster der Droschke streckten, unterschiedliche Anweisungen. Die Schwierigkeit war, herauszufinden, wo Mr. Browne unterwegs aussteigen sollte, und Tante Kate, Tante Julia und Mary Jane unterstützten von der Eingangstreppe aus die Diskussion mit Gegenanweisungen und Einspruch und viel Gelächter. Freddy Malins seinerseits konnte vor Lachen nicht sprechen. Er streckte jeden Moment mit großer Gefahr für seinen Hut den Kopf aus dem Fenster und erzählte seiner Mutter, was der Stand der Dinge war, bis Mr. Browne dem verwirrten Kutscher über den Lärm von jedermanns Gelächter zurief:

– Wissen Sie Trinity College?

– Ja, Sir, sagte der Kutscher.

– Also, dann fahren Sie stracks zu den Toren von Trinity College, sagte Mr. Browne, und dann sagen wir Ihnen, wie's weitergeht. Haben Sie jetzt verstanden?

– Ja, Sir, sagte der Kutscher.

– Schwirren Sie ab zum Trinity College!

– Jawohl, Sir, rief der Kutscher.

Das Pferd wurde mit der Peitsche angetrieben, und die Droschke ratterte davon, den Kai hinunter, begleitet von einem Chor von Gelächter und Adieus.

Gabriel war nicht mit den anderen zur Tür gegangen. Er war in einem dunklen Teil des Flurs und schaute die Treppe hinauf. Eine Frau stand in der Nähe des ersten Treppenabsatzes, ebenfalls im Schatten. Er konnte ihr Gesicht nicht sehen, aber er konnte die terrakottafarbenen und lachsrosa Applikationen ihres Rockes sehen, die der Schatten schwarz und weiß erscheinen ließ. Es war seine Frau. Sie lehnte am Geländer und lauschte auf etwas. Gabriel war überrascht von ihrer Reglosigkeit und strengte sein Ohr an, um ebenfalls zu lauschen. Aber er konnte wenig hören außer dem Lärm des Gelächters und der Debatte auf der Haustreppe, ein paar Akkorden, die auf dem Klavier angeschlagen wurden, und ein paar Tönen, die eine Männerstimme sang.

Er stand unbeweglich im Dunkel des Flurs, versuchte die Melodie mitzubekommen, die die Stimme sang, und schaute zu seiner Frau hinauf. Es lagen Anmut und Geheimnis in ihrer Haltung, als sei sie ein Symbol für irgend etwas. Er fragte sich, wofür eine Frau, die im Schatten auf der Treppe stand und entfernter Musik lauschte, ein Symbol war. Wenn er ein Maler wäre, würde er sie in dieser Haltung malen. Ihr blauer Filzhut würde die Bronze ihrer Haare gegen das Dunkel hervorheben, und die dunklen Applikationen ihres Rockes würden die hellen hervorheben. *Ferne Musik* würde er das Bild nennen, wenn er ein Maler wäre.

Die Haustür wurde geschlossen; und Tante Kate, Tante Julia und Mary Jane kamen, immer noch lachend, den Flur entlang.

– Na, ist Freddy nicht schrecklich? sagte Mary Jane. Er ist wirklich schrecklich.

Gabriel sagte nichts, sondern deutete die Treppe hinauf, wo seine Frau stand. Nun, da die Haustür geschlossen war, konnte man die Stimme und das Klavier deutlicher hören. Gabriel hob die Hand, damit sie ruhig waren. Das Lied schien in der alten irischen Tonart zu sein, und der Sänger schien sich des Textes und seiner Stimme nicht sicher. Die Stimme, die wegen der Entfernung und der Heiserkeit des Sängers wehmütig klang, erhellte schwach die Kadenz der Melodie durch Worte, die Trauer ausdrückten:

– *Oh, der Regen fällt auf meine schweren Locken,*
Und der Tau näßt meine Haut,
Mein Kindlein liegt kalt …

– Oh, rief Mary Jane. Bartell D'Arcy singt, und er wollte den ganzen Abend nicht singen. Oh, ich werde ihn dazu bringen, daß er ein Lied singt, bevor er geht.
– O ja, Mary Jane, sagte Tante Kate.

Mary Jane rauschte an den anderen vorbei und lief zur Treppe, aber bevor sie sie erreichte, hörte das Singen auf, und das Klavier wurde unvermittelt zugeklappt.
– Oh, wie schade! rief sie. Kommt er herunter, Gretta?

Gabriel hörte, wie seine Frau mit Ja antwortete, und sah, wie sie herunterkam, auf sie zu. Ein paar Schritte hinter ihr waren Mr. Bartell D'Arcy und Miss O'Callaghan.
– Oh, Mr. D'Arcy, rief Mary Jane, es ist einfach schäbig von Ihnen, so aufzuhören, wenn wir Ihnen alle verzückt zuhören.
– Ich war den ganzen Abend hinter ihm her, sagte Miss O'Callaghan, und Mrs. Conroy auch, und er sagte uns, er habe eine schreckliche Erkältung und könne nicht singen.
– Oh, Mr. D'Arcy, sagte Tante Kate, das war aber ganz schön geschwindelt von Ihnen.
– Sehn Sie denn nicht, daß ich krächze wie ein Rabe? sagte Mr. D'Arcy ruppig.

Er ging hastig in die Vorratskammer und zog seinen Mantel an. Die anderen, die von seiner rüden Antwort verblüfft waren, wußten nichts zu sagen. Tante Kate runzelte die Brauen und gab den anderen Zeichen, das Thema fallenzulassen. Mr. D'Arcy stand mit gefurchter Stirn da und hüllte sorgsam seinen Hals ein.

– Es ist das Wetter, sagte Tante Julia nach einer Pause.

– Ja, jeder hat eine Erkältung, sagte Tante Kate bereitwillig, jeder.

– Man sagt, daß wir seit dreißig Jahren nicht soviel Schnee hatten, sagte Mary Jane, und ich habe in den Zeitungen heute morgen gelesen, daß Schnee über ganz Irland liegt.

– Ich mag den Anblick von Schnee, sagte Tante Julia traurig.

– Ich auch, sagte Miss O'Callaghan. Ich finde, Weihnachten ist nie richtig Weihnachten, wenn wir nicht Schnee liegen haben.

– Aber der arme Mr. D'Arcy mag den Schnee nicht, sagte Tante Kate lächelnd.

Mr. D'Arcy kam fertig angezogen und eingehüllt aus der Vorratskammer und erzählte ihnen in versöhnlichem Ton die Geschichte seiner Erkältung. Alle gaben ihm Ratschläge und sagten, es sei sehr schade, und drängten ihn, mit seinem Hals in der Nachtluft sehr vorsichtig zu sein. Gabriel beobachtete seine Frau, die nicht am Gespräch teilnahm. Sie stand unmittelbar unter der staubigen Fensterrosette, und die Gasflamme beleuchtete ihr warmes, bronzefarbenes Haar, das er sie vor ein paar Tagen am Kamin hatte trocknen sehen. Sie hatte die gleiche Haltung eingenommen und schien nichts von dem Gespräch um sie wahrzunehmen. Endlich wandte

sie sich ihnen zu, und Gabriel sah, daß ihre Wangen gerötet waren und daß ihre Augen glänzten. Eine plötzliche Welle der Freude schwoll in seinem Herzen auf.
– Mr. D'Arcy, sagte sie, wie heißt das Lied, das Sie vorgesungen haben?
– Es heißt *Die Maid von Aughrim*, sagte Mr. D'Arcy, aber ich konnte mich nicht recht daran erinnern. Warum? Kennen Sie es?
– *Die Maid von Aughrim*, wiederholte sie. Ich konnte mich nicht auf den Namen besinnen.
– Es ist ein sehr schönes Lied, sagte Mary Jane. Es tut mir leid, daß Sie heute abend nicht bei Stimme waren.
– Komm, Mary Jane, sagte Tante Kate, ärgere Mr. D'Arcy nicht. Ich lasse es nicht zu, daß er geärgert wird.

Da sie sah, daß alle aufbruchsbereit waren, geleitete sie sie zur Tür, wo man sich gute Nacht wünschte:
– Also, gute Nacht, Tante Kate, und danke für den schönen Abend.
– Gute Nacht, Gabriel. Gute Nacht, Gretta!
– Gute Nacht, Tante Kate, und herzlichen Dank. Gute Nacht, Tante Julia.
– Oh, gute Nacht, Gretta, ich habe dich gar nicht gesehen.
– Gute Nacht, Mr. D'Arcy. Gute Nacht, Miss O'Callaghan.
– Gute Nacht, Miss Morkan.
– Nochmals gute Nacht.
– Gute Nacht alle zusammen. Kommt gut nach Hause.
– Gute Nacht. Gute Nacht.

Der Morgen war noch dunkel. Ein dumpfes gelbes Licht brütete über den Häusern und dem Fluß; und der

Himmel schien sich herabzusenken. Der Boden war matschig; und auf den Dächern, der Kaimauer und den Brüstungen der Souterrainvorhöfe lag der Schnee nur in Streifen und Klumpen. Die Lampen brannten noch rötlich in der dunstigen Luft, und über dem Fluß stand der Palast der Four Courts drohend gegen den schweren Himmel.

Sie ging mit Mr. Bartell D'Arcy vor ihm, ihre Schuhe in einem braunen Paket unter dem Arm verstaut, und ihre Hände hielten den Rock vor dem Matsch hoch. Ihre Haltung war nicht mehr graziös, aber Gabriels Augen strahlten noch immer vor Glück. Das Blut pulsierte durch seine Adern; und die Gedanken tobten turbulent durch seinen Kopf, stolz, freudig, zärtlich, kühn.

Sie ging so leicht und aufrecht vor ihm, daß er sich wünschte, lautlos hinter ihr herzulaufen, sie an den Schultern zu packen und ihr etwas Albernes und Liebevolles ins Ohr zu flüstern. Sie kam ihm so zerbrechlich vor, daß er wünschte, sie gegen irgend etwas in Schutz nehmen und dann mit ihr allein sein zu können. Augenblicke ihres geheimen Lebens miteinander zogen wie Sternschnuppen durch sein Gedächtnis. Ein heliotropfarbener Umschlag lag neben seiner Frühstückstasse, und er strich zärtlich mit der Hand darüber. Vögel zwitscherten im Efeu, und das sonnige Gewebe des Vorhangs schimmerte am Boden dahin: er konnte nichts essen vor Glück. Sie standen auf dem vollen Bahnsteig, und er steckte eine Fahrkarte in die warme Innenfläche ihres Handschuhs. Er stand mit ihr in der Kälte und schaute mit ihr durch ein vergittertes Fenster einem Mann zu, der Flaschen in einem lodernden Schmelzofen herstellte. Es war sehr kalt. Ihr Gesicht, das in der Kälte duftete, war ganz nahe an seinem; und plötzlich rief sie dem Mann am Schmelzofen zu:

– Ist das Feuer heiß, Sir?

Aber der Mann konnte sie beim Lärm des Schmelzofens nicht hören. Es war besser so. Vielleicht hätte er eine unverschämte Antwort gegeben.

Eine Welle noch zärtlicherer Freude entschlüpfte seinem Herzen und brauste in warmer Flut durch seine Adern. Wie das zärtliche Feuer der Sterne brachen Augenblicke ihres gemeinsamen Lebens, von denen niemand etwas wußte oder jemals etwas wissen würde, über ihn herein und erhellten sein Gedächtnis. Er wünschte so sehr, sie an diese Momente zu erinnern, sie die Jahre ihrer eintönigen Existenz zusammen vergessen zu lassen und sie nur an diese Momente der Ekstase zu erinnern. Denn die Jahre, das spürte er, hatten weder seine noch ihre Seele ausgelöscht. Ihre Kinder, sein Schreiben, ihre Haushaltsmühen hatten das zärtliche Feuer ihrer Seelen noch nicht ausgelöscht. In einem Brief, den er ihr damals geschrieben hatte, stand: *Warum kommen mir solche Worte so stumpf und kalt vor? Liegt's daran, daß kein Wort zärtlich genug ist, dein Name zu sein?*

Wie ferne Musik wurden ihm diese Worte, die er vor Jahren geschrieben hatte, aus der Vergangenheit zugetragen. Er sehnte sich danach, allein mit ihr zu sein. Wenn die anderen gegangen waren, wenn er und sie in ihrem Hotelzimmer waren, dann würden sie allein zusammen sein. Er würde sie leise rufen:

– Gretta!

Vielleicht würde sie es nicht gleich hören: sie würde sich ausziehen. Dann würde ihr etwas an seiner Stimme auffallen. Sie würde sich umwenden und ihn ansehen …

An der Ecke der Winetavern Street trafen sie auf eine Droschke. Er war froh über ihr ratterndes Geräusch, das ihm Konversation ersparte. Sie schaute aus dem Fenster und wirkte müde. Die anderen sagten nur ein paar Worte, wiesen auf ein Gebäude oder eine Straße hin. Das Pferd galoppierte lahm dahin unter dem schweren Himmel und zog seine ratternde alte Kiste hinter sich her, und Gabriel war wieder in einer Droschke mit ihr, im Galopp, um das Schiff noch zu erreichen, im Galopp ihren Flitterwochen entgegen.

Als die Droschke über die O'Connell Bridge fuhr, sagte Miss O'Callaghan:

– Man sagt, daß man die O'Connell Bridge nie überquert, ohne ein weißes Pferd zu sehen.

– Ich sehe einen weißen Mann diesmal, sagte Gabriel.

– Wo? fragte Mr. Bartell D'Arcy.

Gabriel zeigte auf die Statue, auf der stellenweise Schnee lag. Dann nickte er ihr vertraulich zu und winkte mit der Hand.

– Gute Nacht, Dan, sagte er lustig.

Als die Droschke am Hotel vorfuhr, sprang Gabriel heraus und bezahlte trotz Mr. Bartell D'Arcys Protest den Kutscher. Er gab dem Mann einen Shilling über den Preis. Der Mann grüßte und sagte:

– Ein gutes neues Jahr, Sir.

– Ihnen auch, sagte Gabriel herzlich.

Sie stützte sich einen Moment auf seinen Arm, als sie aus der Droschke stieg und während sie am Gehsteig stand, um den anderen gute Nacht zu wünschen. Sie stützte sich leicht auf seinen Arm, so leicht wie beim

Tanzen mit ihm vor ein paar Stunden. Er fühlte sich stolz und glücklich da, glücklich, daß sie sein war, stolz auf ihre Anmut und frauliche Art. Aber jetzt, nachdem so viele Erinnerungen ihn wieder entflammt hatten, sandte die erste Berührung ihres Körpers, wie Musik fremd duftend, ein scharfes Gefühl der Lust durch seinen Körper. Im Schutz ihres Schweigens drückte er ihren Arm fest an sich; und als sie am Hoteleingang standen, spürte er, daß sie aus ihrem Leben und ihren Verpflichtungen entkommen waren, dem Heim und den Freunden entkommen und miteinander weggelaufen waren, mit wildem und strahlendem Herzen einem neuen Abenteuer entgegen.

Ein alter Mann hielt ein Nickerchen in einer Art großem Chorstuhl im Foyer. Er zündete im Büro eine Kerze an und ging ihnen zur Treppe voraus. Sie folgten ihm schweigend, die Füße fielen mit weichem Ton auf die mit dicken Teppichen belegte Treppe. Sie stieg hinter dem Portier die Treppe hinauf, den Kopf im Hinaufsteigen gebeugt, ihre zierlichen Schultern wie unter einer Last gebogen, ihren Rock eng gerafft. Er hätte ihr am liebsten die Arme um die Hüften geschlungen und sie festgehalten, denn seine Arme zitterten vor Begier, sie zu umfassen, und nur der Druck der Fingernägel gegen die Innenfläche seiner Hände hielt den wilden Drang seines Körpers im Zaum. Der Portier blieb auf der Treppe stehen, um seine tropfende Kerze zu richten. Auch sie blieben unter ihm auf der Treppe stehen. In der Stille konnte Gabriel das flüssige Wachs in den Untersetzer fallen und das Klopfen seines eigenen Herzens gegen die Rippen hören.

Der Portier führte sie einen Gang entlang und öffnete

eine Tür. Dann setzte er seine wacklige Kerze auf einen Frisiertisch und fragte, wann sie am Morgen geweckt werden sollten.

– Acht, sagte Gabriel.

Der Portier deutete auf den Hahn für das elektrische Licht und setzte zu einer gemurmelten Entschuldigung an, aber Gabriel unterbrach ihn.

– Wir brauchen kein Licht. Wir haben genug Licht von der Straße. Und, ja, fügte er hinzu und deutete auf die Kerze, Sie können auch diesen hübschen Artikel entfernen, wenn Sie so freundlich sein wollen.

Der Portier nahm seine Kerze wieder auf, aber langsam, denn er war von dieser neuartigen Idee überrascht. Dann murmelte er gute Nacht und ging hinaus. Gabriel schob den Riegel vor.

Ein geisterhaftes Licht von der Straßenlaterne lag in einem langen Streifen vom Fenster bis zur Tür. Gabriel warf seinen Mantel und Hut auf eine Couch und ging durch das Zimmer zum Fenster. Er schaute auf die Straße hinunter, um seine Erregung etwas zu besänftigen. Dann drehte er sich um und lehnte sich mit dem Rücken zum Licht an eine Kommode. Sie hatte Hut und Mantel abgelegt und stand vor einem großen Kippspiegel und hakte ihr Mieder auf. Gabriel wartete ein paar Augenblicke, während er ihr zusah, und sagte dann:

– Gretta!

Sie wandte sich langsam vom Spiegel ab und ging den Lichtstreifen entlang zu ihm. Ihr Gesicht sah so ernst und müde aus, daß Gabriel kein Wort über die Lippen kam. Nein, es war noch nicht der rechte Moment.

– Du siehst müde aus, sagte er.

– Bin ich auch ein wenig, antwortete sie.
– Du fühlst dich aber nicht krank oder schwach?
– Nein, müde: das ist alles.

Sie ging weiter zum Fenster, blieb da stehen und schaute hinaus. Gabriel wartete wieder und sagte dann, als er fürchtete, daß ihn Schüchternheit überwältigen wollte, unversehens:
– Übrigens, Gretta!
– Was denn?
– Du kennst doch Malins, den armen Kerl? sagte er schnell.
– Ja. Was ist mit ihm?
– Also, der arme Kerl, er ist trotzdem ein anständiger Bursche, fuhr Gabriel mit falscher Stimme fort. Er hat mir den Sovereign zurückgegeben, den ich ihm geliehen habe, und ich hab es eigentlich nicht erwartet. Schade, daß er sich nicht von diesem Browne ferngehalten hat, denn im Grunde seines Herzens ist er kein übler Bursche.

Er zitterte jetzt vor Ärger. Warum machte sie so einen abwesenden Eindruck? Er wußte nicht, wie er beginnen sollte. War sie auch verärgert über irgend etwas? Wenn sie sich ihm nur zuwenden würde, aus eigenem Entschluß zu ihm käme! Sie zu nehmen, wie sie war, wäre brutal. Nein, erst mußte er etwas Feuer in ihren Augen sehen. Er sehnte sich danach, ihre seltsame Stimmung zu bezwingen.
– Wann hast du ihm das Pfund denn geliehen? fragte sie nach einer Pause.

Gabriel versuchte mit Mühe, an sich zu halten und nicht in brutale Ausdrücke über den versoffenen Malins und sein Pfund auszubrechen. Er sehnte sich danach, ihr

aus tiefster Seele zuzurufen, ihren Körper gegen seinen zu pressen, sie zu überwältigen. Aber er sagte:
– Oh, zu Weihnachten, als er diesen kleinen Laden für Weihnachtskarten in der Henry Street aufmachte.

Er war in einem solchen Fieber von Zorn und Verlangen, daß er nicht hörte, wie sie vom Fenster kam. Sie stand einen Augenblick vor ihm und sah ihn seltsam an. Dann hob sie sich plötzlich auf die Zehenspitzen, legte ihm leicht die Hände auf die Schulter und küßte ihn.
– Du bist eine sehr großmütige Person, Gabriel, sagte sie.

Gabriel, der vor Freude über ihren plötzlichen Kuß und die Wunderlichkeit ihres Satzes zitterte, legte ihr die Hand auf das Haar und begann es zurückzustreichen, nahezu ohne es mit den Fingern zu berühren. Das Waschen hatte es fein und glänzend gemacht. Sein Herz floß über vor Glückseligkeit. Gerade als er es sich wünschte, war sie aus eigenem Antrieb zu ihm gekommen. Vielleicht waren ihre Gedanken in gleicher Richtung gelaufen. Vielleicht hatte sie das heftige Verlangen, das in ihm war, gespürt und war dann in die nachgiebige Stimmung verfallen. Jetzt, da sie sich ihm so leicht ergeben hatte, fragte er sich, warum er so schüchtern gewesen war.

Er stand da und hielt ihren Kopf zwischen den Händen. Dann ließ er einen Arm schnell über ihren Körper gleiten, zog sie an sich und fragte:
– Gretta, Liebes, woran denkst du?

Sie antwortete nicht und ergab sich seinem Arm nicht ganz. Wieder sagte er leise:
– Sag mir, was es ist, Gretta. Ich glaube, ich weiß, was ist. Weiß ich's?

Sie antwortete ihm nicht gleich. Dann sagte sie, in Tränen ausbrechend:

– Oh, ich denke an dieses Lied, *Die Maid von Aughrim.*

Sie machte sich los von ihm und lief zum Bett, warf die Arme um das Bettgestell und verbarg ihr Gesicht. Gabriel stand stocksteif vor Erstaunen und folgte ihr dann. Als er an dem Kippspiegel vorbeikam, sah er sich selbst in voller Länge, seine breite, wohlgefüllte Hemdbrust, das Gesicht, dessen Ausdruck ihn immer verwirrte, wenn er es in einem Spiegel sah, und seine schimmernde Brille mit Goldrand. Er blieb ein paar Schritte von ihr stehen und sagte:

– Was ist mit diesem Lied? Warum bringt es dich zum Weinen?

Sie hob den Kopf aus ihren Armen und trocknete ihre Augen wie ein Kind mit dem Handrücken. Seine Stimme nahm einen sanfteren Tonfall an, als er beabsichtigt hatte.

– Warum, Gretta? fragte er.

– Ich denke an eine Person vor langer Zeit, die dieses Lied gesungen hat.

– Und wer war die Person vor langer Zeit? fragte Gabriel lächelnd.

– Es war eine Person, die ich in Galway kannte, als ich bei meiner Großmutter lebte, sagte sie.

Das Lächeln wich aus Gabriels Gesicht. Ein dumpfer Zorn sammelte sich in seinem Unterbewußtsein, und die trüben Feuer seiner Lust begannen zornig in seinen Adern zu glühen.

– Jemand, den du geliebt hast? fragte er ironisch.

– Es war ein Junge, den ich kannte, sagte sie, der Michael Furey hieß. Er hat dieses Lied gesungen, *Die Maid von Aughrim*. Er war sehr zart.

Gabriel war still. Er wollte nicht, daß sie glaubte, er interessiere sich für diesen zarten Jungen.

– Ich kann ihn so deutlich sehen, sagte sie nach einem Augenblick. Die Augen, die er hatte: große, dunkle Augen! Und so ein Ausdruck darin – so ein Ausdruck!

– Oh, dann hast du ihn also geliebt? sagte Gabriel.

– Ich bin immer mit ihm spazierengegangen, sagte sie, als ich in Galway war.

Ein Gedanke fuhr Gabriel durch den Kopf.

– War es vielleicht deshalb, daß du mit dem Ivors-Mädchen nach Galway gehen wolltest? sagte er kalt.

Sie schaute ihn an und fragte überrascht:

– Wozu?

Ihre Augen machten Gabriel verlegen. Er zuckte die Schultern und sagte:

– Woher soll ich das wissen? Um ihn zu sehen vielleicht.

Sie schaute stumm weg von ihm den Lichtstreifen entlang zum Fenster.

– Er ist tot, sagte sie endlich. Er ist gestorben, als er erst siebzehn war. Ist es nicht entsetzlich, so jung zu sterben?

– Was war er? fragte Gabriel noch immer ironisch.

– Er hat im Gaswerk gearbeitet, sagte sie.

Gabriel fühlte sich gedemütigt, weil seine Ironie versagt hatte und durch die Auferstehung dieser Gestalt von den Toten, eines Jungen vom Gaswerk. Seine ironische Stimmung schlug in bitteren Sarkasmus um. Während er voll der Erinnerung an ihr geheimes gemeinsames Leben gewesen war, voll von Zärtlichkeit und

Freude und Verlangen, hatte sie ihn in ihrem Herzen mit einem anderen verglichen. Ein beschämendes Bewußtsein seiner eigenen Person ergriff ihn. Er sah sich als eine lächerliche Gestalt, die den Lakaien seiner Tanten abgab, einen nervösen, wohlmeinenden Sentimentalen, der einem ordinären Publikum Reden hielt und seine tolpatschigen Gelüste idealisierte, den bemitleidenswerten, albernen Gesellen, auf den er einen Blick im Spiegel geworfen hatte. Instinktiv drehte er seinen Rükken mehr ins Licht, damit sie die Scham, die ihm auf der Stirn brannte, nicht sehen konnte.

Er versuchte, den Ton einer kalten Befragung beizubehalten, aber als er sprach, war seine Stimme bescheiden und unbeteiligt.

– Du hast diesen Michael Furey wohl geliebt, Gretta, sagte er.

– Er hat mir viel bedeutet damals, sagte sie.

Ihre Stimme war belegt und traurig. Gabriel, der jetzt spürte, wie vergebens es war, sie dorthin zu führen, wo er sie haben wollte, streichelte eine ihrer Hände und sagte ebenfalls traurig:

– Und woran ist er so jung gestorben, Gretta? War's Schwindsucht?

– Ich glaube, er ist für mich gestorben, antwortete sie.

Ein unbestimmtes Entsetzen packte Gabriel bei dieser Antwort, als ob in der Stunde, in der er zu triumphieren hoffte, ein unfaßbares, rachsüchtiges Wesen auf ihn zukäme, das Truppen gegen ihn versammelte in seiner ungewissen Welt. Aber er schüttelte es durch eine Anstrengung der Vernunft von sich ab und streichelte weiter ihre Hand. Er stellte ihr keine weiteren Fragen, denn er spürte, daß sie es ihm von sich aus sagen würde. Ihre

Hand war warm und feucht: Sie reagierte nicht auf seine Berührung, aber er streichelte sie weiter, so wie er ihren ersten Brief an ihn gestreichelt hatte an jenem Frühlingsmorgen.

– Es war im Winter, sagte sie, so zu Anfang des Winters, als ich fortging von meiner Großmutter und hierher in die Klosterschule. Und er war krank damals in seiner Unterkunft in Galway und durfte nicht hinaus, und man schrieb an seine Leute in Oughterard. Er verfiel, sagte man, oder etwas dergleichen. Ich hab es nie richtig erfahren.

Sie hielt einen Moment inne und seufzte.

– Armer Kerl, sagte sie. Er hat mich sehr gern gehabt, und er war so ein sanfter Junge. Wir sind miteinander spazierengegangen, Gabriel, weißt du, so wie man das auf dem Land tut. Er hätte Gesang studiert, wenn nicht seine Gesundheit gewesen wäre. Er hatte eine sehr gute Stimme, der arme Michael Furey.

– Ja, und dann? fragte Gabriel.

– Und als es dann Zeit war für mich, Galway zu verlassen und in die Klosterschule zu gehen, war es viel schlechter mit ihm, und ich durfte ihn nicht sehen, also schrieb ich ihm einen Brief und sagte, daß ich nach Dublin ginge und im Sommer wieder zurückkäme und hoffte, es ginge ihm besser dann.

Sie hielt einen Moment inne, um ihre Stimme in die Gewalt zu bekommen, und fuhr dann fort:

– Dann, in der Nacht vor meiner Abfahrt, war ich im Haus meiner Großmutter in Nuns' Island und packte; und ich hörte, wie Kies an mein Fenster geworfen wurde. Das Fenster war so naß, daß ich nichts sehen konnte, also lief ich nach unten, wie ich war, und schlüpfte hinten in den Garten hinaus, und da war der arme Kerl hinten im Garten und zitterte.

– Und hast du ihm nicht gesagt, daß er heimgehen soll? fragte Gabriel.

– Ich hab ihn angefleht, sofort heimzugehen, und ihm gesagt, er würde sich im Regen den Tod holen. Aber er sagte, er wollte nicht leben. Ich kann seine Augen so gut vor mir sehen, so gut! Er stand am Ende der Mauer, wo ein Baum war.

– Und ist er heimgegangen? fragte Gabriel.

– Ja, er ist heimgegangen. Und als ich gerade eine Woche in der Klosterschule war, ist er gestorben und in Oughterard begraben worden, wo seine Leute herkamen. Oh, der Tag, an dem ich es hörte, daß er tot war! …

Sie brach ab, von Tränen erstickt und überwältigt von ihren Gefühlen, warf sich mit dem Gesicht nach unten aufs Bett und schluchzte in die Decke. Gabriel hielt ihre Hand noch einen Augenblick lang unentschlossen, und dann, aus Scheu vor ihrem Kummer, ließ er sie sanft fallen und ging leise ans Fenster.

Sie schlief fest.

Gabriel, der auf dem Ellbogen lehnte, schaute einige Augenblicke ohne jeden Vorwurf auf ihr wirres Haar und den halboffenen Mund, lauschte auf ihre tiefen Atemzüge. Diese Romanze hatte sie also in ihrem Leben gehabt: Ein Mann war für sie gestorben. Es schmerzte ihn jetzt kaum noch, was für eine armselige Rolle er, ihr Mann, in ihrem Leben gespielt hatte. Er schaute sie an, während sie schlief, als ob er und sie nie als Mann und Frau zusammengelebt hätten. Sein neugieriges Auge ruhte lange auf ihrem Gesicht und ihrem Haar: Und als er daran dachte, wie sie damals, in dieser Zeit ihrer ersten mädchenhaften Schönheit, gewesen sein mußte, kam ein seltsames, freundliches Mitleid mit ihr in seine Seele. Er wollte nicht einmal sich selbst eingestehen, daß ihr Gesicht nicht länger schön war, aber er wußte, daß es nicht mehr das Gesicht war, für das Michael Furey dem Tod die Stirn geboten hatte.

Vielleicht hatte sie ihm nicht die ganze Geschichte erzählt. Seine Augen wanderten zu dem Stuhl, über den sie einige ihrer Kleider geworfen hatte. Ein Träger von einem Unterrock baumelte auf den Boden. Ein Stiefel stand aufrecht, sein schlaffes Oberteil hing nach unten: sein Gegenstück lag auf der Seite. Er staunte über seinen Gefühlsausbruch vor einer Stunde. Was hatte ihn ausgelöst? Das Abendessen bei seinen Tanten, seine eigene törichte Rede, der Wein und das Tanzen, das Scherzen beim Gute-Nacht-Sagen im Flur, das Vergnügen des Spaziergangs den Fluß entlang im Schnee. Arme Tante Julia! Auch sie würde bald ein Schatten mit dem Schatten von Patrick Morkan und seinem Pferd sein. Er hatte für einen Moment diesen abgehärmten Zug auf ihrem Gesicht gesehen, als sie *Bräutlich geschmückt* sang. Bald vielleicht würde er in demselben Salon sitzen, schwarz gekleidet, seinen Zylinder auf den Knien. Die Rouleaus wären heruntergelassen, und Tante Kate würde neben ihm sitzen und weinen und sich die Nase putzen und ihm erzählen, wie Julia gestorben war. Er würde nach ein paar Worten suchen, die sie vielleicht trösten könnten, und würde nur lahme und unpassende finden. Ja, ja: das würde sehr bald geschehen.

Die Luft im Zimmer verkühlte seine Schultern. Er streckte sich behutsam unter den Decken aus und legte sich neben seine Frau. Einer nach dem anderen wurden sie alle zu Schatten. Besser man ging mutig in diese andere Welt, im vollen Triumph einer Leidenschaft, als im Alter zu verblassen und traurig zu verwelken. Er dachte daran, wie sie, die neben ihm lag, das Bild der Augen ihres Liebhabers, als er ihr sagte, daß er nicht mehr leben wolle, so viele Jahre lang in ihrem Herzen verschlossen gehalten hatte.

Großmütige Tränen füllten Gabriels Augen. Er hatte ein solches Gefühl nie für eine Frau empfunden, aber er wußte, daß so ein Gefühl Liebe sein mußte. Die Tränen sammelten sich dicker in seinen Augen, und im Halbdunkel stellte er sich vor, daß er die Silhouette eines jungen Mannes unter einem tropfenden Baum stehen sah. Andere Gestalten waren in der Nähe. Seine Seele hatte sich jener Region genähert, in der die riesigen Scharen der Toten wohnen. Er war sich ihrer schwankenden und huschenden Existenz bewußt, konnte sie aber nicht greifen. Seine eigene Identität verlor sich in eine graue, ungreifbare Welt hinaus: Die feste Welt selbst, die diese Toten einmal errichtet und in der sie gelebt hatten, löste sich auf und schwand dahin.

Leises Tippen an der Scheibe ließ ihn den Kopf zum Fenster drehen. Es hatte wieder zu schneien begonnen. Schläfrig sah er den Flocken zu, silbern und dunkel, wie sie schräg gegen das Lampenlicht fielen. Die Stunde war für ihn gekommen, zu seiner Reise nach Westen aufzubrechen. Ja, die Zeitungen hatten recht: Schnee über ganz Irland. Er fiel auf jeden Teil der finsteren Zentralebene, auf die baumlosen Hügel, fiel sanft auf den Bog of Allen und fiel weiter westlich sanft in die dunklen, aufrührerischen Wellen des Shannon. Er fiel auch auf jeden Teil des einsamen Kirchhofs auf dem Hügel, wo Michael Furey begraben lag. Dick verweht lag er auf den schiefen Kreuzen und Grabsteinen, auf den Speeren der kleinen Pforte, auf den kahlen Dornbüschen. Seine Seele versank langsam in Bewußtlosigkeit, als er den Schnee sanft durch das Universum fallen hörte, sanft fallen, wie das Herabsinken ihres letzten Endes auf all die Lebenden und die Toten.

Editorische Notiz

Der Übersetzung liegt James Joyce, *Dubliners*, edited by Hans Walter Gabler with Walter Hettche, New York / London: Garland, 1993, zugrunde.

Der Übersetzer dankt Hans Walter Gabler für seine Unterstützung.

Für die Anmerkungen wurden u. a. folgende Werke herangezogen:

Bruce Bidwell / Linda Heffer, *The Joycean Way. A Topographic Guide to »Dubliners« and »A Portrait of the Artist as a Young Man«*, Dublin: Wolfhound Press, 1981.

Don Gifford, *Joyce Annotated*, Berkeley: University of California Press, 1982.

John Wyse Jackson / Bernard McGinley (ed.), *James Joyce's Dubliners. An Illustrated Edition with Annotations*, New York: St Martin's Press, 1993.

James Joyce, *Dubliners. A Selection*, hrsg. von Harald Beck, Stuttgart: Reclam, 1985.

James Joyce, *Dubliners*, with an introduction and notes by Terence Brown, London: Penguin, 1992.

Klaus Reichert / Fritz Senn / Dieter E. Zimmer, *Materialien zu James Joyces »Dubliner«*, Frankfurt a. M.: Suhrkamp, 1969.

Fritz Senn, *Nichts gegen Joyce*, Zürich: Haffmans, 1983.

Peter Somerville-Large, *Dublin*, London: Granada, 1981.

Besonderen Dank schuldet der Übersetzer dem Dubliner Herausgeber des *Finnegans Wake Circular*, Vincent Deane, dessen akribische Orts- und Textkenntnisse eine große Hilfe waren.

Anmerkungen

Die Schwestern

7,12 *unnützes Gerede:* Mt. 12,36. Joyce wiederholt seinen Hinweis auf das Neue Testament mit dem Wort *idle* »unnütz« ein zweites Mal, wenn er von *idle chalice* »unnützer Kelch« (S. 19,4) spricht.

7,15 *Paralyse:* (griech.) Lähmung; nach damaligem Verständnis »eine chronisch verlaufende Geisteskrankheit von fast immer tödlichem Verlauf, bei der die psychische Leistungsfähigkeit im Denken, Fühlen und Handeln ganz allmählich, aber unaufhaltsam abnimmt bis zur völligen Vernichtung der geistigen Persönlichkeit«. Das Wort wurde auch als Synonym für Schlagfluß oder Gehirnerweichung benutzt.

7,16f. *»Gnomon« im Euklid:* Euklids *Elemente der Geometrie* waren bis zum Ende des 19. Jahrhunderts das allgemein gebräuchliche Lehrbuch der Geometrie. Gnomon [ˈnəumən] wird in Buch 2 als Ergänzungsparallelogramm definiert. Möglicherweise assoziiert der Junge *gnome* [nəum] Gnom, Kobold oder *no man* damit. Daß er nach dem Wort *paralysis* [pəˈrælısıs] sofort an *gnomon* denkt, mag durch die Assoziationsbrücke *parallel* erklärbar sein.

7,17 *Simonie:* Simon Magus, ein Zauberer aus Samaria, bot den Aposteln Geld für das Geheimnis des Händeauflegens (Apg. 8,18–24). Nach ihm wird der Kauf oder Verkauf geistlicher Ämter oder Dinge als Simonie, eine Sünde wider das erste Gebot, bezeichnet.

7,19 *Es erfüllte mich mit Furcht:* Lk. 5,26, wo von der Heilung des Aussätzigen – im Text der Vulgata *vir paralyticus* (Lk. 5,18) – erzählt wird.

8,8 *Vor- und Nachlauf:* unreine Bestandteile des Destillats.

8,9 *Schlangen:* Kühlschlangen.

8,29 *den Jungen sehr schätzte:* »to have a great wish« geht auf einen idiomatischen Ausdruck im Irischen zurück. Wobei nicht ganz auszuschließen ist, daß Father Flynn auch einen großen

Wunsch (das Priesteramt) für den Jungen hegte. Old Cotters Reaktion bestätigt allerdings eher die erstgenannte Bedeutung des Ausdrucks.

9,14f. *Rosenkreuzer:* Mitglied von mystischen Geheimbünden, die sich auf den legendären Pater Christian Rosencreutz (1378 bis 1484) berufen, der auf einer Pilgerfahrt die geheime Weisheit des Ostens gefunden haben soll. Das Wort wurde als Synonym für einen weltfremden Träumer oder religiösen Schwärmer verwendet.

10,20 *Great Britain Street:* heute Parnell Street. Sie führte durch ein Viertel, in dem viele der Ärmsten der Armen Dublins hausten.

12,7 *Irisches Kolleg in Rom:* diente der Ausbildung besonders vielversprechender irischer Priesterkandidaten.

12,8 *Latein richtig ausspricht:* in der Art Ciceros, nicht wie im englischsprachigen Bereich sonst üblich.

12,10 *Napoleon Bonaparte:* Vielleicht erwähnte Father Flynn, daß Napoleon das Irische Kolleg in Rom 1798 schließen ließ. Außerdem wird Bonaparte der Satz zugeschrieben: »Meine Herren, der glücklichste Tag meines Lebens war der Tag meiner Erstkommunion.«

15,16 *Und alles ...?:* Die Frage gilt offensichtlich der Letzten Ölung. Daß sie gestellt wird, deutet an, daß Father Flynns Krankheit Anlaß zu Spekulationen gab.

16,14 *Freeman's General:* Das *Freeman's Journal* (!) war eine Dubliner Tageszeitung, die sich an der gemäßigt national ausgerichteten katholischen Mittelklasse orientierte.

17,16f. *Irishtown:* um 1900 ein armes Arbeiterviertel südlich der Liffeymündung.

Eine Begegnung

20,4f. *The Union Jack, Pluck* und *The Halfpenny Marvel:* Jugendmagazine, die den eigentlichen Schundheften Paroli bieten sollten.

20,14f. *Achtuhrmesse in der Gardiner Street:* Der tägliche Besuch einer frühen Messe zeugt selbst im Dublin der Jahrhundertwende von überdurchschnittlicher Frömmigkeit. In der Gardiner Street, im Nordosten der Stadt, steht die Jesuitenkirche St. Francis Xavier, Schauplatz der Schlußszene in der Erzählung »Gnade«.

20,22 *Ya! Yaka, yaka, yaka!:* angeblich ein ritueller Ausruf der Indianer bei religiösen Zeremonien.

21,28 *Kolleg:* Belvedere College, eine Tagesschule der Jesuiten, die aufgrund ihrer soliden und strengen Erziehung einen guten Ruf genoß.

22,1 *National School:* Schulen, die grundlegende Erziehung für die Masse der irischen Kinder nach englisch-protestantischen Grundsätzen boten und insbesondere von national orientierten katholischen Kreisen mit Mißfallen betrachtet wurden.

22,29 *Pigeon House:* benannt nach einer Familie Pidgeon; ursprünglich eine militärische Einrichtung, nach 1897 ein Elektrizitätswerk auf der südlichen Mole, die sich in die Dublin Bay erstreckt.

24,12 *Bob:* (sl.) ein Shilling.

24,12 *Tanner:* (sl.) ein Sixpence.

24,22 *Lumpenbande: ragged troop.* Die ärmsten Kinder gingen in die sogenannten *ragged schools*, die keine Gebühren verlangten.

24,25 *Kricketclub:* Kricket wurde zu dieser Zeit in Dublin mit dem ungeliebten protestantischen England und seiner Garnison in Verbindung gebracht.

24,25f. *Smoothing Iron:* ein Badeplatz am Meer, mit einem Felsvorsprung, der an ein Bügeleisen erinnerte.

24,30 *drei Uhr:* die übliche Zeit für Bestrafungen im Belvedere College.

25,12 *Ringsend:* ein Arbeiterviertel südlich der Liffeymündung; damals ein fast selbständiges Dorf.

25,22 *Liffey:* der Fluß, an dem Dublin erbaut ist und der die Stadt in einen Nord- und einen vornehmeren Südteil trennt.

26,8 *Recht soo!* Der norwegische (?) Matrose scheint die Menge am Kai durch seine Aussprache zu erheitern. In der Manuskriptfassung der Kurzgeschichte jedenfalls hat Joyce über dem »right« von »All right« unverkennbar ein Längezeichen gesetzt.

26,23 *Dodder:* ein kleiner Nebenfluß der Liffey.

27,10f. *Jerry-Hut:* ein runder, fester Hut; eigentlich Tom-und-Jerry-Hut nach den bekannten Figuren in Pierce Egans *Life in London* (1821).

28,1 *Thomas Moore:* irischer Dichter (1779–1852), der durch seine *Irish Melodies* äußerst populär geworden war.

28,2 *Sir Walter Scott:* schottischer Dichter (1771–1832), Verfasser populärer historischer Romane romantischer Prägung (*Ivanhoe*).

28,2 *Lord Lytton:* Edward Bulwer-Lytton (1803–73), Politiker und Romanschriftsteller (*Die letzten Tage von Pompeji*), dessen Lebensstil und spätere sozialkritische Werke zur viktorianischen Zeit in manchen Kreisen Anstoß erregten.

Arabia

33,1 *Arabia: Araby*; der Basar, angekündigt als »Grand Oriental Fête«, fand vom 14. bis 19. Mai 1894 zu einem wohltätigen Zweck statt. *Araby* war der poetische Name für Arabien. Der Name des Basars geht wohl auf ein Lied »I'll sing thee songs of Araby« zurück.

33,4 *Schule der Christian Brothers:* Tagesschule eines konservativen irischen Laienordens, die aufgrund ihrer sehr niedrigen Gebühren den ärmeren Schichten offenstand. Die Erziehung war eher praktischer als akademischer Art.

33,9f. *mit braunen unbewegten Gesichtern:* In dem Romanfragment *Stephen Hero* spricht Joyce von »eine[m] jener braunen Backsteinhäuser, die die reinste Inkarnation der irischen Paralyse zu sein scheinen«.

33,17 *Der Abt:* ein romantisch idealisierter Roman über die Gefangenschaft Maria Stuarts in Lochleven.

33,17f. *Der gottesfürchtige Kommunikant: The Devout Communicant*; 1813 erschienen mit dem Untertitel »Pious Meditations and Aspirations for the Three Days Before and the Three Days After Receiving the Holy Eucharist«. Sein Verfasser war der englische Franziskaner Pacificus Baker (1695–1774).

33,18f. *Die Denkwürdigkeiten Vidocqs:* François-Jules Vidocq (1775–1857) war der Verfasser der unglaubwürdigen Memoiren eines Kriminellen, der sich zum Detektiv wandelt.

35,3 *vorderes Wohnzimmer:* traditionell reserviert für Besuche.

35,25 *»Come-all-you« über O'Donovan Rossa:* ein Typ Bänkellied, dessen erste Zeile stereotyp mit »Come all you gallant Irishmen and listen to my song« begann. Jeremiah O'Donovan (1831 bis 1915), bekannt unter dem Spitznamen »Dynamite Rossa«, war Anführer der revolutionären Phoenix Society. 1865 wurde er zu lebenslänglichem Gefängnis verurteilt, aber 1870 in die Vereinigten Staaten verbannt. 1891–1900 hielt er sich wieder in Irland auf.

37,22f. *Freimaurergeschichte:* Die Freimaurer galten als mächtige

Gegner des Katholizismus. Die Tante erinnerte sich wohl daran, daß zwei Jahre zuvor ein Basar der Freimaurer stattgefunden hatte.

39,26 *Des Arabers Abschied von seinem Roß:* ein beliebtes Vortragsstück der irischen Dichterin Caroline Norton (1808–77).

39,29 *Florin:* Silbermünze im Wert von zwei Shilling; eine beträchtliche Summe für den Jungen. Daß er kopflos die Hälfte dieser Summe für den Eintritt opfert, zeigt seine Verwirrung und Unsicherheit.

Eveline

42,12 *Mann aus Belfast:* als reicher Protestant aus dem Norden ein Außenseiter.

43,16 *Margareta Maria Alacoque:* Marguerite-Marie A. (1647–90), französische Nonne. Sie gilt als Begründerin der Herz-Jesu-Andacht. Die zwölf Versprechungen Jesu an die selige (mittlerweile heilige) Marguerite-Marie waren in vielen katholischen Haushalten Irlands zu finden.

45,15 *Nachtschiff:* Eine Nachtfähre lief jeden Abend vom North-Wall-Dock an der Liffeymündung nach Liverpool aus, wo die Möglichkeit bestand, sich nach Buenos Aires einzuschiffen.

45,26 *Die Zigeunerin: The Bohemian Girl*; populäre Oper des irischen Komponisten Michael William Balfe (1808–70) um eine romantische Entführungsgeschichte.

45,30 *Mädel, das einen Seemann liebt:* »The Lass that Loves a Sailor«; Lied des populären englischen Komponisten Charles Dibdin (1745–1814).

46,4 *Allan Line:* Dampfschiffslinie, die regelmäßig zwischen Liverpool und der amerikanischen und kanadischen Pazifikküste verkehrte. Bevor die Schiffe Kap Hoorn umrundeten, liefen sie südamerikanische Häfen wie Rio und Buenos Aires an.

46,8 *Patagonier:* Die Nomadenstämme im Süden Argentiniens galten als wild, überdurchschnittlich groß und unzivilisiert.

46,26 *Hill of Howth:* nordöstliche Landspitze der Dublin Bay; ein beliebtes Ausflugsziel.

47,19 *Derevaun Seraun:* [ˈdæɹəvɔːn səˈɹɔːn] wahrscheinlich entstelltes oder unsinniges Gälisch. Vorgeschlagen wurden unter anderem folgende Bedeutungen: »Am Ende nur Würmer«, »Das Ende des Liedes ist Wahnsinn« und »Nur das Ende ist sicher«.

47,27f. *Bahnhof am North Wall:* der Passagierbahnhof der London & Northwestern am North-Wall-Dock, über das nahezu der gesamte Passagierverkehr des Dubliner Hafens abgewickelt wurde.
47,30 *voller Soldaten:* ein Hinweis auf die starke Präsenz englischen Militärs (etwa 20000 Soldaten) in Irland um die Jahrhundertwende.

Nach dem Rennen

Bei dem Rennen, das den Hintergrund der Geschichte bildet, handelt es sich um das vierte jährliche Gordon-Bennett-Automobilrennen am 2. Juli 1903 über eine Strecke von 370 Meilen. Vier von zwölf Fahrzeugen erreichten das Ziel. Der Anfang der Kurzgeschichte beschreibt nicht den Schluß des Rennens, sondern die Fahrt vom Ziel (bei Kilcullen) zurück nach Dublin.

49,3 *Naas Road:* die Straße vom Städtchen Naas in County Kildare nach Dublin.
49,4 *Inchicore:* westlicher Vorort von Dublin.
50,18 *fortschrittlicher Nationalist:* Mitglied oder Förderer der Irish Parliamentary (Home Rule) Party Parnells, die die Unabhängigkeit Irlands anstrebte.
50,20 *Kingstown:* (heute Dan Laoghaire) etwa 10 km südöstlich von Dublin gelegene Stadt mit einem großen künstlichen Hafen, in dem sich im Sommer die Jachten drängten; zur damaligen Zeit ein beliebter Ausflugsort.
50,23f. *Verträge mit der Polizei:* Sein Nationalismus hinderte Mr. Doyle offensichtlich nicht, in geschäftliche Beziehungen mit den gefürchteten Wahrern britischen Rechts und Gesetzes zu treten. Die Polizei war für ihre Brutalität bekannt.
53,18 *Grafton Street:* vornehme Geschäftsstraße im Süden der Stadt.
53,20 *Richtung Norden:* d. h. in den weniger vornehmen Teil der Stadt.
55,9f. *Maske einer Hauptstadt:* die eigentliche Hauptstadt des Vereinigten Königreichs war London.
55,11f. *Stephen's Green:* öffentlicher Park im Süden des Stadtzentrums.
56,3f. *Cadet Roussel:* ein Marsch- und Trinklied aus der Zeit der Französischen Revolution.

Zwei Kavaliere

60,11 *Baggot Street:* eine Straße mit vornehmen Häusern und Geschäften im Südosten der Stadt.

60,14 *Donnybrook:* Vorort im Südosten der Stadt.

60,27 *Pim:* Pim Brothers Limited, ein großes und angesehenes Textilwarenhaus.

61,27 *in der Art der Florentiner:* Die Florentiner aspirieren »c« als »h«, so daß aus »Corley« ein »Horley« oder »Whorley« (*whore* »Hure«) wird.

63,14f. *Earl Street runterfahren:* d. h. auf den Rotlichtbezirk der Stadt zu.

63,26 *Trinity College:* die Universität von Dublin.

64,23 *Portal des Clubs:* der Kildare Street Club, ein exklusiver Club vornehmer anglo-irischer Protestanten.

64,28 *Harfe:* Die geschweifte Vorderstange der irischen Harfe (wesentlich kleiner als das Orchesterinstrument) war manchmal als Frauengestalt in der Art einer Galionsfigur ausgeführt. Die Harfe ist ein Symbol für Irland, das nicht selten auch als entehrte Frau dargestellt wird.

64,32f. *Silent, O Moyle:* »Song of Fiuonnuala« aus Thomas Moores *Irish Melodies*; ein getragenes, trauriges Lied.

68,24 *Kurat: curate*; damals gebräuchlicher Dubliner Ausdruck für einen Schankkellner, der, ähnlich einem Kuraten in der Kirche, assistiert.

70,25 *City Markets:* eine Arkade mit kleinen Läden und Cafés.

72,8 *Souterrain:* wo der Dienstboteneingang war.

73,15 *Goldmünze:* ein Sovereign (zwanzig Shilling); der Lohn von Wochen für ein Dienstmädchen, wenn die Münze nicht gestohlen war.

Die Pension

74,19 *Trennung:* Eine Ehescheidung im eigentlichen Sinne war für Mrs. Mooney als irische Katholikin unerreichbar; eine kirchliche Trennung bedeutete, daß die Ehe der getrennten Partner offiziell fortbestand.

74,21f. *Sheriffsgehilfe: sheriff's man*; war dem Sheriff unterstellt, einem Beamten, der seinerseits dem Lord Mayor (Oberbürgermeister) unterstand und gerichtliche oder behördliche Beschlüsse auszuführen hatte.

75,14 *Madame:* ein Ausdruck für die Besitzerin eines Bordells.
76,4 *Ich bin ... 'n freches Gör:* Dieses Lied charakterisiert die Sängerin implizit mit Zeilen wie: »Sometimes when I've *had* the fun / I repent of what I've done, / But not for long!«
78,18 *George's Church:* die protestantische St. George's Church in der Nachbarschaft.
78,21 *kurze Zwölfuhrmesse:* die stadtbekannt kürzeste Messe des Tages in der katholischen Procathedral.
80,31 *Reynolds's Newspaper: Reynolds's Weekly Newspaper*; ein aus konservativer Sicht radikales Londoner Sonntagsblatt, das über gesellschaftliche und politische Skandale berichtete.
83,18 *Bass:* ein starkes, braunes englisches Bier.

Eine kleine Wolke

85,2 *North Wall:* Dock an der Liffeymündung.
85,25 *King's Inns:* Sitz von Anwaltsbüros im nördlichen Stadtgebiet.
87,26 *Atalanten:* In Ovids *Metamorphosen* (10. Buch) heißt es, daß die leichtfüßige Atalanta »verschreckt durch eine Mahnung des Gottes« einsam in den Wäldern lebt und nur den Mann heiraten will, der sie in einem Wettlauf besiegt.
88,28 *Grübelbarett:* Englische Richter setzten früher die sogenannte *considering cap* auf, bevor sie einen Angeklagten verurteilten, um zu zeigen, daß sie den Fall eingehend bedacht hatten.
90,10f. *keltische Schule:* Bezeichnung für die irischen Dichter des späten 19. Jahrhunderts, die sich für die Wiederbelebung der kulturellen Vergangenheit Irlands, seiner Sprache, Bräuche und Mythen, einsetzten wie Yeats, George Russell (AE) und George Moore.
91,10f. *Lithia:* lithiumhaltiges Mineralwasser.
92,23 *Land Commission:* eine wichtige Behörde, die durch britische Kredite die Übergabe von Land von den Großgrundbesitzern an die Pächter (im Sinne der Landreformen) fördern sollte.
98,17 *deoc an doruis:* [djəx ə ˈdɔɹɪʃ] gälisch für: der Trunk der Tür.
103,10 *Verglüht das Abendgold:* »Hushed are the winds«; ein ziemlich konventionelles Gedicht des englischen Romantikers George Gordon Lord Byron (1788–1824): »On the Death of a Young Lady, Cousin of the Author, and Very Dear to Him«, der erste Text in der Sammlung *Hours of Idleness.*

Duplikate

Das englische Wort *counterpart* bedeutet sowohl »Gegenstück, Entsprechung« im allgemeinen Sinn wie auch, seltsam passend, »Duplikat« oder »Kopie« eines juristischen Dokuments.

106,4 *nordirischer Tonfall:* läßt den Sprecher in den Augen der Dubliner Katholiken unsympathisch erscheinen, da er sehr wahrscheinlich Protestant ist und die englische Herrschaft billigt.
109,16 *Kümmel:* um den Biergeruch zu überdecken.
114,25 *Crown:* fünf Shilling. Die sechs Shilling, die Farrington an diesem Abend ausgibt, stellen in etwa ein Viertel seines Wochenverdienstes dar.
115,26 *Schäfer in den Eklogen:* wohl keine Anspielung auf die unschuldigen Schäfer in Vergils Eklogen, sondern eher auf die »freizüngigen Schäfer« in *Hamlet*, die, wie die Königin bemerkt, einem obszönen Wortspiel nicht abgeneigt sind (Shakespeare, *Hamlet* IV,7).
116,25 *Tivoli:* ein Music-Hall-Theater.
116,28 *Apollinaris:* Die »Queen of Tablewaters« war importiert und dementsprechend teuer.

Erde

122,3 *die Frauen:* Maria arbeitet in der *Dublin by Lamplight*-Wäscherei, einer wohltätigen protestantischen Einrichtung, die »gefallene Frauen« »aus des Teufels Strick« befreien will.
122,8 *Barmbrack:* ein Früchtebrot (*Barm* »Hefe«), das zum Halloween-Fest, dem 31. Oktober, gebacken wurde und an diesem Tag einen Ring enthielt. Wer ihn fand, würde im Verlauf eines Jahres heiraten.
123,5 *Ballsbridge:* ein wohlhabender, protestantisch orientierter Vorort von Dublin.
123,5 *Säule:* die Nelson-Säule, ein Wahrzeichen Dublins, bis sie 1966 von Terroristen gesprengt wurde.
123,14f. *fünf Shilling:* eine beträchtliche Summe für Maria, die wohl nur eine Art Taschengeld erhält.
126,14 *Plumcake:* kein Pflaumenkuchen, sondern ein schwerer,

dunkler Früchtekuchen wie ein *Christmas cake* oder *wedding-cake.*

129,14 *Halloween-Spiele:* Wer das Gebetbuch berührte, ging ins Kloster; der Ring bedeutete Heirat; Wasser langes Leben; die Erde Tod.

130,12 *Miss McCloud's Reel:* ein Tanzlied für die Fiedel.

130,29f. *Im Traum sah ich mich:* die populäre Arie aus Balfes Oper *Die Zigeunerin.* Maria »unterschlägt« die zweite Strophe: »Und Freier sanken auf die Knie / Im täuschenden Traum vor mir, / Und mit heil'gem Eid gelobten sie mir / Treue für und für. / Und der eine aus dieser edlen Schar / Wohl einem König glich, / Doch das höchste Glück des Traumes war, / Daß ich sah, du liebtest mich.«

Ein schmerzlicher Fall

132,2 *Chapelizod:* Vorort im Westen Dublins, am Rand des Phoenix Park. Der Name wird von *Chapelle d'Iseut* hergeleitet und mit Tristan und Isolde in Verbindung gebracht.

132,24 *Wordsworth:* William W. (1750–1820), romantischer englischer Dichter, der sich vom begeisterten Republikaner zum Konservativen entwickelte.

132,25f. *Maynooth-Katechismus:* der offizielle Katechismus der Synode von Maynooth.

133,5 *Michael Kramer:* Es bestehen einige auffallende Gemeinsamkeiten zwischen Duffy und dem Titelhelden von Gerhart Hauptmanns Drama, das Joyce in jungen Jahren vermutlich selbst ins Englische übersetzt hat.

133,10 *bile beans:* wörtlich Gallepillen, ein weitverbreitetes Universalheilmittel.

133,18 *saturnisch:* im Zeichen des Saturn geborener, schwermütiger Charakter, dessen Neigung zur Melancholie durch Musik gemildert werden kann.

135,2 *Rotunda:* eine Gruppe von Gebäuden, die ein Theater, eine Konzerthalle und Versammlungsräume enthielt.

136,29 *Irish Socialist Party:* politisch einflußlose Grüppchen, deren vages Ziel »jegliche Verbesserung der Lebensumstände« war.

138,17 *Parkgate:* Haupteingang zum Phoenix Park.

139,32 *Mail:* eine anti-nationalistische Tageszeitung, die auf hellbraunem Papier gedruckt wurde.

140,13 *Sydney Parade:* die Bahnstation in einem Mittelklasseviertel des Dorfes Merrion an der Dublin Bay.
140,15 *Coroner:* amtlicher Leichenbeschauer in Fällen gewaltsamen und plötzlichen Todes.
142,19 *Liga:* Temperenzverein.
144,16 *Herald: The Evening Herald*, eine Tageszeitung nationalistischer Couleur.
145,15 *Magazine Hill:* Hügel im Phoenix Park, auf dem das Magazine Fort, eine alte Befestigungsanlage, steht.

Efeutag im Sitzungszimmer

147,1 *Efeutag:* Ivy Day ist der 6. Oktober, der Todestag Charles Stuart Parnells (1846–91). Wiewohl protestantisch-englischer Herkunft, war Parnell lange Jahre *der* Hoffnungsträger der irischen Bevölkerung, ihr »ungekrönter König«. Wegen einer Affäre mit einer verheirateten Frau, die durch einen Scheidungsprozeß ans Licht kam, wurde er von fanatischen Katholiken in seiner eigenen Partei im Sitzungszimmer 15 des britischen Parlaments in London aus der Parteiführung gedrängt. Dieser »Verrat« blieb lange Zeit ein Trauma irischer Politik. Nach seinem Tod wurde es Sitte bei seinen Anhängern, am 6. Oktober ein Efeublatt am Revers zu tragen.
148,14 *Bezirk Royal Exchange:* einer von zwanzig Verwaltungsbezirken in der Dubliner Innenstadt. Mit Dublin Castle und der City Hall schloß er die politischen Machtzentren ein.
148,15 *P. L. G.:* ein Poor Law Guardian, dessen Aufgabe es war, dafür zu sorgen, daß »leistungsfähige Männer angehalten wurden, ehrliche Arbeit andernorts zu suchen und nicht durch Untätigkeit der Gemeinde zur Last fallen«. Diese Einrichtung wurde im allgemeinen als Mittel betrachtet, die Armen zu unterdrücken.
151,29 *deutscher Monarch:* Edward VII., König von England (1901 bis 1910), war mit dem deutschen Haus Sachsen-Coburg-Gotha verwandt.
154,1 *Fanning:* der fiktionale Sub-Sheriff von Dublin. Seine Aufgabe war es, gerichtliche und behördliche Beschlüsse zu vollstrekken. Außerdem war er für das Wahlregister und die Bürgermeisterwahl zuständig.
156,4 *Hillsider und Fenier:* Hillsider war ein Spitzname der Fenier,

Mitglieder der Irish Republican Brotherhood, die die irische Unabhängigkeit durch Anwendung von Gewalt herbeiführen wollten.

156,8 *vom Castle bezahlt:* d. h. als Spitzel im Auftrag der englischen Macht tätig, die in Dublin Castle ihren Sitz hatte.

156,16f. *Major Sirr:* Henry Charles S. (1764–1841), ein Ire, der den Briten während der Revolution von 1798 als Bürgermeister von Dublin diente. Er war berüchtigt für den Einsatz von Spitzeln und die Brutalität seiner Polizei.

158,28 *Alderman:* Jeder Stadtbezirk war durch einen *alderman* und drei *councillors* vertreten.

159,18 *Mansion House:* Sitz des Lord Mayor (Oberbürgermeisters) von Dublin.

164,23 *Hat nicht Parnell selbst …:* Als Edward VII., damals Prinz von Wales, Irland 1885 besuchte, forderte Parnell alle »unabhängigen und patriotisch Gesinnten« auf, die Anwesenheit des Prinzenpaares zu ignorieren.

164,30f. *Die Alte hat diese wilden Iren nie besucht:* Mr. Henchys Gedächtnis ist erstaunlich unzuverlässig: Königin Victoria hat Irland 1849, 1853, 1861 und 1900 besucht.

165,5 *das Leben von König Edward:* König Edwards Affären, u. a. mit verheirateten Frauen, waren Tagesgespräch und führten in einem Fall, wie bei Parnell, zu einem Scheidungsprozeß.

168,7 *der Priester Meute:* Nach seinem Sturz wurde Parnells Verhalten von der Kanzel herunter verurteilt.

Eine Mutter

170,2f. *Eire Abu:* [ærə aˈbu] »Irland zum Sieg«; ein bekannter Slogan der Nationalisten.

171,10 *jeden ersten Freitag:* dem gläubigen Katholiken wurden dadurch die Versprechungen Jesu an die heilige Marguerite-Marie Alacoque zuteil (vgl. Anm. zu S. 43,16).

171,30f. *Skerries … Howth oder Greystones:* populäre Badeorte im näheren Umkreis Dublins.

171,32 *Irish Revival:* in den neunziger Jahren des 19. Jahrhunderts entstandene Bewegung, die sich um die kulturelle Erneuerung Irlands bemühte. Vor allem durch die Wiederbelebung der irischen Sprache erhoffte man sich eine De-Anglisierung Irlands.

172,1 f. *aus dem Namen ihrer Tochter Nutzen zu ziehen:* Kathleen ni Houlihan ist ein traditionelles Symbol Irlands.

172,7 *Procathedral:* Dublin hat bis heute keine katholische Kathedrale.

172,22 f. *Antient Concert Rooms:* düstere, unansehnliche Säle für musikalische und dramatische Darbietungen.

172,28 *Guineen:* inoffizielle Rechnungseinheit u.a. für Arztrechnungen, Künstlerhonorare (1 Guinea = 21 Shilling).

178,7 *Maritana:* sentimentale Oper von William Vincent Wallace.

178,14 *yous:* im Dubliner Stadtdialekt gebräuchliche Form, die auf mangelnde Schulbildung hinweist.

178,17 *Feis Ceoil:* [feʃ tʃɔıl] »Musikfestival«; ein jährlich durchgeführter Gesangswettbewerb, um die irische Musik zu fördern. (Joyce selbst nahm 1904 teil und gewann nur deshalb nicht die Goldmedaille, weil er sich weigerte, vom Blatt zu singen.)

183,12 *Mrs. Pat Campbell:* Beatrice Stella C. (1865–1940), angesehene englische Schauspielerin.

184,5 *Killarney:* eine sentimentale Ballade des irischen Komponisten Michael William Balfe.

185,15 f. *Farthing:* frühere Münze im Wert von einem viertel Penny.

187,18 *Sie haben das Richtige getan:* Konzertverträge der genannten Art waren nur für Stars bindend; ansonsten wurden sie unter der Voraussetzung geschlossen, daß die Veranstaltung ein finanzieller Erfolg war. Mrs. Kearneys Verhalten widerspricht dem improvisierten Charakter solcher Verträge.

Gnade

191,25 *Outsider:* zweirädrige Droschke, bei der die Sitze parallel zur Fahrtrichtung angebracht sind. Die Passagiere sitzen Rücken an Rücken.

193,19 *Royal Irish Constabulary Office in Dublin Castle:* eine paramilitärische Truppe, die für die innere Sicherheit verantwortlich war. Der Konstabler gehört der Dublin Metropolitan Police an.

196,18 *Thomas Street:* etwa eine halbe Stunde zu Fuß von Mr. Kernans Büro.

198,13 *Banshee:* irische Todesfee, deren Klagen den Tod eines Menschen ankündigen.

199,3 *City Coroner:* vgl. Anm. zu S. 140,15.

200,10 *»bona fide«-Reisende:* Gaststätten durften am Sonntag nur an tatsächlich Reisende Getränke ausschenken, nicht aber an Ortsansässige.

202,15 *Omadhaun:* nach dem irischen *amadán* »Tölpel, Idiot«.

202,29 *Yahoos:* widerliche Tiere in der Gestalt und mit dem Verhalten von Menschen, die Swift im vierten Buch von *Gullivers Reisen* auftreten läßt.

206,1 f. *Jesuitenorden mußte nie reformiert werden:* eine von zahllosen Halbwahrheiten, die dieses Gespräch charakterisieren. Der Jesuitenorden war schlichtweg zu jung (gegründet 1534), um reformiert zu werden.

206,31 *Purdon:* ein Name, der damals in Dublin wenig religiöse Assoziationen weckte. Purdon Street war eine der Hauptstraßen im notorischen Rotlichtviertel der Stadt.

207,15 *Father Tom Burke:* ein populärer Dominikaner (1830–83), der auch außerhalb Irlands für seinen deftig-vulgären Predigtstil und fanatischen Nationalismus bekannt war.

208,6 *Der Gefangene des Vatikan:* Nach der Entmachtung durch Viktor Emmanuel II. (1859) blieb Papst Pius IX. (1846–78) nur der Vatikan. Er und sein Nachfolger Leo XIII. (1878–1903) betrachteten sich als Gefangene in ihren eigenen Mauern.

208,12 *Orangeman:* ein Mitglied der Orange Association, einer politischen Gruppe, die 1795 gegründet wurde, um die protestantische Vorherrschaft in Irland zu sichern.

210,10 *Lux zu Lux:* in zweierlei Hinsicht eine Absurdität; zum einen in der Verbindung zweier Sprachen, zum anderen weil die Päpste kein Motto für sich wählen. Die erwähnten Motti stammen aus der sogenannten »Weissagung des hl. Malachias von Armagh«, einer im 16. Jahrhundert entstandenen gefälschten Sammlung von Sinnsprüchen für die Päpste. Sie lauten dort: »Lumen in Coelo« und »Crux de Cruce«.

210,12 *Lux in Tenebris:* Joh. 1,5.

211,13 *eines von Papst Leos Gedichten:* Papst Leo XIII. hat tatsächlich ein lateinisches Gedicht mit dem Titel »Ars Photographica« verfaßt.

211,23 f. *Große Geister …:* ungenau aus John Drydens *Absalom und Achitophel* zitiert, wo es heißt: »Great wits are sure to madness near allied …«

213,2 *ein deutscher Kardinal:* Johann Döllinger (1799–1890) war kein Kardinal, sondern ein Theologe, der wegen seines Einspruchs gegen das Dogma der Unfehlbarkeit exkommuniziert wurde.

213,7f. *John MacHale:* J. M. (1791–1881) war Erzbischof von Tuam und setzte es durch, daß der Vatikan 1850 die diplomatischen Beziehungen zu England abbrach. Er widersetzte sich dem Dogma, bis es vom Vatikanischen Konzil bestätigt wurde.

213,11 *irgendein Italiener oder Amerikaner:* Am 18. Juli 1870 wurde das Dogma der Unfehlbarkeit von zwei Kardinälen mißbilligt: Riccio aus Italien und Fitzgerald aus den USA. John MacHale scheint dieser Sitzung ferngeblieben zu sein, so daß die von Mr. Cunningham geschilderte Szene ins Reich der Phantasie gehört.

214,12f. *Sir John Grays Statue. Edmund Dwyer Gray:* John Gray (1816–75) war Herausgeber des *Freeman's Journal* und Politiker. Beide Grays traten für Home Rule ein, waren aber extremen Nationalisten zu gemäßigt.

217,6f. *Quincunx:* Form, die der Fünf auf dem Würfel entspricht und mit den fünf Wunden Christi in Verbindung gebracht wird.

218,18ff. *Denn die Kinder dieser Welt ...:* aus dem Gleichnis vom ungerechten Haushalter (Lk. 16,8–9).

Die Toten

222,3 *Usher's Island:* keine Insel, sondern ein Abschnitt des Kais am Südufer der Liffey.

226,8 *Robert Browning:* R. B. (1812–89), viktorianischer Dichter, dessen Werke von seinen Zeitgenossen als schwierig und dunkel eingeschätzt wurden.

226,10 *Melodien:* Thomas Moores populäre *Irish Melodies*.

227,9 *Monkstown:* ein Vorort Dublins am Meer, der auf gehobenen sozialen Status hinweist.

228,32 *Christy Minstrels:* eine von dem Amerikaner Edwin Christy (1815–62) gegründete Gesangstruppe. Der Name wurde später von Nachahmern übernommen, die als Neger verkleidet auftraten und ihren Gesang imitierten. Gretta spricht »goloshes« offenbar anfangsbetont wie »golly shoes« aus und denkt an den Golliwog der Minstrels.

229,5 *Gresham:* vornehmes und teures Hotel in der Innenstadt.

231,3 *Tafelklavier:* ein Hammerklavier mit waagerechtem Korpus in Rechteckform ähnlich dem Klavichord, das um 1820 vom Pianino verdrängt wurde.

236,16 *Royal University:* eine reine Prüfungsinstitution, die akademische Grade an die Studenten des katholischen University College of Dublin verlieh.

236,21 *bauernschlau: country cute*; nach der stehenden Redewendung »country cute and city clever«.

237,5 *Lancier:* eine von mehreren Paaren getanzte Quadrille.

237,24 *Daily Express:* eine seriöse konservative Dubliner Zeitung, die Unabhängigkeitsbestrebungen Irlands abhold war. Und nur deshalb bezeichnet Miss Ivors sie als »Schmierblatt«. – Nicht zu verwechseln mit dem englischen *Daily Express.*

237,30 *Westbrite:* abfällige Bezeichnung für jemand, der mit den Briten sympathisiert oder ihren Lebensstil imitiert.

238,15 *an der Universität:* Miss Ivors und Gabriel Conroy müssen an verschiedenen Colleges studiert haben, da das University College damals nur Männern offenstand.

238,27 *Universitätsfrage:* Trinity College in Dublin war überwiegend protestantisch. Die Frage, die sich daraus ergab, war, wie eine adäquate Hochschulausbildung für das katholische Irland erreicht werden könnte.

243,9 *Wellington-Monument:* ein hoher Obelisk auf einem Hügel im weitläufigen Phoenix Park.

244,12f. *Bräutlich geschmückt:* ein Lied nach einer Melodie aus Vincenzo Bellinis Oper *Die Puritaner.* Es enthält lange und komplizierte Koloraturen.

246,17 *Frauen aus den Chören wirft:* Papst Pius X. hatte am 22. November 1903 erklärt, daß Sänger in der Kirche eine liturgische Rolle spielten, die Frauen nicht erfüllen könnten. Sopran- und Altstimmen sollten deshalb durch Knabenstimmen ersetzt werden.

248,11 *Beannacht libh:* [ˈbenaxt liv] gälisch für: Lebe wohl, mein Segen begleite dich.

249,2 *gewürzter Rinderbraten:* Rinderbraten in einer würzigen Teigkruste, ein traditionelles irisches Weihnachtsgericht.

251,26 *Gaiety:* traditionsreiches Dubliner Theater.

252,11 *Mignon:* Oper von Ambroise Thomas.

252,13 *Georgina Burns:* gefeierte Sopranistin in den achtziger Jahren des 19. Jahrhunderts.

252,22 *Laßt mich fallen wie ein Soldat:* »Let Me Like a Soldier Fall«; aus Wallaces Oper *Maritana*.

252,28 *Dinorah:* komische Oper von Giacomo Meyerbeer.

252,28 *Lucrezia Borgia:* Oper von Gaetano Donizetti.

253,16 *Parkinson:* sang u. a. in der bekannten Carl Rosa Opera Company.

254,17 *Mount Melleray:* ein Trappistenkloster in Südirland.

254,31 f. *in ihren Särgen schliefen:* eine erfundene »Ordensregel«. Die Trappistenmönche von Mount Melleray hoben allerdings zu Lebzeiten ihr eigenes Grab aus.

256,16 *Fifteen Acres:* Teil des Phoenix Park, der für militärische Übungen verwendet wurde.

264,2 *King Billys Denkmal:* Reiterstandbild Williams III. in Stephen's Green.

269,6 *Die Maid von Aughrim:* »The Lass of Aughrim«; eine Ballade, von der es zahlreiche schottische und irische Fassungen gibt. Sie erzählt von einem jungen Mädchen, das verführt, verlassen, mit ihrem Kind zurückgewiesen wird und schließlich stirbt.

270,6 *Four Courts:* Hauptsitz der irischen Justiz, ein großer Kuppelbau aus dem 18. Jahrhundert.

272,22 *Dan:* Daniel O'Connell (1775–1847), irischer Freiheitskämpfer, dessen Statue an der O'Connell Bridge steht.

274,5 *Hahn:* Man hatte damals noch häufig die Vorstellung, daß Elektrizität wie Wasser oder Gas strömte (und leckte).

275,15 *Sovereign:* Goldmünze im Wert von zwanzig Shilling.

280,9 *Oughterard:* [ˈu:təɹa:d] ein Dorf in der Provinz Connacht, etwa 30 km von Galway.

280,29 *Nuns' Island:* wie Usher's Island keine eigentliche Insel, sondern ein Viertel in Galway, dessen Name sich auf eine Klosterschule bezieht.

Blessington Str.
Wellington Str.
Richmond Penitentiary
Broadstone Station
Upper Dominick
Mountjoy S.
Dorset Street
Presbyt. Chu.
Denmark S.
Gt. Georges Str.
Temple Street
Gardiner Pla.
Mountjoy Square
Mid Gardiner S.
Richmd. Lunatic Asylum
Nth. Dubl. Union Workho.
Goods Store
Queen's Inns
Constitution Hill
Henrietta S.
Rotunda
Rutland Square
Cavendish R.
St. Thomas
Witworth Hosp.
Sch. of Medici.
Kings Inns Str.
Great Britain Street
Metropol. Chu.
National Schools
Brunswick Str.
North King Street
Church Str.
Beresfords Str.
Halstons S.
Greens
Capel Street
Jervis Street
Coles La.
Moore Str.
Henry Str.
Post Office
Nelson P.
Earl S.
Talbot
Sackville Street
Marlborough Street
Smithfield
Bow Str.
Mary Lane
Mary Street
St. Mary
Mid. Abbey Str.
Lo. Abbey Str.
Mechanics Inst.
New Church S.
St. Michans Chu.
Synago.
Up. Abbey Str.
Great Strand S.
Eden Quay
Pill Lane
Four Courts
Scots Ch.
Lo. Ormond Qu.
Bachelors Walk
Whitworth Br.
Richmond Br.
Grattan Br.
Wellington Quay
Temple Bar
Fleet Str.
Merchants Qu.
Wood Qu.
Essex Qu.
Essex Str.
Bank
Colleges
St. Audoens
Cook Street
Bridge Str.
College Green
Trinity College
Dame Str.
City Hall
Christ Chu.
High Str.
Back Lane
Castle
St. Edward S.
Exchequer
Wicklow S.
Suffolk S.
Nassau Str.
Market
William Str.
Francis Street
Meath Street
Swifts Alley
St. Nicholas
Bull Al.
Golden La.
Stephen St.
Clarendon S.
Grafton Str.
Dukes.
Dawson Street
Anne S.
Molesworth S.
St. Annsch.
Gaiety Theatre
Kings S.
Rl. Irish Acad.
Mansion House
Up. Coombe
Lr. Coombe
Dean S.
Woods.
Peters.
St. Patricks Cathedral
Rl. College of Surgeons
York Street
Eglinton Sta.
Kildare
Kevin S. Up.
Bishop S.
Moravian Ch.
Indep. Ch.
St. Stephens Green
George S. Sta.
New Market
Mill Str.
New Row
Kevin Str. Lr.
Cuffe Str.
St. Kevin's
Wesley College
Catholic University
Malpas Str.
Long Lane
Meath Hospital
Pleasants.
Lower
Blackpitts
New Street
Heytesbury Str.
Grantham S.
Synge S.
Wellington Squ.
Harcourt Str. Station
St. Matthias
Adelaide Road
Scots Ch.
Harrington Str.
Clanbrassil Ter.

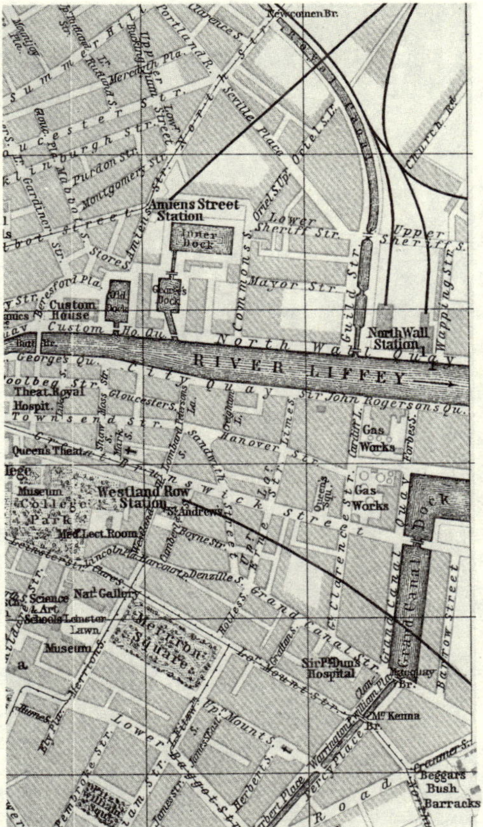

Plan von Dublin

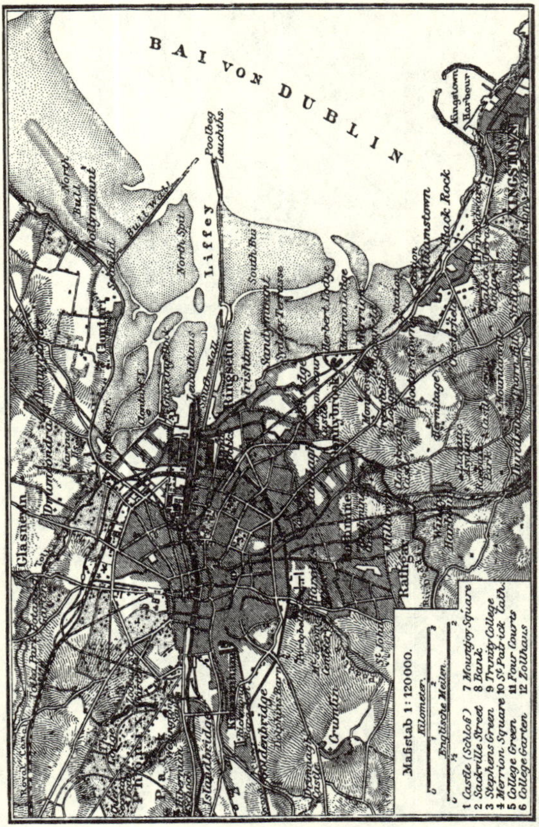

Lageplan von Dublin
(Meyers Großes Konversations-Lexikon,
6. Aufl., Bd. 5, Leipzig/Wien 1903)

Nachwort

Entstehung und Stoffe

Die Short Stories, die James Joyce zwischen 1904 und 1907 verfaßte, wurden erst 1914, nach Überwindung großer Schwierigkeiten mit den Verlegern, unter dem Titel *Dubliners* veröffentlicht.[1]

Die Grundlage für die Darstellung des Lebens Dubliner Bürger bildeten Beobachtungen, Erlebnisse und Erfahrungen des Autors. Erinnerungen an die eigene Familie, an Verwandte und Bekannte werden in realistisch-naturalistischen Bildern festgehalten, für die die Hauptstadt Irlands mit ihren Vororten die äußere Szenerie abgibt.[2] In der letzten Kurzgeschichte, die Joyce »The Dead« (1907) betitelte und die er erst nachträglich in die Sammlung eingliederte, porträtierte er mit den beiden alten Damen namens Morkan seine Großtanten Mrs. Callanan und Mrs. Lyons. Mrs. Callanans Tochter Mary Ellen erscheint in der Short Story als Mary Jane, Mrs. Lyons' Sohn Freddy als Freddy Malins.

1 Vgl. hierzu Florence L. Walzl, »Dubliners«, in: Zack Bowens / James F. Carens (Hrsg.), *A Companion to Joyce Studies*, Westport, Conn. 1984, S. 157–228; hier insbes. S. 161–165.

2 Vgl. hierzu Robert Scholes / A. Walton Litz (Hrsg.), *James Joyce: »Dubliners«. Text, Criticism, and Notes*, New York 1969. Weiterhin: Klaus Reichert / Fritz Senn / Dieter E. Zimmer (Hrsg.), *Materialien zu James Joyces »Dubliner«*, Frankfurt a. M. 1969, ^{2}1977. Bruce Bidwell / Linda Heffer, *The Joycean Way: A Topographic Guide to »Dubliners« and »A Portrait of the Artist as a Young Man«*, Dublin 1981.

Der Protestant Mervyn Archdale Browne, ein angeheirateter Verwandter, behält in der Kurzgeschichte seinen Familiennamen ebenso wie seine Konfession, während der Tenor Barton M'Guckin zu Bartell D'Arcy geworden ist. Die nationalistisch gesinnte Miss Ivors hat ihr Vorbild (wahrscheinlich) in Kathleen Sheehy, der Tochter eines Dubliner Parlamentariers. Gabriel Conroy hat in vieler Beziehung die Züge von James Joyce; auch er orientierte sich mehr am Kontinent als am irischen Westen; auch er war eifersüchtig auf seine Frau Nora Barnacle, die wie ihr fiktives Ebenbild Gretta einen jugendlichen Verehrer hatte, der sehr früh starb: Michael Furey aus »The Dead« erinnert an Michael Bodkin. Und auch das festliche Zusammentreffen zu Beginn des neuen Jahres in der Wohnung der Schwestern Morkan entspricht einer Gepflogenheit in James Joyces Familienkreis; der Festredner war bei dieser Gelegenheit allerdings der Vater John Joyce, nicht James Joyce, der Autor. Auch andere Begebenheiten wie der Basar in »Araby« oder das Autorennen mit internationaler Beteiligung, das den Hintergrund zu »After the Race« bildet, haben ihre historischen Parallelen in dem vom 14. bis 19. Mai 1894 veranstalteten Basar und dem Gordon-Bennett-Rennen vom 2. Juli 1903. Schließlich sei auf das Konzert vom 27. August 1904 hingewiesen, an dem Joyce sich als Tenor vorstellte, das jedoch so schlecht organisiert war, daß er sich selbst am Piano begleiten mußte. Diese Erfahrungen mit dem Dubliner Kulturleben sind in abgewandelter Form in die Kurzgeschichte »A Mother« eingegangen.

Der Aufbau des Zyklus

Der Aufbau der Sammlung ist wohldurchdacht. Über Thema und Struktur der *Dubliners* äußerte sich der Autor selbst wie folgt:

> My intention was to write a chapter of the moral history of my country and I chose Dublin for the scene because that city seemed to me the centre of paralysis. I have tried to present it to the indifferent public under four of its aspects: childhood, adolescence, maturity and public life. The stories are arranged in this order.[3]

Genaue Untersuchungen über das Alter der Protagonisten in den einzelnen Short Stories ergaben, daß er offenbar die Begriffe »childhood«, »adolescence« und »maturity« nicht in dem Sinne benutzte, wie dies normalerweise im englischen und amerikanischen Sprachbereich der Fall ist. Dies gilt insbesondere für den Begriff »adolescence«. Florence L. Walzl, die dieser Frage nachgegangen ist, kam zu dem Resultat, daß Joyce sich stark an den römischen Begriffen *pueritia* (bis 17 Jahre), *adulescentia* (bis 30 Jahre), *juventus* (bis 45 Jahre) und *senectus* (ab 45 Jahre) orientierte.[4]

Die drei ersten Kurzgeschichten – »The Sisters«, »An Encounter« und »Araby« – illustrieren Facetten des moralischen, intellektuellen und religiösen Lebens in Dublin vom Standort der frühen Kindheit, wobei jede Geschichte den Eindruck erweckt, daß der Ich-Erzähler eine neue Entwicklungsstufe innerhalb der Kindheit erreicht hat. In den vier Short Stories, die der Adoleszenz zugeordnet sind, variiert das Alter der Hauptpersonen merklich: Eveline, die Protagonistin der gleichnamigen Geschichte, ist über 19 Jahre alt, Jimmy Doyle in »After the Race« ist etwa 26, Lenehan

3 Richard Ellmann (Hrsg.), *Letters of James Joyce*, Bd. 2, London 1966, S. 134.

4 Walzl, »Dubliners«, S. 199.

in »Two Gallants« 30 und Robert Doran in »The Boarding House« 34 oder 35 Jahre alt. »A Little Cloud«, »Counterparts«, »Clay« und »A Painful Case« illustrieren die Konflikte der Phase, die Joyce »maturity« genannt hat. Die letzten vier Short Stories – »Ivy Day in the Committee Room«, »A Mother«, »Grace« und »The Dead« – charakterisieren unterschiedliche Probleme aus dem öffentlichen Leben, wobei der letzten Kurzgeschichte, »The Dead«, eine Sonderstellung zugebilligt werden muß: Sie ist die Summe aller Themen, die Joyce im Dubliner Leben angelegt sah, und sie hebt die irische Gastfreundschaft als eine Art Kontrast zu den Formen der Paralyse, die zuvor in den *Dubliners* und auch in dieser Geschichte selbst aufgewiesen werden, mit Absicht besonders hervor.[5]

Erzähltechnik

Joyce war von Anfang an der kühle, distanzierte Beobachter seiner Umgebung, der sich das Ideal »silence, exile, and cunning«[6] zu eigen machte. Ehe er mit Nora Barnacle am 8. Oktober 1904 Dublin verließ, hatte er sich bereits in ein inneres Exil begeben und die Netze Familie, Vaterland, Religion gekappt, die manchen Iren zum Gefangenen in der eigenen Heimat machten. Joyces scharfer Verstand, sein Witz und seine Schläue arbeiteten beständig, um die erzählerischen Werke in ihrem Stil, ihrer Diktion und ihrer Komposition zu durchdenken, in denen er seinen Zeitgenossen im Sinne Hamlets einen Spiegel vorhalten wollte, »to / hold, as 'twere the mirror up to nature; to show virtue / her feature, scorn her own image, and the very age / and body of the time his

5 Vgl. James Joyces Brief an seinen Bruder Stanislaus vom 25. September 1906, in: Ellmann (Hrsg.), *Letters*, S. 164.

6 Vgl. James Joyce, *A Portrait of the Artist as a Young Man*, London 1916, ^{2}1924, repr. 1966, S. 251.

form and pressure« (III,2,21–24). Der Spiegel, von dem Hamlet spricht, ist ein *speculum morale* und in gleichem Sinne können auch die *Dubliners* als eine Sammlung von Kurzgeschichten verstanden werden, in denen ein Moralist zu seinen Lesern spricht. Allerdings meidet er den aufdringlich-lehrhaften Ton und schließt sich an das Flaubertsche Ideal der Objektivität an, verbirgt sich hinter und in seinen Werken und ist doch als der künstlerische Schöpfer in allen ihren Einzelheiten präsent. Die drei ersten Kurzgeschichten, die jeweils von einem Kindheitserlebnis eines Jungen berichten, werden aus der Ich-Perspektive erzählt. Dadurch ist der Erlebnishorizont zwar begrenzt, aber der Zusammenstoß zwischen der verhältnismäßig engen Erlebnis- und Vorstellungswelt eines noch ganz jungen Menschen und einer für ihn noch weitgehend fremden, rätselhaften Welt wirkt dadurch überzeugender. Die Ich-Perspektive ist bei diesen drei Short Stories als eine rhetorische Maske zu verstehen, die der verborgene, erwachsene Erzähler, der in der Ich-Form berichtet, was er als Kind erlebte, angenommen hat. Joyce erzählt hier wie oft auch andernorts mit zwei Stimmen: mit der Stimme des erlebenden Ich und der Stimme des Erzählers, der sich gelegentlich in der Wortwahl (die nicht immer kindgemäß ist) oder in bewertenden Adjektiven und schließlich in einer ironischen Tonlage verrät.

Insgesamt zeigt sich, daß die Darbietungsweise sowohl in der Ich- wie in der Er-Perspektive »oszilliert« (wie Riquelme formuliert[7]), man könnte auch sagen: flexibel ist. Der Erzähler rückt gelegentlich sehr nahe an die Personen und Situationen heran, identifiziert sich gelegentlich mit seinen Protagonisten, und wenige Abschnitte weiter distanziert er sich wiederum von ihnen.[8] Stilistisch-erzähltech-

7 Vgl. John Paul Riquelme, *Teller and Tale in Joyce's Fiction: Oscillating Perspectives*, Baltimore/London 1983.

8 Vgl. Joseph M. Garrison, Jr., »*Dubliners*: Portraits of the Artist as a Narrator«, in: *Novel* 8 (1974–75) S. 226–240.

nisch nutzt er dabei traditionelle Darstellungsformen wie den Bericht, insbesondere den Gedankenbericht, oder neuere Erzähltechniken wie die erlebte Rede und den inneren Monolog.

Am besten läßt sich diese variable Technik durch zwei Stellen aus der Erzählung »Eveline« erläutern:[9]

> She stood up in a sudden impulse of terror. Escape! She must escape! Frank would save her. He would give her life, perhaps love, too. But she wanted to live. Why should she be unhappy? She had a right to happiness. Frank would take her in his arms, fold her in his arms. He would save her (S. 41f./47).[10]

Zunächst ist Eveline bereit, mit dem Matrosen Frank ihre Heimat zu verlassen. Der Erzähler beginnt im Berichtstil und beschreibt eine ganz einfache Gebärde: »She stood up [...].« Er läßt diesen Bericht aber sogleich in einen »Gedankenbericht« übergehen, d. h. er charakterisiert ihre seelische Aufgewühltheit mit: »in a sudden impulse of terror«. Es folgt sodann die Exklamation »Escape!«, die als Teil eines inneren Monologs gedeutet werden kann und durch die die seelische Erregung und der Entschluß, zu dem sich Eveline gezwungen sieht, unmittelbar in Sprache übersetzt werden. Die restlichen Sätze vermitteln einen Einblick in ihre Reflexionen, die im Stil der erlebten Rede dargeboten werden. An die Stelle des Futurs tritt der Konditionalis; die Pronomina in der dritten Person beweisen, daß hier die Stimme des berichtenden Erzählers am Werk ist, die sich über die Stimme der Protagonistin lagert, die im inneren Monolog ohne Erzähler-Beimischung zu vernehmen ist.

9 Vgl. auch Riquelme, *Teller and Tale*, S. 108–111.

10 Alle Zitate aus *Dubliners* nach folgender Ausgabe: James Joyce, *Dubliners*, London 1914, rev. ed. 1967, repr. 1975; die Seitenzahl nach dem Schrägstrich verweist auf die entsprechende Übersetzung der vorliegenden Ausgabe.

Die seelische Erregung, das Fragen und Abwägen Evelines spiegelt sich in der erlebten Rede im Fragesatz: »Why should she be unhappy?«, ebenso auch in dem Adverb »perhaps«. Im Grunde durchläuft Eveline keine zielstrebige Argumentation, sondern sie legt in Gedanken eine Kreisbewegung zurück. Sie geht von der These »Frank would save her« aus und endet mit der Feststellung: »He would save her.«

Ganz anders ist der letzte Abschnitt dieser Erzählung gestaltet:

> He rushed beyond the barrier and called to her to follow. He was shouted at to go on but he still called to her. She set her white face to him, passive, like a helpless animal. Her eyes gave him no sign of love or farewell or recognition (S. 43/48).

Hier verbleibt der Erzähler in der Außenperspektive: Er registriert die Bewegungen, die Gestik des Matrosen, blickt Eveline mit Franks Augen an und interpretiert mit Frank das Wahrgenommene: »She set her white face to him, passive, [...] Her eyes gave him no sign of love or farewell or recognition.« Am stärksten meldet sich der Erzähler mit dem Vergleich »like a helpless animal« zu Wort. Eveline hat hier die menschlichen Qualitäten verloren, die sie für sich in der erlebten Rede beanspruchte, d. h. die freie Selbstbestimmung: »she wanted to live [...] She had a right to happiness« (S. 41 f./47). Durch den Verzicht auf die erlebte Rede und den inneren Monolog im Schlußabschnitt gewinnt die Darstellung an dramatischem Gewicht. Eveline wird dem Leser wie eine Statue vor Augen gerückt: Sie ist ein Denkmal der Paralyse des Dubliner Lebens.

Auch am Schluß der Short Story »Two Gallants«, die den Schmarotzer Lenehan und seinen Kumpanen Corley vorführt, der es versteht, ein naives Mädchen zu überlisten und auszubeuten, dominiert die Außenperspektive: Die Frage

Lenehans, ob es »geklappt« habe, beantwortet Corley mit einer Gebärde, die seiner Gerissenheit Ausdruck verleiht:

> Corley halted at the first lamp and stared grimly before him. Then with a grave gesture he extended a hand towards the light and, smiling, opened it slowly to the gaze of his disciple. A small gold coin shone in the palm (S. 65/73).

Diese Gebärde ist eine Epiphanie im Sinne von James Joyce, der diesen Begriff im ersten Entwurf zu seinem autobiographischen Roman, in *Stephen Hero*, wie folgt definierte: »a sudden spiritual manifestation, whether in the vulgarity of speech or of gesture or in a memorable phase of the mind itself«.[11] Im vorliegenden Fall wird der Einblick in Wirklichkeitszusammenhänge, die die Epiphanie vermittelt, ausschließlich durch die Gestik dargestellt; auf die stützende Funktion eines Dialoges wird verzichtet.

Überblickt man die Variationen in der Erzähltechnik innerhalb des gesamten Zyklus, so zeigt sich, daß Joyce zunächst die Ich-Perspektive dominieren läßt, dann aber, von der vierten Geschichte an, in die Er-Perspektive überwechselt, innerhalb deren aber wiederum durch die Kombination von Bericht, Dialog, erlebter Rede und innerem Monolog eine höchst komplexe Darbietungsweise zur Geltung kommt. In den Short Stories, die dem öffentlichen Leben gewidmet sind, läßt er die Außenperspektive in den Vordergrund treten und benutzt neben dem Erzählbericht vorzugsweise den Dialog, um dem Leser authentische Einblicke in das Leben der Dubliner zu vermitteln. Besonderes Gewicht hat der Dialog in der Kurzgeschichte »Ivy Day in the Committee Room«, für die städtische Wahlen in Dublin den

11 James Joyce, *»Stephen Hero«, Part of the First Draft of »A Portrait of the Artist as a Young Man«*, ed. with an introduction by Theodore Spencer, revised edition with additional material and a Foreword by John J. Slocum and Herbert Cahoon, London 1944, [2]1956, S. 216.

Hintergrund bilden. Aus dem Auftakt zu dieser Short Story sei eine Dialogpassage ausgewählt, die für die Handhabung dieses erzähltechnischen Mittels ein geeigneter Beleg ist. Die Unterhaltung spielt sich zwischen Old Jack, einem Hausmeister, und Mr. O'Connor, einem Wahlhelfer, ab.

> The old man watched him attentively and then, taking up the piece of cardboard again, began to fan the fire slowly while his companion smoked.
> – Ah, yes, he said, continuing, it's hard to know what way to bring up children. Now who'd think he'd turn out like that! I sent him to the Christian Brothers and I done what I could for him, and there he goes boosing about. I tried to make him someway decent.
> He replaced the cardboard wearily.
> – Only I'm an old man now I'd change his tune for him. I'd take the stick to his back and beat him while I could stand over him – as I done many a time before. The mother, you know, she cocks him up with this and that ...
> – That's what ruins children, said Mr O'Connor.
> – To be sure it is, said the old man. And little thanks you get for it, only impudence. He takes th' upper hand of me whenever he sees I've a sup taken. What's the world coming to when sons speaks that way to their father?
> – What age is he? said Mr O'Connor.
> – Nineteen, said the old man.
> – Why don't you put him to something?
> – Sure, amn't I never done at the drunken bowsy ever since he left school? *I won't keep you*, I says. *You must get a job yourself*. But, sure, it's worse whenever he gets a job; he drinks it all (S. 133f./148f.).

Auffällig ist, daß innerhalb des Dialoges die Sprecher nur gelegentlich durch die *inquit*-Formel markiert werden: »he said«, »said Mr O'Connor«, »said the old man«. Nur einmal wird eine Geste festgehalten: »He replaced the cardboard wearily.« Die Sprache insbesondere des alten Mannes ist sehr stark durch Wendungen aus dem Slang und durch grammatische Unregelmäßigkeiten gekennzeichnet: »he goes boosing« (»er zieht auf Sauftour«), »she cocks him up« (»sie verzieht ihn«), »I've a sup taken« (»ich hab mir einen genehmigt«) oder »the drunken bowsy« (»der versoffene Lümmel«) sind Wendungen, die der Redeweise des Alten einen umgangssprachlichen und vulgären Zug geben. Als Dialektsprecher wird er durch die mangelnde Übereinstimmung von Subjekt und Prädikat »sons speaks« und »I says« sowie durch eine dialektale Form wie »I done« charakterisiert, in der das Partizip für das Imperfekt steht. Der Gebrauch von »what way« (in »to know what way to bring up children«) ebenso wie die Wendung »to be sure it is« oder einfach »sure« als Affirmationsformeln sind Kennzeichen des Anglo-Irischen. Katie Wales führt dazu in *The Language of James Joyce* folgendes aus: »The Gaelic language lacks the simple affirmative and negative words *yes* and *no*, so words and phrases like *(to be) sure* reflect the Irish equivalent periphrases.«[12]

Der zitierte Dialog bildet eine alltägliche Situation, eine Unterhaltung in kolloquialer Diktion nach, ohne Bezug auf einen besonderen Konflikt. Allerdings spiegelt sich in diesem Gesprächsausschnitt die Spannung zwischen den Generationen, die auch von anderen Sprechern in den *Dubliners* gesehen und beklagt wird. Insgesamt zeichnet sich in den Dialogen dieser Short Story eine Situation ab, die typisch ist für die Verhältnisse in Irland: Der Wahlkampf läßt den Zerfall der politischen Kultur deutlich werden, insbesondere wenn die gegenwärtigen Politiker mit Charles Stewart Parnell (1846-91)

12 Katie Wales, *The Language of James Joyce*, Basingstoke, Hampshire 1992, S. 24.

verglichen werden. Viele Iren betrachteten ihn als den großen Mann, der die Begabung besaß, Irland in den Auseinandersetzungen mit England anzuführen, der aber wegen seiner Liebesaffäre mit Kitty O'Shea, einer verheirateten Frau, gestürzt wurde und der sehr bald danach starb, so daß er seine politischen Ziele nicht verwirklichen konnte.

Die Geschichte »Ivy Day in the Committee Room« spielt an dem Tag, an dem die Iren seines Todes gedenken, und das Gedicht »The Death of Parnell«, das den Abschluß der Short Story bildet, deutet darauf hin, daß die poetische Diktion, auch wenn sie höchsten künstlerischen Ansprüchen nicht zu genügen vermag, dennoch den Gefühlen eines einzelnen wie zahlreicher Gleichgesinnter in einer authentischen Weise Ausdruck verleiht. Eine ähnliche Funktion haben auch die Lieder – etwa in »The Dead« oder in den großen Romanen von James Joyce. Wo der triviale Dialog scheitert oder nur annäherungsweise zu einer Kommunikation führt, läßt das Gedicht oder das Lied Menschen an einem bestimmten Erlebnis teilhaben und ermöglicht es ihnen, eine Einstellung zu artikulieren, die sie spontan nicht in Sprache umsetzen könnten.

Struktur[13]

Die gesamte Kurzgeschichte »Ivy Day in the Committee Room« läßt sich mit einem einaktigen Drama vergleichen, das weithin den klassischen Anforderungen entspricht, die für das Drama seit Aristoteles Geltung hatten. Alle Ereignisse spielen sich an einem Tag (dem 6. Oktober 1902) und an einem Schauplatz, dem Committee Room, ab, in dem sich die Wahlhelfer treffen, die eine städtische Wahl vorbe-

13 Vgl. hierzu Walzl, »Dubliners«, S. 171.

reiten. Von einer Handlung kann man allerdings nicht sprechen. Die politische Persönlichkeit, Richard J. Tierney, für die alle Wahlhelfer arbeiten, erscheint niemals auf der Bühne. Die Kurzgeschichte besteht vielmehr aus einer Kette von kleinen Auftritten, die das politische Leben beleuchten. Wenngleich sich die Struktur als seriell bezeichnen läßt, wird eine gewisse Abrundung dadurch erreicht, daß Mr. Hynes in der zweiten Kurzszene auftritt, später den Raum verläßt, am Schluß aber wieder erscheint. Zugleich ist insofern eine graduelle Steigerung zu beobachten, als man zunächst nur auf Parnell anspielt, dann aber seinen Namen nennt, offen über ihn diskutiert und schließlich seines Todes mit Hynes' Gedicht gedenkt.

Die meisten der übrigen Kurzgeschichten der *Dubliners* sind nach einem dreiteiligen Strukturplan gebaut, der anhand der Erzählung »After the Race« erläutert werden soll. Der erste Teil schildert, wie vier Freunde in einem französischen Wagen, der zu den Siegern des Autorennens gehört, nach Dublin zurückkehren. Hier werden in einer breiten expositorischen Stilart Details über den Inhaber des Wagens, den reichen Franzosen Ségouin, seinen kanadischen Vetter namens André Rivière, den Ungarn Villona und Jimmy Doyle vermittelt, wobei der Leser im unklaren gelassen wird, auf welches Ziel sich die gesamte Geschichte hinbewegen wird. Die Beschreibung des Abendessens in Ségouins Hotel (im zweiten Teil) läßt die unterschiedliche Mentalität der Freunde, denen sich der Engländer Routh hinzugesellt, deutlich werden. Das Auftreten und die Sprechweise der Kontinentalen haben zur Folge, daß sich der Engländer und der Ire als die Unterlegenen fühlen müssen. Ségouin hat Mühe, den Ausbruch von Streitigkeiten zu verhindern. Der dritte Teil der Kurzgeschichte schildert, wie die Freunde die Nacht auf der Yacht des Amerikaners Farley verbringen, bis Jimmy schließlich begreift, wieviel er in dieser Nacht beim Kartenspiel verloren hat.

James Joyces erzählerische Kunst besteht darin, daß er es versteht, eine Fülle von Details so zu organisieren, daß eine bestimmte gesellschaftliche Atmosphäre, zugleich aber auch die Illusion des Jimmy Doyle lebendig werden. Schließlich wird dem Leser klar, daß alle Vorgänge letztlich auf die Desillusionierung des Protagonisten zusteuern. Über diese Technik hat David Daiches, bezogen auf »Two Gallants«, in seinem Buch *The Novel and the Modern World* bemerkt:

> It is a perfect example of the organization of the casual until, simply by the order and relation of the parts, it becomes significant, not only a sordid incident that happened at a given moment but a symbol of a type of civilization.[14]

Am deutlichsten tritt die Dreigliederung in der Short Story »Grace« zutage, die nach dem Vorbild der *Divina Commedia* Dantes aufgebaut ist; ihre drei Szenen entsprechen den drei großen Teilen von Dantes Epos: Die Toilette, in der Tom Kernan, auf dem Gesicht liegend, aufgefunden wird, entspricht dem *inferno*; das Krankenzimmer, in dem sich später seine Freunde um ihn versammeln, gleicht dem *purgatorio*; der Bußgottesdienst, bei dem sich Father Purdon, ein Jesuit, insbesondere an Geschäftsleute wendet, erinnert an das *paradiso*. Hervorzuheben ist jedoch, daß diese Analogien parodistisch gemeint sind – ebenso wie die vielen kleinen Anspielungen auf das religiöse Leben in Dublin und die christlich-theologische Tradition, die in die Erzählung eingebaut sind.

Bei dem religiösen Beziehungsreichtum gerade dieser Short Story kann es nicht überraschen, daß einer der Interpreten auch die Lehre vom vierfachen Schriftsinn auf Joyces »Grace« angewandt hat.[15] Diese Lehre, wonach dem bibli-

14 David Daiches, *The Novel and the Modern World*, Chicago/London 1960, repr. 1967, S. 71.

15 Robert Boyle, S. J., »Swiftian Allegory and Dantean Parody in Joyce's ›Grace‹«, in: *James Joyce Quarterly* 7,1 (1969) S. 11–21.

schen Text neben dem *sensus literalis*, dem buchstäblichen Sinn, auch eine allegorische, eine moralische und eine anagogische Bedeutungsebene zugewiesen werden können, wurde für die Bibelexegese im Mittelalter entwickelt;[16] sie fand jedoch auch bei der Komposition mittelalterlicher Dichtungen Anwendung und ist dementsprechend bei der Interpretation religiöser Texte zu berücksichtigen, zumal Dante in einem Brief an Can Grande Sinn und Bedeutung dieser Lehre vom vierfachen Schriftsinn ausdrücklich hervorhob.

Wenngleich umstritten bleibt, ob Joyce diese Lehre in dem Maße berücksichtigt, wie dies Robert Boyle in seinem Aufsatz »Swiftian Allegory and Dantean Parody in Joyce's ›Grace‹« nahegelegt hat, kann nicht übersehen werden, daß Joyce innerhalb der Geschichten Bedeutungszusammenhänge, symbolische Korrespondenzsysteme entwickelt hat und daß auch zwischen den einzelnen Geschichten zahlreiche Wechselbeziehungen konstatiert werden können, ohne daß dabei immer feststehende religiöse Bezugssysteme – wie etwa die Lehre von den Todsünden – bei der Interpretation notwendigerweise zu berücksichtigen wären. So läßt sich von der Short Story »Grace«, die ursprünglich den Abschluß der gesamten Sammlung bildete, eine Reihe von Verbindungslinien zur ersten Geschichte »The Sisters« ziehen. Father Purdon (in »Grace«) verteidigt beispielsweise (in raffinierter Weise) die Simonie, ein Vergehen, dessen auch Father Flynn (in »The Sisters«) schuldig zu sein scheint. Geht man andererseits von »The Dead« aus, der Geschichte, die jetzt den Abschluß bildet, so ergibt sich eine gewisse Parallele zwischen den beiden Schwestern Morkan, Miss Kate und Miss Julia, in »The Dead« und Eliza und Nannie, den unverheirateten Schwestern, nach denen »The

16 Vgl. hierzu Friedrich Ohly, »Vom geistigen Sinn des Wortes im Mittelalter (1958)«, in: F. O., *Schriften zur mittelalterlichen Bedeutungsforschung*, Darmstadt 1977, S. 1–31; hier insbes. S. 14 f.

Sisters« benannt ist. Und auch die Entwicklung des Ich-Erzählers in »The Sisters« und Gabriel Conroys in »The Dead« läßt sich miteinander vergleichen, wobei ständig die beiden Prinzipien Parallele und Kontrast zu berücksichtigen sind. Die Parallele ergibt sich dadurch, daß beide eine Desillusionierung durchlaufen. Der Kontrast besteht darin, daß sich dieses Erlebnis in verschiedenen Lebensphasen und auf unterschiedlicher Bewußtseinsstufe abspielt. Diese parallelen und kontrastiven Beziehungen sind ein Beweis dafür, daß Joyce seine Absicht, eine »moral history« Irlands zu schreiben und insbesondere die Paralyse des Dubliner Lebens darzustellen, mit vielfältigen Variationen durchgeführt und dabei alle Einzelheiten auf ein Hauptthema abgestimmt hat.

Themen

Childhood[17]

Der erste Satz der Short Story »The Sisters«, die Joyce an den Anfang der *Dubliners* gestellt hat, formuliert das Thema dieser Geschichte wie des ganzen Zyklus: »There was no hope for him this time: it was the third stroke« S. 7 / 7). Der Kommentar des Jungen, aus dessen Perspektive der Leser die Ereignisse erlebt, zu dem Wort »paralysis« (das ihn ebenso fasziniert wie die Wörter »simony« und »gnomon«) zeigt, daß dieser Begriff ebenso wie die Sache, die damit bezeichnet wird, auf ihn eine ambivalente Wirkung ausübt: Er fürchtet sich vor der Paralyse, unter der er

17 Zur Deutung der Thematik der *Dubliners* erschienen zahlreiche Einzelstudien sowie Sammelbände; neben dem in Anm. 1 bereits zitierten Aufsatz von Florence L. Walzl seien erwähnt: Clive Hart (Hrsg.), *James Joyce's »Dubliners«: Critical Essays*, London 1969; Ulrich Schneider, *James Joyce: »Dubliners«*, München 1982; Craig Hansen Werner, *»Dubliners«: A Pluralistic World*, Boston 1988.

sich »some maleficent and sinful being« (S. 7/7) vorstellt, ist aber zugleich davon fasziniert.

Im ersten Teil der Short Story wird der Junge Zeuge eines Gesprächs zwischen Onkel, Tante und Old Cotter, der den Priester aus einer rein physischen Sicht charakterisiert. In Satzfragmenten stellt er fest: »there was something queer ... there was something uncanny about him« (S. 7/8). Und weiterhin: »I think it was one of those ... peculiar cases ...« (S. 7/8). Diese Anspielungen lassen die Vermutung zu (wie die vorliegende Sekundärliteratur bestätigt), daß Cotter Father Flynn homosexuelle Neigungen unterstellt. Deshalb lautet auch sein Rat: »let a young lad run about and play with young lads of his own age and not be ...« (S. 8/9).

Der mittlere Teil dieser Short Story läßt den Leser aus der Perspektive des Ich-Erzählers erkennen, was der Priester für ihn bedeutete: Er war ein Lehrer, der ihm die rechte Aussprache des Lateinischen beibrachte, ihm Geschichten über die Katakomben und Napoleon erzählte, ihm aber auch die Bedeutung verschiedener Zeremonien der Messe und verschiedener Gewänder erläuterte. Der Priester schien ein Vergnügen daran zu haben, den Jungen mit schwierigen moraltheologischen Problemen zu konfrontieren. Er ließ ihn bei den Kommentaren zu Eucharistie und Beichtgeheimnis das ganze Gewicht der kirchlichen Tradition und der priesterlichen Verantwortung spüren. Das eigentümliche Lächeln, das der Priester bei seinen Ausführungen zeigte, verwirrte ihn jedoch, so daß es für den Leser nicht überraschend ist, wenn der Junge angesichts des Todes des Priesters in sich – zu seinem eigenen Verdruß – »a sensation of freedom« entdeckt, »as if I had been freed from something by his death« (S. 11/12). Die Sehnsucht, der Last der Tradition zu entkommen, die Stephen Dedalus (in *A Portrait of the Artist as a Young Man*) zu einer luziferischen Auflehnung führt, regt sich hier in ganz verhaltener Weise.

Der Dialog zwischen den beiden Schwestern des Priesters, Nannie und Eliza, die ihn selbstlos betreuen, und der Tante des Jungen – dieser Dialog bildet den dritten Teil von »The Sisters« – geht im Gegensatz zu dem einleitenden Dialog, in dem die Meinung Cotters dominiert, der geistig-geistlichen Problematik des Priesters nach: Father Flynn litt darunter, daß er eines Tages einen (wenn auch leeren) Kelch zerbrach. Bei seiner Gewissenhaftigkeit muß er dies als ein Verbrechen bewertet haben, so daß er sich fortan als einen gescheiterten Priester betrachtete. In seiner geistigen Verwirrung fand man ihn eines Nachts im Beichtstuhl »sitting up by himself in the dark in his confession-box, wide-awake and laughing-like softly to himself« (S. 17/18). Dementsprechend endet die Geschichte mit dem Fazit, das Eliza zieht: »there was something gone wrong with him« (S. 17/19). Joyce berichtet anschließend nichts mehr von den Auswirkungen, die diese Feststellung Elizas auf den Ich-Erzähler hatte. Er begnügt sich damit zu zeigen, wie eine Vorstellung, die der Junge ursprünglich vom Priester hatte, in Frage gestellt wird.

An einer Stelle von »The Sisters« berichtet der Protagonist und Ich-Erzähler, daß er sich im Traum in ein Land mit seltsamen Sitten versetzt fühlte; er nennt es Persien. Diese Sehnsucht nach einer unbekannten exotischen Wirklichkeit ist weit stärker in den Protagonisten der beiden folgenden Short Stories ausgeprägt. Der Protagonist von »An Encounter« lernt durch einen Freund Wildwestliteratur kennen, und wiewohl er feststellt, daß diese Literatur seinem Wesen fernliegt, läßt er sich von ihr dazu anregen, mit einem Freund namens Mahony aus der alltäglichen Routine des Schulunterrichts auszubrechen und in Richtung Pigeon House, eines Kraftwerks, zu wandern. »I wanted real adventures to happen to myself« (S. 20/22). Dieses Ziel erreichen sie nie; dafür begegnen sie einem Mann mittleren Alters, einem Homosexuellen, wie sich bald herausstellt.

Nachdem deutlich geworden ist, daß es sich nach den Worten Mahonys bei dem Fremden um »a queer old josser« (S. 23/30) handelt, ändert sich die Situation: Mahony meidet die Nähe des Fremden und macht Jagd auf eine Katze, während der Ich-Erzähler, der zuvor bereits auf den Fremden einging und behauptete, die von ihm erwähnten Bücher gelesen zu haben, schweigend den Monolog des älteren Mannes anhört. Dabei verrät der Fremde zunehmend seine homosexuellen Neigungen und Wünsche. Schließlich gelingt es dem Ich-Erzähler, sich den Annäherungsversuchen des Fremden zu entziehen und bei Mahony Zuflucht zu finden. Diese Kurzgeschichte läßt die Kluft deutlich werden, die zwischen den abenteuerlichen Illusionen des Jungen – der gelegentlich den Eindruck hat, der Fremde enthülle »some elaborate mystery« (S. 23/31) – und dem Dubliner Alltag besteht, dem er nicht entkommen kann.

Auch der Ich-Erzähler von »Araby« wird von der Sehnsucht nach einem erfüllten Leben in seinem Denken und Handeln bestimmt. Ein Mädchen aus der Nachbarschaft löst in ihm – ohne es zu wissen oder zu wollen – leidenschaftliche Erregungen einer erwachenden Sexualität aus: »When she came out on the doorstep my heart leaped« (S. 30/35); »her name was like a summons to all my foolish blood« (S. 30/35); »My eyes were often full of tears (I could not tell why) and at times a flood from my heart seemed to pour itself out into my bosom« (S. 31/35f.). Eine kurze Begegnung mit ihr verwandelt ihn derart, daß ihr Bild in ihm ständig präsent ist. Er verspricht, ihr ein Geschenk vom Wohltätigkeitsbasar mitzubringen, aber eine Reihe von Umständen läßt seinen Plan scheitern. Da der Onkel erst abends um 9 Uhr zurückkehrt und ihm Geld gibt, gelangt er erst um 10 Uhr zum Basar, wo die meisten Stände bereits geschlossen sind, und als ihn eine Verkäuferin, die gleichzeitig mit zwei jungen Männern flirtet, fragt, was er kaufen wolle, kann er in seiner Verlegenheit nur »No, thank you«

(S. 36/41) murmeln. Er schämt sich, daß er nicht genügend Geld hat, um ein angemessenes Geschenk zu kaufen. Er gleicht einem Wanderer, der sich von »Vanity Fair«, vom Jahrmarkt der Eitelkeiten, hat täuschen lassen.

Adolescence

Die Short Stories »Eveline« und »After the Race«, die ersten Geschichten, die der Adoleszenz zugeordnet sind, nehmen die Motive Sehnsucht nach einem fremden Land, Sehnsucht nach einem erfüllten Leben, auf, rücken sie aber in eine neue Perspektive, insofern als die Protagonisten dieser Geschichten durchaus in der Lage wären, ihre Wünsche zu realisieren. Eveline könnte einem Matrosen, der sie liebt, nach Südamerika folgen. Frank ist – wie sein Name verrät – ein freimütiger, heiterer, offener Mensch, der glaubt, mit Eveline ein glückliches Leben in Buenos Aires führen zu können. Dem steht der unbeugsame Wille des Vaters entgegen, der bei der Ausübung seines Autoritätsanspruchs vor Gewalt nicht zurückschreckt: »she sometimes felt herself in danger of her father's violence« (S. 38/44). Je näher der Tag rückt, an dem sie mit Frank Dublin verlassen könnte, um so mehr fühlt sie sich gebunden an das Versprechen, das sie der sterbenden Mutter gab »to keep the home together as long as she could« (S. 41/47). Die Heimat, das Elternhaus bedrücken sie wie eine Last, die alle Lebenskräfte in ihr lähmt. Sie erstickt gleichsam im Staub der Dubliner Umgebung, die Wendung »and in her nostrils was the odour of dusty cretonne« (S. 37/42), die sich im Auftakt der Geschichte findet, hat symbolische Bedeutung.

Jimmy Doyle, der Protagonist von »After the Race«, verfügt dagegen über entsprechende Mittel, um ein reiches Leben führen zu können, und er hat auch die Unterstützung des Vaters, eines Metzgers aus Kingstown, der in Dublin eine Reihe von Läden gründete und dabei zu solchem Reichtum gelangte, daß ihn die Dubliner Zeitungen »a merchant prince« (S. 45/50) nennen. Jimmy besuchte ein katholisches College in England, studierte Jura am Trinity College in Dublin und hatte auch die Möglichkeit, nach Cambridge zu gehen »to see a little life« (S. 45/51). Er entwikkelt sich zu einem Snob, der dann in eine Krise gerät, als er sich anschickt, den Rahmen des vernünftigen Leichtsinns, »the limits of reasonable recklessness« (S. 46/52), zu sprengen. Er läßt sich von dem Lebensstil des Franzosen blenden und zum Narren machen. Die Feststellung »Farley and Jimmy were the heaviest losers« (S. 51/57) und das Wort »folly« (S. 51/57) kennzeichnen die Situation, in der er sich befindet. Die Short Story hält den Versuch eines Ausbruchs aus den Grenzen der ökonomischen Klugheit fest, die für das Dubliner Leben Gültigkeit haben. Sich seiner Klugheit widersetzen heißt für Jimmy ein Narr werden.

In den folgenden beiden Short Stories »Two Gallants« und »The Boarding House« führt das ökonomische Kalkül zur Überlistung eines jungen Mädchens und eines unverheirateten Mannes. Bereits die ersten Details, die in »Two Gallants« Corley seinem Freund Lenehan über das Mädchen erzählt, das er jetzt eingefangen hat, lassen erkennen, wie er sie ausnutzt und wie sie sich ihrerseits von ihm ausbeuten läßt. Ihre physische Erscheinung deutet darauf hin, daß sie sich in ihrer derben, bäuerlichen Einfachheit, Stumpfheit und Lüsternheit dem Verführer als Opfer geradezu anbietet. Sie bringt ihm Zigaretten mit, bezahlt ihm die Tram, eines Abends schenkt sie ihm zwei gute Zigarren, die sie offenbar bei ihrem Arbeitgeber gestohlen hat. Die Geschichte gipfelt schließlich darin, daß Corley seinem Kumpan die Goldmünze zeigt, die er von diesem Mädchen erhalten hat. Corley wird als ein rücksichtsloser, brutaler Mann charakterisiert, der selbst seinen Freund von Zeit zu Zeit vom Bürgersteig drängt. Die Tatsache, daß er dem Mädchen seinen

Namen verschweigt, beweist, daß er von vornherein entschlossen ist, sie zu betrügen und dann ihrem Schicksal zu überlassen.

In »The Boarding House« überlisten Mrs. Mooney und ihre Tochter Polly den Junggesellen Bob Doran, einen der Pensionsgäste, so daß er sich schließlich gezwungen sieht, Polly zu heiraten. Auch hier bereitet Joyce das Geschehen durch knappe, einfache Sätze vor, denen innerhalb der gesamten Geschichte eine symbolische Bedeutung zukommt. So findet beispielsweise der Satz: »Mrs Mooney was a butcher's daughter« (S. 66/74) seine Ergänzung in der späteren Bemerkung: »She dealt with moral problems as a cleaver deals with meat« (S. 68/77). Sie hat sich von ihrem brutalen Ehemann getrennt, eine Pension eröffnet, um ihren Lebensunterhalt zu verdienen, und sie versteht, sich als resolute Frau durchzusetzen. Diese Pension – ein Symbol für die Dubliner Gesellschaft – ist die Falle, in die Bob Doran gerät und aus der er nicht mehr entkommt. Mit welcher Raffinesse Mrs. Mooney zu agieren versteht, geht aus dem Gedankenbericht hervor, der den Leser an ihren Erwägungen teilhaben läßt. Sie weiß, daß die öffentliche Meinung gegen Mr. Doran sein würde, falls er sich weigern sollte, Polly zu heiraten. Und sie wird an sein Ehrgefühl appellieren und ihm vorwerfen, daß er als Mann über dreißig ein junges, unerfahrenes Mädchen ausnutzte. Als Wiedergutmachung bleibt dann nur die Heirat. Der Gedankenbericht, der dem Leser Einblick in Bob Dorans innere Erwägungen gibt, zeigt, wie in ihm zusätzliche Faktoren hinzukommen, die aus dem Dubliner Leben und den irischen Traditionen stammen. Er betrachtet sein Verhalten auch aus der religiösen Perspektive und fühlt sich als ein Sünder, der Wiedergutmachung zu leisten hat. Das Wort »reparation« verbindet seine Überlegungen mit denjenigen Mrs. Mooneys: moralische und finanzielle Wiedergutmachung sind in diesem Falle eins. Diese Geschichte erläutert damit den Tatbestand der Simonie – Geistliches wird für Materielles eingetauscht –, auf den bereits die erste Short Story aufmerksam gemacht hat.

Maturity

Die ersten beiden Geschichten, die die Stufe der »maturity« illustrieren, »A Little Cloud« und »Counterparts«, zeigen das Leben zweier Männer auf, die an ihren Beruf und an ihre Ehe gekettet sind und bei denen sich der Zorn über die eigene Unfähigkeit, dieser Gefangenschaft zu entkommen, in einem brutalen Akt gegenüber dem eigenen Kind entlädt. Little Chandler, der Protagonist von »A Little Cloud«, ist in den King's Inns als Schreiber beschäftigt. Dennoch ist in ihm die Sehnsucht nach einer anderen Welt, in der er zu Ruhm und äußerem Ansehen gelangen könnte, nie ganz erloschen. Seit frühester Jugend fühlt er sich zur Dichtung hingezogen, und die zufällige Begegnung mit Ignatius Gallaher, den er zum letzten Mal vor acht Jahren sah, weckt in ihm die Sehnsucht, aus dem Dubliner Einerlei auszubrechen.

Der Dialog zwischen den beiden Freunden läßt das großspurige Gebaren Gallahers, der ein erfolgreicher Journalist in London geworden zu sein scheint, deutlich werden. Er gibt sich als der überlegene, erfahrene Mann von Welt aus, aber seine lässigen Manieren und Redensarten verraten, wie vulgär er im Grunde ist. Diese Vulgarität war Chandler früher entgangen, und als er diesen Wesenszug bei seinem Freund entdeckt, setzt bereits eine Desillusionierung ein. Die Frage »Tell me, [...] is it true that Paris is so ... immoral as they say?« (S. 84/94) deutet darauf hin, daß Chandler bei aller Faszination durch das Fremde, Exotische, Mondäne sich letztlich an seine irische Lebensweise und an den Moralkodex gebunden fühlt, der in seiner Heimat gilt. Als in der Schlußszene sein Kind erwacht und mit seinem Geschrei auch die letzten Träume von dichterischem Erfolg bei Little

Chandler zerstört, lautet das Fazit der Reflexionen: »He was a prisoner for life« (S. 93/104). Im Zorn brüllt er sein Kind an: »Stop!« (S. 93/104). Die Feststellung »and tears of remorse started to his eyes« (S. 94/105), mit der die Geschichte endet, läßt erkennen, daß er zwar wegen seines Verhaltens seinem Kind gegenüber Reue empfindet, daß ihm aber die Einsicht in die eigentlichen Gründe seines Scheiterns fehlt, daß er die Zusammenhänge zwischen seiner charakterlichen Schwäche und den gesellschaftlichen Umständen, die sein Verhalten bedingen, nicht begreift.

Während Chandler, der poetisch veranlagte Mann, noch eine gewisse Weichheit erkennen läßt, wird Farrington (in »Counterparts«) von Anfang an als eine massiv-bullige Gestalt geschildert: »When he stood up he was tall and of great bulk« (S. 95/106). Die Situationen aus seinem alltäglichen Leben im Büro, in den Pubs und Bars bilden eine Kette von Enttäuschungen und Niederlagen. Im Büro muß er sich wegen einer Unverschämtheit bei Mr. Alleyne, seinem Vorgesetzten, entschuldigen. Im ersten Pub, das er aufsucht, vermag er seine Freunde mit seiner Geschichte zwar zu unterhalten, was ihm eine gewisse Selbstzufriedenheit verleiht, aber im Scotch House muß er eine schmähliche Niederlage einstecken. Seine Zechkumpane verwehren ihm, dem verheirateten Mann, den Zugang zu ein paar Mädchen, die Weathers, ein Akrobat aus dem Tivoli, kennt. Als später zwei junge Frauen und ein junger Mann aus dem Tivoli in Mulligans Pub auftauchen, fehlt ihm das nötige Geld für ein Abenteuer mit einer dieser Frauen. Schließlich ist Farrington zweimal der Unterlegene, als er die Herausforderung von Weathers annimmt, mit ihm physisch die Kräfte zu messen.

Als er nach seiner Rückkehr den eigenen Sohn in brutaler Weise schlägt, wiederholt sich damit im Grunde die gleiche Situation, unter der er zuvor gelitten hat. Nun ist er der Stärkere, der physisch Überlegene, der sich am eigenen

Kind in sinnloser Weise für seine Niederlagen rächt. Damit werden er und sein Vorgesetzter Mr. Alleyne zu »Counterparts«, an deren Verhalten sich der sinnlose Schematismus von Macht und wehrlosem Leiden ablesen läßt, der das Zusammenleben der Dubliner bestimmt.

Auch die Short Stories »Clay« und »A Painful Case« gehören zusammen: sie rücken das Schicksal einer unverheirateten Frau und eines unverheirateten Mannes in den Mittelpunkt. Maria, die Protagonistin von »Clay«, ist eine ältliche Jungfer, die äußerlich einer Hexe gleicht, im Umgang mit anderen Menschen jedoch eine derartige Liebenswürdigkeit, Freundlichkeit und Güte zeigt, daß sie die »Friedfertige« genannt wird. Die Geschichte spielt an Hallow Eve, dem Vorabend von Allerheiligen, an dem Tag, an dem nach dem alten keltischen Kalender das Jahr zu Ende ging, einem Tag, der mit mancherlei volkstümlichen Bräuchen und abergläubischen Sitten verbunden ist. So wird beispielsweise ein Ring in einen Kuchen eingebacken: Wer den Ring findet, darf hoffen, innerhalb eines Jahres verheiratet zu sein. Oder bei einem Ratespiel werden Untertassen mit verschiedenen Gegenständen aufgestellt, die das kommende Schicksal des Betreffenden symbolisieren, der mit verbundenen Augen eine Untertasse zu wählen hat. Als Lizzie Fleming, eine der Frauen aus der Wäscherei, in der Maria arbeitet, bemerkt, Maria werde wohl den Ring in einem der Kuchenstücke finden, wehrt diese lächelnd, aber auch mit »disappointed shyness« (S. 112/124) ab. Bei aller Heiterkeit ist sie traurig darüber, allein geblieben zu sein. Beim Ratespiel in der Familie Donnelly greift sie in eine Untertasse mit feuchter Tonerde, was Tod innerhalb eines Jahres bedeutet und bei allen große Verlegenheit auslöst, bis man ihr eine neue Untertasse mit einem Gebetbuch hinschiebt. Diese Wahl deutet Mrs. Donnelly dahingehend, daß Maria noch vor Ablauf des Jahres in ein Kloster gehen wird. Schließlich trägt sie von dem Lied »I dreamt that I dwelt in marble halls« (S. 118/131) nur die erste Strophe vor, in der von Reichtum, königlicher Pracht und Liebe die Rede ist. Die zweite Strophe läßt sie weg, in der von der Werbung eines edlen Gastgebers berichtet wird, und wiederholt dafür noch einmal die erste Strophe; sie möchte bei ihrem Traum von Glück und Liebe bleiben und nicht von Begebenheiten singen, die sie nur schmerzen würden. Unter allen Dublinern, die Joyce in seiner Sammlung schildert, nimmt Maria eine Sonderstellung ein: Sie erträgt die kleinen Enttäuschungen des Alltags wie das Scheitern ihres Lebens mit einer ruhigen (wenn auch naiven) Selbstzufriedenheit, mit Liebe und Güte, derentwegen sie von allen geachtet wird.

Die Erzählung »A Painful Case« schildert das monotone Junggesellendasein des James Duffy, der bei einer Privatbank in Dublin arbeitet, aber in dem Vorort Chapelizod wohnt, möglichst weit vom Zentrum entfernt, weil er sich von allen Torheiten fernhalten möchte, denen die übrigen Dubliner verfallen. Lediglich der Besuch einer Oper oder eines Konzerts läßt ihn vorübergehend seine Einsamkeit vergessen. Bei einem solchen Konzert lernt er Mrs. Sinico und ihre Tochter kennen, und diese zufällige Begegnung bringt für einige Zeit Veränderung in sein Leben. Alsbald entwickelt sich eine vertraulich-freundschaftliche Beziehung zwischen Mr. Duffy und Mrs. Sinico, und es entsteht ein reger Gedankenaustausch. Als sie die Möglichkeit haben, ihre Abende allein in einem Cottage außerhalb Dublins miteinander zu verbringen, könnte es zu einer Liebesbeziehung zwischen ihnen kommen, zu einer leidenschaftlich-geheimen Liebe, die im banalen Dubliner Alltag eine Entsprechung zur Liebe zwischen Tristan und Isolde sein könnte. Der Name des Vororts »Chapelizod«, der »Kapelle der Isolde« bedeutet, weckt zwar Erinnerungen an das mittelalterliche Liebespaar, aber für einen Mann wie Mr. Duffy ist bereits eine leidenschaftliche Gebärde von Mrs. Sinico Grund genug, um sich von ihr zu trennen.

Erst vier Jahre später erfährt er von ihrem weiteren Schicksal. Eine Zeitungsmeldung, betitelt »DEATH OF A LADY AT SIDNEY PARADE. A PAINFUL CASE« (S. 126/140), berichtet in knappem, trockenem Stil vom Tod einer Frau, die nach allen Indizien versuchte, auf dem Bahnhof Sydney Parade betrunken die Gleise zu überqueren, und dabei getötet wurde. In einem Anflug von Hochmut weist Mr. Duffy zunächst alle Schuld von sich. Bei einem Spaziergang durch den Park wandelt sich sodann seine innere Einstellung: Einen Augenblick lang ist er davon überzeugt, das Schicksal dieser Frau wie sein eigenes Schicksal verschuldet zu haben. Bald jedoch kehrt er in die absolute Einsamkeit zurück, aus der ihn Mrs. Sinico, wenn auch nur vorübergehend, herausgeholt hatte. Im Gegensatz zur tragischen Erzählung von Tristan und Isolde hält diese Geschichte das Scheitern einer im modernen Alltag verweigerten Liebe fest.

Public Life

Die Short Story »Ivy Day in the Committee Room« (deren Dialogstil bereits erläutert wurde) behandelt das Thema der politischen Paralyse auf zwei Ebenen: (a) in der Rückschau durch die Reminiszenzen an Charles Parnell, der die Fähigkeit zum Handeln hatte, sich aber wegen seines privaten Lebensstils, wegen einer Scheidungsaffäre, im Netz der politischen und religiösen Vorurteile verfing, und (b) durch die Vergegenwärtigung eines Wahlkampfes, wobei nirgendwo mehr von großen politischen Themen oder bedeutenden Entscheidungen die Rede ist, sondern von trüben Machenschaften. Die Politiker wie ihre Helfer lassen Politik zu einem schmutzigen Geschäft werden, bei dem jeder auf seinen materiellen Vorteil bedacht ist.

Um finanziellen Gewinn geht es auch in der Short Story »A Mother«, die als Satire auf die kleinbürgerlichen kulturellen Bestrebungen im Rahmen der *Irish Renaissance* konzipiert ist. Den Hintergrund bilden Konzerte, die von der Gesellschaft *Eire Abu* veranstaltet werden und für deren Organisation Mr. Fitzpatrick und Mr. Holohan verantwortlich sind. Mrs. Kearney, die im Zentrum der Ereignisse steht, ist eine ehrgeizige Bürgersfrau, die selbst künstlerische Ambitionen hatte, sich dann aber entschloß, einen Schuhfabrikanten zu heiraten. Da sie ihre romantischen Träume nie ganz aufgab, beschließt sie, die begabte, aber sehr bescheidene und zurückhaltende Tochter mit der taktischen Gewandtheit einer Managerin zu dem Ziel hinzuführen, das sie in jungen Jahren selbst gerne erreicht hätte. Als Mr. Holohan eines Tages den Vorschlag macht, Miss Kathleen Kearney solle bei vier großen Konzerten in den *Antient Concert Rooms* die Begleitung übernehmen, sieht sich Mrs. Kearney in ihrer Politik bestätigt. Die Darbietungen sind jedoch mittelmäßig, und als die Organisatoren umdisponieren, pocht Mrs. Kearney darauf, daß der Vertrag erfüllt wird und ihre Tochter, wie vereinbart, die Gage für vier Veranstaltungen erhält. Das Scheitern aller Erwartungen, die Mrs. Kearney mit diesen Konzerten verbindet, macht die eigentliche Thematik der Geschichte aus: Sie scheitert weniger an den Umständen als an ihrer charakterlichen Eigenart, an ihrem Ehrgeiz, ihrer Geltungssucht, ihrer Habsucht und schließlich an ihrer falschen Einschätzung der Realität. Da aber auch die Organisatoren ihre Schwächen haben – Alkohol ist ihnen lieber als alle Arbeit –, endet die Geschichte nicht mit einem einseitigen Triumph; alle, Organisatoren wie Künstler, sind von der Paralyse des Lebens in Dublin gezeichnet, die auch die Bemühungen um eine geistige Renaissance zu fragwürdigen Unternehmungen werden läßt.

Eine »Wiedergeburt« im persönlichen Leben soll Tom Kernan, der Protagonist der Short Story »Grace«, erleben. Nachdem Mr. Power Tom Kernan (nach übermäßigem Alkoholgenuß) nach Hause gebracht hat, bemerkt er beim Abschied zu Mrs. Kernan: »O, now, Mrs Kernan [...] we'll make him turn over a new leaf« (S. 175/194), und weiterhin: »We'll make a new man of him« (S. 175/195). Die zweite Bemerkung deutet auf den Plan Mr. Powers hin, Tom Kernan zu einem Bußgottesdienst mitzunehmen, wo er eine *regeneratio*, eine Wiedergeburt im spirituellen Sinn, erleben soll. Mit der metaphorischen Wendung »we'll make him turn over a new leaf« knüpft Mr. Power an die Vorstellungswelt der Geschäftsleute an, wie dies auch der Jesuitenprediger in seinem Bußgottesdienst tun wird: Das Leben gleicht für die Geschäftsleute einem Kontobuch, in dem sie sich nicht nur über ihre beruflichen Erfolge und Mißerfolge Rechenschaft geben, sondern in dem sie auch im moralischen Sinn mit sich selbst abrechnen. Die Ironie der Predigt-Szene besteht darin, daß Father Purdon folgende Stelle aus Lukas 16,8–9 auswählt:

> *For the children of this world are wiser in their generation than the children of light. Wherefore make unto yourselves friends out of the mammon of iniquity so that when you die they may receive you into everlasting dwellings* (S. 197/218).

Diese Stelle ermöglicht es ihm, an die Mentalität der Geschäftsleute zu appellieren und vor ihnen die Lebensführung zu rechtfertigen, die sie sich zu eigen gemacht haben. Wenn sie sich nicht zum religiösen Leben berufen fühlen, sondern in der Welt und für die Welt leben, ist ihre Einstellung durch die zitierte Stelle nach Father Purdons Auslegung gedeckt. Mit diplomatischem Geschick stellt er Christus als einen verständnisvollen Dienstherrn dar, sich selbst aber charakterisiert er als »their spiritual accountant« (S. 198/219), als ihren geistlichen Buchhalter, und die von ihnen geforderte Lebensführung bringt er auf die einfache Formel, daß es ihre Aufgabe sei, ihre (geistlichen) Konten zu überprüfen. Fehler, so tröstet er alle, könnten mit Hilfe der göttlichen Gnade berichtigt werden.

Die Raffinesse des Predigers besteht darin, daß er den Kontext der zitierten Stellen aus dem Lukas-Evangelium eliminiert, insbesondere Lukas 16,13, wo es heißt: »Ye cannot serve God and mammon.« Die subtile Satire, die Joyce mit diesem Prediger verbunden hat, läßt sich allein an dessen Namen ablesen, denn Purdon Street war in Dublin wegen der dort befindlichen Bordelle berüchtigt. So wie dort Liebe gegen Geld geboten wird, verrät Father Purdon letztlich die geistlichen Werte an die materiellen und macht sich damit der Simonie schuldig.

»The Dead«[18]

Die Erzählung »The Dead« wird in dem ursprünglichen Plan zu den *Dubliners* (1905) nicht erwähnt; als Joyce sie jedoch 1907 geschrieben hatte, rückte er sie an das Ende dieser Sammlung. »The Dead« bietet ein umfassendes Bild der Dubliner Gesellschaft, vereinigt brennpunktartig die einzelnen Themen des gesamten Zyklus, von der religiösen bis zur politischen Thematik, und gibt zugleich einen differenzierten Einblick in die Mentalität des Gabriel Conroy. Bei der Schilderung des jährlichen Weihnachtsballs, den die Schwestern Morkan zusammen mit ihrer Nichte Mary Jane in ihrer Wohnung veranstalten, lassen sich zwei thematische Entwicklungslinien unterscheiden. Steht zunächst die Darstellung des gesellschaftlichen Kreises und der festlichen Atmosphäre im Vordergrund, so entfaltet sich die Todesthematik mehr und mehr, bis die Geschichte mit einer Meditation des innerlich vereinsamten Gabriel endet.

18 Vgl. hierzu auch Willi Erzgräber, »Das Korrespondenzprinzip in James Joyces ›The Dead‹«, in: *Germanisch-Romanische Monatsschrift* 33 (1983) S. 146–166.

So heiter das gesellige Leben zu sein scheint, die politischen und kulturellen Spannungen, die in Irland herrschen, sind auch bei diesem festlichen Anlaß ständig präsent. Miss Ivors, eine militante Verfechterin der kulturellen Bestrebungen der *Irish Renaissance*, kritisiert Gabriel während eines Tanzes überaus heftig wegen der Rezensionen, die er für den *Daily Express* schreibt. Er ist in seinen literarischen Interessen von England und dem Kontinent beeinflußt, während Miss Ivors ihn zu einer Hinwendung zum irischen Westen auffordert.

Mit den Abschiedsszenen verengt sich nicht nur der Kreis der Personen; damit rückt zugleich Gabriels persönliche Situation mehr und mehr in den Vordergrund. Ausgelöst werden seine immer tiefer dringenden Meditationen durch eine zufällige Beobachtung. Als Gabriel allein im dunklen Flur steht und auf Gretta, seine Frau, wartet, sieht er, wie sie oben auf der Treppe stehenbleibt und dem Lied »The Lass of Aughrim« lauscht, das Bartell D'Arcy mit heiserer Stimme vorträgt. Im Hotelzimmer gesteht Gretta ihm, daß dieses Lied sie an Michael Furey erinnert, der sie in ihrer Jugend leidenschaftlich liebte, der aber als Siebzehnjähriger bereits starb. Der Satz: »I think he died for me« (S. 252/279) weckt in Gabriel die Vermutung, daß Gretta über die Jahre hinweg innerlich mit diesem Mann verbunden blieb. Gabriel läßt es jedoch nicht zu einer eifersüchtigen Auseinandersetzung kommen, sondern er bekundet, insbesondere in seiner Gebärdensprache, einen tiefen Respekt vor ihr. Die Liebe und das Mitleid, das er für Gretta empfindet, gehen aus dem Bewußtsein hervor, daß beide dem Gesetz der Vergänglichkeit unterworfen sind:

> He stretched himself cautiously along under the sheets and lay down beside his wife. One by one they were all becoming shades (S. 255/282f.).

Wie stark Gabriel in dieser letzten Szene vom Gedanken an den Tod überwältigt wird, läßt sich an seiner Gedankenbewegung ablesen. Zunächst gleiten seine Gedanken in die Vergangenheit zurück, dann antizipiert er den Tod von Tante Julia, schließlich reflektiert er über seine gegenwärtige Situation und verspürt die allmähliche Auflösung seiner Identität:

> His own identity was fading out into a grey impalpable world: the solid world itself which these dead had one time reared and lived in was dissolving and dwindling (S. 255/283).

Die Feststellung »The time had come for him to set out on his journey westward« (S. 255/283) deutet daher nicht auf eine Wiedergeburt im irischen Westen hin (wie gelegentlich argumentiert wurde), sondern auf den Vorgang des Sterbens: »to go west« ist die metaphorische Bezeichnung für »to die«. Der letzte Satz der Geschichte: »His soul swooned slowly as he heard the snow falling faintly through the universe and faintly falling, like the descent of their last end, upon all the living and the dead« (S. 256/284), läßt in seiner Wortwahl, seinem Klang und seinem Rhythmus den Leser erkennen, daß die Todesthematik dominiert.[19] Der zitierte Satz bildet zugleich den angemessenen Abschluß für eine Sammlung von Short Stories, die die Paralyse des Dubliner Lebens in all ihren Erscheinungsformen aufweist.

Willi Erzgräber

19 Vgl. zur Deutung des Schlusses von »The Dead«: C. H. Peake, *James Joyce: The Citizen and the Artist*, Stanford, Cal. 1977, S. 53–55.

Inhalt